NANSHA LÜYOU
FAZHAN YANJIU:
DONGLI JIZHI
YU DUICE

南沙旅游发展研究
动力机制与对策

陈扬乐 陈曼真 黎春红 著

中国海洋大学出版社
·青岛·

图书在版编目（ＣＩＰ）数据

南沙旅游发展研究：动力机制与对策 / 陈扬乐，陈曼真，黎春红著. — 青岛：中国海洋大学出版社，2021.3

ISBN 978-7-5670-2812-8

Ⅰ.①南… Ⅱ.①陈… ②陈… ③黎… Ⅲ.①南沙群岛—旅游业发展—研究 Ⅳ.①F592.3

中国版本图书馆 CIP 数据核字（2021）第 079916 号

出版发行	中国海洋大学出版社	
社　　址	青岛市香港东路 23 号	
邮政编码	266071	
出 版 人	杨立敏	
网　　址	http://pub.ouc.edu.cn	
电子信箱	1922305382@qq.com	
订购电话	0532-82032573 （传真）	
责任编辑	曾科文　陈　琦	电　话　0898-31563611
印　　制	三河市金泰源印务有限公司	
版　　次	2021 年 3 月第 1 版	
印　　次	2021 年 3 月第 1 次印刷	
成品尺寸	170 mm×240 mm	
印　　张	17.5	
字　　数	267 千	
印　　数	1—2000	
定　　价	68.00 元	

如发现印装质量问题，请致电 13333263330 调换。

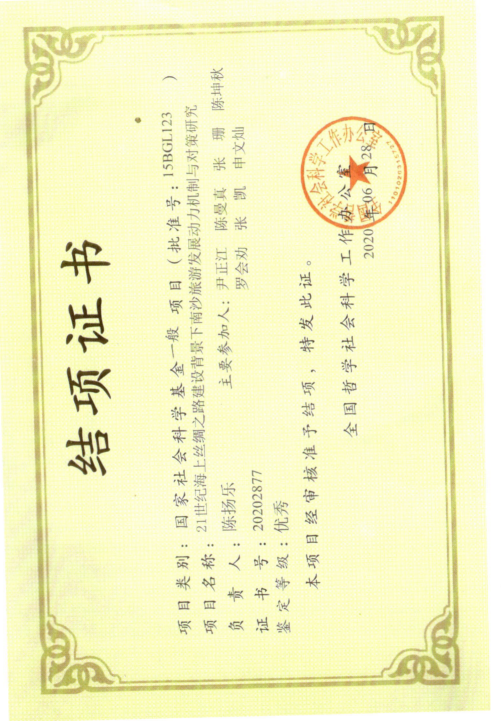

结 项 证 书

项目类别：国家社会科学基金一般项目（批准号：15BGL123　　）

项目名称：21世纪海上丝绸之路建设背景下南沙旅游发展动力机制与对策研究

负责人：陈扬乐　　　　主要参加人：尹正江　陈曼真　张　珊　陈坤秋
　　　　　　　　　　　　　　　　　　罗会刘　张　凯　申文灿

证书号：20202877

鉴定等级：优秀

本项目经审核准予结项，特发此证。

全国哲学社会科学工作办公室

2020年06月28日

目　录

绪 论

　　发展南沙旅游具有重大意义，有利于维护南沙群岛岛礁和海域主权，有利于海南国际旅游岛建设，有利于 21 世纪海上丝绸之路建设，有利于海洋强国建设，有利于军民融合战略的实施。然而，南沙旅游至今没有起步，甚至没有提上议事日程。而且，目前关于南沙旅游的研究成果奇缺，找不到关于南沙旅游的专项研究成果。因此，对南沙旅游发展的动力机制和对策展开研究具有必要性、紧迫性和前瞻性，具有较高的应用前景和学术价值。经过不懈努力，本项目得出了一些有价值的研究结论，并且取得了一些创新性的成果。

第一节　研究目的与意义

一、研究目的

　　中国对南沙群岛及其海域的历史性权利具有充分的历史和法理依据，为更好地维护这种权益，需要军事、民事、外交、国际合作等多轨并行。越南和马来西亚等国在南沙争议海域进行旅游开发，企图通过发展旅游达到实际占领的目的①。按照对等原则，中国也应适时发展南沙旅游以增强

────────────

①邓颖颖. 以海洋公园为合作模式促进南海旅游合作 ［J］. 海南大学学报（人文社会科学版），2014，32（3）：43-49.

在南沙的民事存在，进而更好地维护南沙权益。而独特的地缘政治位置和垄断性的旅游资源等属性决定了南沙旅游发展的动力系统、动力机制和动力模型具有特殊性，也决定了南沙旅游发展对策与其他区域的差异性。本项目以定性分析和逻辑推理为基础，采用德尔菲法、针对专业人士的问卷调查法、层次分析法、主成分分析法、回归分析法等研究方法，构建南沙旅游发展动力指标体系，深入剖析南沙旅游发展动力系统，定量研究南沙旅游发展动力的强度、动力作用模型及动力作用机理，从而一方面探索未开发的边远地区旅游发展动力机制的定量研究方法，为深化我国旅游发展动力机制研究贡献智慧，另一方面为中国制定南沙旅游发展战略提供理论依据，为推进南沙旅游发展进言献策，进而推进南沙旅游发展。

二、学术价值

创新知识、理论和方法等进而促进学科建设和发展是国家级项目的重要功能和任务。本项目的学术价值主要体现在以下 3 个方面。

一是提出"驱推拉阻"旅游发展动力模型。人口流动和迁移理论中的推拉理论在旅游研究中的应用标志着旅游发展动力研究的开端，推拉理论也是旅游发展动力研究的主流理论之一，得到了广泛的认可和实证。推拉理论的推力是指内推力，拉力是指外拉力[1]，但仅从内推力和外拉力进行研究会忽视旅游发展动力机制中的阻力、外推力和内拉力[2]，于是学者们提出了"推拉阻"旅游发展动力模型[3]，并对阻力展开了专门研究[4]。从字义来看，"推"的部首是"手"，其本意是向外或向前用力使物体移动；"拉"的部首也是"手"，其本意是用力使物体朝自己所在的方向或跟着自己移动。可见，从字义看，无论是推力还是拉力都是外力，也就是说，从

---

①Dann G M S. Anomie, ego-enhancement and tourism [J]. Annals of Tourism Research, 1977, 4 (4): 184-194.

②高军，吴必虎，马耀峰. 旅华英国游客 O→D 旅游客流动力机制研究 [J]. 旅游学刊，2011, 26 (2): 35-40.

③吴必虎，党宁. 中国滑雪旅游市场需求研究 [J]. 地域研究与开发，2003, 23 (6): 78-82.

④亢雄，马耀峰. 旅游动力机制中阻力探析 [J]. 社会科学家，2009 (7): 82-85.

字义解释，推拉理论和推拉阻理论都把内力和外力混为一谈。内外因理论认为，内因是事物变化发展的根据，外因的作用不管有多大，只有通过内因才能起作用。可见，区分旅游发展中的内生作用力和外生作用力非常有必要和非常重要。基于这样的考量，本研究提出"驱推拉阻"旅游发展动力模型，其中驱力是内生作用力，是区域旅游发展的根本动力；推力和拉力是外生作用力，无论其作用力有多大，必须通过驱力才能起作用；阻力既有内生阻力又有外生阻力。只有当"驱推拉阻"的合力大于 0 时才能推动区域旅游发展。可以说，"驱推拉阻"动力模型是对已有推拉理论的一个重要修正，使各种力的关系更加明朗和清晰。

二是探索未开发区域旅游发展动力机制的定量研究方法。类似于南沙群岛及其海域的未开发区域，没有历史资料和数据可资利用，如果没有定量研究则难以形成较强的说服力，而没有数据又不可能使用常规方法展开研究，这就需要创新研究方法。为定量研究南沙旅游发展的动力系统、动力强度、动力模型和作用机理，本项目使用多因素模糊综合分析法。该方法的关键在于指标的赋值和指标权重的确定①。在具体方法使用上，首先采用德尔菲法，邀请 30 位左右的专家对南沙旅游发展动力指标体系的合理性进行两轮评判，再邀请同一批专家为指标权重赋值，接着利用层次分析法计算动力指标体系的主观权重；进一步，向约 400 位专业人士发放调查问卷，然后利用主成分分析法计算动力指标体系的客观权重；最后利用线性回归法计算综合权重。这样做，既弥补了因基础资料缺失而难于开展定量研究的不足，又使调查数据更具学术性和专业性，从而增强研究结论的可靠性和可信度。

三是开创南沙旅游的专题研究。发展南沙旅游是维护南沙主权的重要举措，是海洋强国建设的重要内容，是军民融合发展的重要体现，是 21 世纪海上丝绸之路建设的重要项目，是国际旅游消费中心的重要亮点，因而具有必要性和紧迫性。然而，在实践上，南沙旅游还没有起步，在理论研究上，至今没有"南沙旅游"的专门研究成果，也只有少数研究成果涉

---

① 王恩旭，武春友. 旅游满意度模糊综合评价研究：以大连为例 [J]. 旅游论坛，2009，2（5）：659–666.

及"南沙旅游"。可以说，"南沙旅游"是一个全新的研究领域。本项目结合内外因理论和推拉理论，有机融合定性分析和定量研究，系统分析南沙旅游发展的动力系统、动力强度、动力模式和动力作用机理，并提出南沙旅游发展的对策和建议，期望抛砖引玉，吸引更多人士关注南沙旅游、研究南沙旅游、推进南沙旅游。

三、应用价值

本项目的应用价值主要体现在两个方面。

一是充当南沙旅游发展的"吹哨人"。学者们倡导将南海打造为媲美加勒比海的世界旅游之海[①]，倡导建设南海国际文化旅游圈[②]，海南省政府也在 2017 年的工作报告中提出构建"泛南海经济合作圈"，可见，发挥南海优势发展海洋旅游是学界和政府部门的共识。西沙旅游自 2013 年以来运营良好，稳步发展，为南沙旅游发展积累了经验和技术。南沙群岛的维权形势严峻，增强民事存在是维护南沙权益不可或缺的举措，富有特色的旅游资源和旅游业的属性决定着旅游业应该成为南沙开发和在南沙增强民事存在的先导产业，但南沙旅游至今仍未起步，必须加快推进。本项目构建了南沙旅游发展的动力体系，定量研究了政府、企业、市场等主体对南沙旅游发展的作用力强度和作用机理，并基于南沙的区域特色和南沙旅游发展动力机制，提出了南沙旅游发展的对策建议，这不仅对制定南沙旅游发展战略和编制南沙旅游发展规划具有参考价值，更重要的是为推进南沙旅游发展"吹哨"和抛砖引玉，唤起社会各界对推进南沙旅游发展的重视，吸引更多的学者研究南沙旅游。

二是培养海洋旅游人才。一方面，引导研究生开展南海旅游研究，有三位研究生的毕业论文与南海旅游直接相关；另一方面，将项目研究成果引入本科生课程，如南海区域地理、海南旅游概况、海洋与海岛旅游等课程，并吸引多位本科生选择海洋旅游方面的毕业论文（设计）。通过这样的

---

① 陈扬乐，赵臣，张凯. 海南国际旅游消费中心的概念、目标体系与建设路径 [J]. 南海学刊，2018（4）：56-63.

② 王路平，宋太庆. 论南海国际文化旅游圈—中国大西南—东南亚文化旅游圈的开发和建设 [J]. 西南民族学院学报（哲学社会科学版），1994（4）：46-52.

培养，增强了学生的海洋国土意识和南沙维权意识，提高了学生对海洋旅游的运营与管理能力。

第二节　研究思路与技术路线

推进南沙旅游发展有几个重要背景，一是南沙维权形势严峻，南海是世界上争议比较激烈和复杂的海域之一，从中国立场出发，南海问题的根本在于南沙问题，本质上是南沙岛礁主权争端和海域划界争端；二是中国倡导建设 21 世纪海上丝绸之路，而南沙是 21 世纪海上丝绸之路的战略支点；三是旅游需求持续旺盛，无论是从世界范围看还是从中国范围看都是如此，而且世界邮轮旅游持续发展，海南国际旅游岛已成为一张靓丽的名片；四是国际旅游岛建设取得一定成效，党中央、国务院决定将国际旅游岛升级为国际旅游消费中心；五是中国正在推进海洋强国建设，发展南沙旅游无疑是海洋强国建设的重要内容。在这样的背景下推进南沙旅游发展无疑具有重要意义。然而，南沙旅游至今没有起步，甚至没有提上议事日程，与此形成对照的是，越南和马来西亚等南沙周边国家已经在南沙争议海域开展了旅游活动，这要求中国有紧迫感，加快推进南沙旅游发展。理论来源于实践，实践需要理论指导。目前国内没有关于南沙旅游的专门研究成果，为指导南沙旅游发展实践，必须加强这方面的研究。基于上述考虑，本项目以南沙旅游为研究对象，开启南沙旅游研究的先河，又具体从动力机制研究出发，探索南沙旅游发展对策。

旅游发展动力机制研究通常包括 4 个方面，即动力系统、动力强度、动力模型和动力作用机理。本项目对动力机制的研究主要有以下步骤和内容：第一步，构架动力指标体系初始方案，即综合内外因理论和推拉理论，在全面分析南沙旅游的特殊性和已有相关文献的基础上，按照"驱推拉阻"动力模型，构架南沙旅游发展动力指标体系的初始方案；第二步，形成动力指标体系正式方案，即采用德尔菲法，邀请不同学科领域的约 30 位专家对动力指标的合理性进行评判，经过两轮的专家评判和建议，形成比较一致的观点，从而形成南沙旅游发展动力指标体系的正式方案；第三步，计算动力指标体系的主观权重，即根据动力指标体系设计赋权重的专家咨询表，然后邀请30位左右不同学科领域的专家为指标体系赋权重，再以此为基础，采用层次分析法计算指标体系的主观权重；第四步，计算动力指标体系的客观权重，即根据动力指标体系设计针对专业人士的市场调查表，然后将调查表定向发放给相关领域的专业人士进行调查，再以调查数据为基础，采用主成分分析法计算指标体系的客观权重；第五步，计算动力指标体系的综合权重，即采用乘积比例法综合主观权重和客观权重；第六步，计算南沙旅游发展动力系统的强度，即采用线性加权法计算各层级动力的大小，并进行相应分析；第七步，分析南沙旅游发展的动力模型，即采用矛盾分析方法，也就是说，以主要矛盾和矛盾的主要方面为依据确定动力模型；第八步，分析南沙旅游发展动力的作用机理，即通过公因子分析和逐步回归分析，找到影响南沙旅游发展的公因子，并分析公因子对南沙旅游发展的作用强度和作用方向；最后，提出南沙旅游发展对策，从南沙特殊性看，应该做好南沙旅游发展的顶层设计，创新发展南沙邮轮旅游，大力推进南沙旅游国际合作，从南沙旅游发展动力机制看，政府应该积极行动，要科学遴选企业，要增强旅游能力，要尽量消除外部异议。这个研究过程及相关研究内容可用图0.1所示的技术路线图简要而直观地表述。

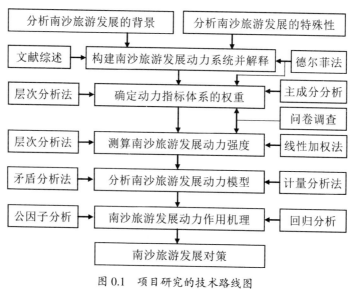

图 0.1　项目研究的技术路线图

第三节　主要结论与创新之处

一、主要结论

(一) 相关研究有待完善，应加大力度

一方面，文献分析表明，推拉理论是旅游发展动力研究中的主流理论，国内学者将推拉理论修正为"推拉阻"模型，但这一模型将内力和外力混为一谈，不符合内外因辩证关系原理；而且，从字义看，推力和拉力都是外力，这就有了忽视内力之嫌。本项目提出的"驱推拉阻"模型避免了这些不足，是对原有推拉理论的重要修正和补充。另一方面，至今没有关于南沙旅游的专门研究成果，而南沙旅游发展具有紧迫性，迫切需要理论研究指导南沙旅游发展实践。本项目在南沙旅游研究和发展方面起到了"吹哨人"和抛砖引玉的作用。

(二) 南沙旅游发展意义重大，应加快推进

在 21 世纪海上丝绸之路建设、海洋强国建设、国际旅游岛和国际旅游消费中心建设、军民融合发展等国家重大倡议和重大战略的背景下，推进南沙旅游发展具有重大意义，能满足广大民众对南沙旅游的需求，能为全国海洋旅游和邮轮旅游发展创新体制机制进而促进海洋强国建设，能推进南沙旅游国际合作进而加快将南沙打造成世界旅游之海的进程，使南海成为 21 世纪海上丝绸之路建设的重要战略节点，能增强中国在南沙的民事存在从而更好地维护南沙群岛岛礁和海域主权。要通过政府的积极行动、增强旅游能力和消除外部异议等举措，创新发展南沙邮轮旅游，大力推进南沙旅游发展国际合作，将包括南沙在内的南海建设成为世界和平之海、友谊之海、合作之海和旅游之海。

(三) 南沙维权形势严峻，应加大宣传

越南、菲律宾和马来西亚等国家不仅非法侵占了中国南沙群岛的部分岛礁，而且企图通过建设基础设施和发展旅游等手段达到实际占领的目的。一直以来，中国倡导"搁置争议、共同开发"，但这种善意的倡议所得到的回应却是，被占的南沙岛礁无法收复，以及油气和渔业等相关资源继续被肆意掠夺性开采。截至 2004 年，越南非法侵占了南沙群岛的 29 个岛礁；马来西亚声索南沙群岛的 5 个岛礁[①]；越南、菲律宾、马来西亚和文莱自 20 世纪 70 年代开始都在南沙相关海域非法掠夺油气资源[②]。2012 年以来，美国等域外大国的强势介入，使南海维权形势更加复杂多变。中国对南沙群岛及其海域所拥有的历史性权利具有完整的历史和法理依据，南沙主权神圣不可侵犯，要舆论宣传、现场执法、外交斡旋、经济开发、军事保障等多管齐下、多措并举，有效维护中国在南沙的合理权益。

（四）南沙旅游发展动能不足，阻力不容忽视

按照"驱推拉阻"模型，结合南沙的独特性，采用文献分析法和德尔菲法，构建包括 4 个准则、13 个因素和 43 个指标的南沙旅游发展动力指标体系，然后使用德尔菲法和问卷调查法获取相关数据，再综合运用层次分析法和主成分分析法为指标体系赋权重，进而用线性加权法计量分析南沙旅游发展动力强度。计算结果表明，按百分制，南沙旅游发展的总动力仅为 53.18，没有达到 60 分的及格水平。在总定力中，驱力是主导动力，为 35.92，占正向动力的 56.83%，推力和拉力都不足，分别为 15.35 和 11.94，分别占正向动力的 24.28% 和 18.89%，而阻力却不容忽视，达 10.03，仅略低于拉力，抵消了正向动力的 15.87%。

（五）南沙旅游发展动力将由维权驱动型转向市场拉动型和企业推动型

在发展前期（即现阶段），南沙旅游发展动力模式为"维权驱动型"，维权驱动力的强度指数比居第二位的政府推动力高出 1.27 倍，而且，南沙维权很可能是一项长期而艰难的任务，维权会成为南沙旅游发展的长期动能；从主要矛盾的主要方面看，又可进一步将现阶段南沙旅游发展动力模

---

①赵心. 从国际法角度解读中国南沙岛礁建设的法律性质问题 [J]. 理论与改革，2015（6）：158–161.

②马英杰，郑佳超，何伟宏. 南沙群岛海域油气资源共同开发法律问题研究 [J]. 中国海洋大学学报（社会科学版），2018（4）：36–41.

式命名为"维护岛礁主权驱动型"。在发展早期，总体上依然是"维权驱动型"，但推力和拉力明显增大，阻力则减弱，使南沙旅游发展开始起步。在发展中期，来自市场的拉力很可能成为主导动力，南沙旅游发展动力模式将转化为"市场拉动型"。而进入发展后期，企业推动力很可能成为主导动力，进入"企业推动型"发展阶段。

（六）南沙旅游发展取决于几个关键动力

因子分析共提取 6 个正向动力公因子和 3 个阻力公因子。逐步回归分析表明，南沙旅游发展潜力取决于维权驱力、政府推力、合作驱力、旅游能力和企业推力，它们在回归模型中的系数分别为 0.817、0.432、0.146、0.124 和 0.107，这些系数的大小则反映了发展动力对发展潜力的影响程度。尽管阻力公因子全部被剔除出了回归模型，但在倒数第二步，公因子"外部异议"进入了回归模型，而且回归系数为 −0.029，显著性水平也达到了 0.112，表明外部异议对南沙旅游发展潜力的阻滞作用不容忽视。由于使用公因子作为回归分析的变量，所得出的影响程度都是直接影响，而没有考虑间接影响。无疑，某一作用力通过其他作用发生的间接影响是存在的。从逻辑上看，有两个因素对南沙旅游发展具有"一票否决性"，即"政府态度"和"军事管制"。

（七）多措并举推进南沙旅游发展

发展南沙旅游的重大意义是其他区域所不可比拟的，必须提高思想认识，做好南沙旅游发展的顶层设计，组织力量编制一个高水平的南沙旅游发展规划。基于南沙旅游发展动力机制，建议从 4 个方面着力，即从政府积极行动、科学遴选企业、提高旅游能力和消除外部异议来推进南沙旅游发展。结合南沙群岛及其海域的特殊性，南沙旅游发展的重点工作主要有2 个方面，一是创新发展邮轮旅游；二是大力推进南沙旅游发展的国际合作。通过南沙旅游发展，撬动南海世界旅游之海建设，使南海成为中国海洋旅游创新发展实验区，成为世界海洋旅游新胜地，成为世界旅游发展国际合作新高地，进而推进南海和平之海、友谊之海、合作之海建设进程。

二、创新之处

创新是学科建设和发展的根本动力，也是科学研究的立足之本。本项目的创新之处主要有 5 个方面。

（一）提出并论证了旅游发展动力的"驱推拉阻"模型

推拉理论是旅游动机和旅游发展动力的主流理论，得到了比较充分的论证和广泛的应用。高军等①在 Dann②"推拉"模型的基础上提出了关于旅游流的"推拉阻"动力模型，刘妍等以"推拉阻"模型为基础探讨了亲子游动机③，但"推拉阻"模型在旅游发展动力研究中的应用并不多见。内外因理论也是旅游发展动力研究的主流理论，无论是区域旅游发展还是区域旅游合作抑或旅游产业融合，都需要内生动力和外生动力的有机结合，其中起决定性作用的是内生动力，在这方面已有一些研究成果，如曹兴平④、朱元秀和伍艳玮⑤以及江金波⑥等的研究。而且也有学者综合运用内外因理论和推拉理论来研究旅游发展动力机制⑦。然而，至今为止没有学者明确提出旅游动机和旅游发展动力的"驱推拉阻"模型。尽管推拉理论明确指出了推力即内推力，拉力即外拉力⑧，试图区分内力和外力，但是，至少从字

①高军，吴必虎，马耀峰. 旅华英国游客 O→D 旅游客流动力机制研究［J］. 旅游学刊，2011，26（2）：35-40.

②Dann G M S. Anomie, ego-enhancement and tourism［J］. Annals of Tourism Research, 1977, 4（4）：184-194.

③刘妍，赵川，陈嘉睿. 基于"推拉阻"模型的国内亲子旅游决策研究［J］. 地域研究与开发，2016，35（5）：115-119.

④曹兴平. 民族村寨旅游社区参与内生动力实证研究［J］. 贵州民族研究，2016，37（3）：166-170.

⑤朱元秀，伍艳玮. 区域旅游合作的动力机制探讨［J］. 经济研究导刊，2009（7）：143-144.

⑥江金波. 旅游产业融合的动力系统及其驱动机制框架：以佛山陶瓷工业旅游为例［J］. 企业经济，2018，37（5）：5-13.

⑦徐福英，刘涛. 海岛旅游可持续发展机理研究［J］. 资源开发与市场，2014，30（1）：118-120.

⑧Dann G M S. Anomie, ego-enhancement and tourism［J］. Annals of Tourism Research, 1977, 4（4）：184-194.

义看，推力和拉力都是外力，都是力的作用主体对客体的作用，因此，将内生驱力凸显出来具有必要性。

本课题综合运用推拉理论和内外因理论，借鉴已有研究成果，结合南沙及其旅游发展的独特性，提出了旅游发展动力的"驱推拉阻"模型，并采取德尔菲法、问卷调查法、层次分析法、主成分分析法、线性回归分析法等，论证了"驱推拉阻"动力模型的存在性和合理性，明确了南沙旅游发展的主导动力，分析了南沙旅游发展的"驱推拉阻"动力模型的演变的可能性趋势。这项研究成果对旅游发展动力的"推拉"模型无疑是一项很有价值的修正和完善，对促进旅游发展动力机制研究是一项有意义的尝试和探索。

(二) 开创关于中国南沙旅游的专题研究

中国对南海的历史性权利具有历史记载、国际条约、国际法律实践等方面的充足的铁证①，中国领土领海领空神圣不可侵犯。但自 20 世纪 70 年代以来，南海逐步成为世界上岛礁主权争端和海域划界争议比较复杂而激烈的海域之一，2012 年以来的形势变得异常复杂②。站在中国的立场，南海问题的根本在于南沙问题，即南沙群岛的部分岛礁被非法侵占并被提出主权声索，以及与之相关联的南沙群岛海域被周边国家企图瓜分。尽管中国对南沙维权态度自 2012 年以来进入积极作为期③，南沙岛礁建设、联合军事演习、"山东号"航母入列海军据守南海等都是积极作为的具体表现，但南沙维权形势依然不容乐观，越南等国家非法侵占了南沙群岛中的大量岛礁④，而且南沙维权很可能是一项长期、复杂且艰巨的任务，必须多管齐下、多措并举增强南沙维权能力，提高南沙维权效率和成效，其中发展旅游是非常重要的途径和手段。

---

①张卫彬. 中国拥有南沙群岛主权证据链的构造 [J]. 社会科学，2019（9）：85-96.

②曾勇. 2012 年来三次南海维权斗争研究 [J]. 太平洋学报，2019，27（5）：40-57.

③张洁. 黄岩岛模式与中国海洋维权政策的转向 [J]. 东南亚研究，2013（4）：25-31.

④李金明. 南海争议现状与区域外大国的介入 [J]. 现代国际关系，2011（7）：1-8，38.

　　因为旅游业在开展国际合作和增强民事存在等方面的先天优势以及南沙旅游开发的巨大潜力，旅游业应该成为南沙开发开放的先导产业和支柱产业；由于独特的地理位置、垄断性的旅游资源和中国特色自由贸易港的制度体系，南沙旅游能够成为海南国际旅游岛和海南国际旅游消费中心的核心产品和关键吸引力，能够成为撬动国际旅游消费中心建设的"支点"；而且，越南等南沙周边国家已在南沙争议海域开展了旅游活动和发展旅游业，违背了《南海各方行为宣言》的相关规定[1]，按照对等原则，中国也应该在南沙开展旅游活动和发展旅游业，以增强在南沙群岛及其海域的民事存在，从而更好地维护中国对南沙群岛的主权。可见，发展南沙旅游具有迫切的现实需要，顺应时代背景和潮流，因而迫切需要对南沙旅游发展进行相关研究，从而为南沙旅游实践提供理论指导和对策建议。然而，至今关于南沙旅游的研究成果奇缺，不仅没有关于南沙旅游的专门研究成果，而且散布在相关研究中关于南沙旅游的研究成果也很少。

　　本研究以南沙旅游为研究对象，以分析推进南沙旅游发展的社会、经济、政治、外交等的背景和意义为出发点，综合运用文献分析法、德尔菲法、问卷调查法、层次分析法、回归分析法等研究方法，在创新性地提出旅游发展动力的"驱推拉阻"模型的基础上，着重研究南沙旅游发展的动力系统、动力强度、动力模型和动力作用机理，并以此为基础，探讨南沙旅游发展的方向、定位、内容、路径、产品与对策等，一方面开创了南沙旅游的专题研究，起到了为南沙旅游研究和发展吹响"集结号"和抛砖引玉的作用，另一方面为推进南沙旅游发展进言献策，促进南沙旅游早日进入实质性开发阶段。

　　（三）探索未开发的边远地区旅游发展动力机制的定量研究方法

　　南沙群岛及其海域是中国的南大门，是中国通往印度洋和太平洋的重要通道，也是中国面向印度洋和太平洋对外开放的重要门户，是 21 世纪海上丝绸之路的战略支点，地理位置非常重要；那里拥有大量的岛礁、广

---

　　[1]邓颖颖. 以海洋公园为合作模式促进南海旅游合作 ［J］. 海南大学学报（人文社会科学版），2014，32（3）：43-49.

阔的海域、灿烂的阳光、美丽的沙滩、多彩的珊瑚，具备热带海岛旅游所需的一切资源。然而，由于地缘政治敏感和地理位置偏远等原因，南沙群岛依然"养在深闺无人识"，目前中国在那里没有任何形式的旅游开发。对于这种没有任何数据可以利用的未开发的边远地区，如何才能开展旅游发展动力机制研究，尤其是如何才能定量地研究其旅游发展的动力强度，并找到主导动力，确定动力模型，厘清动力作用机理，这是一个比较难以回答的问题。

　　本项目在创新性地提出旅游发展动力的"驱推拉阻"模型的基础上，结合已有文献和南沙及其旅游发展的特殊性，构建南沙旅游发展动力指标体系的初步方案，然后邀请来自旅游学、地理学、管理学、经济学、环境科学等不同学科的 30 位左右的专家对指标体系及其指标设计的合理性作出判断，经过两轮专家咨询形成比较一致的意见，从而确立南沙旅游发展动力指标体系的最终方案；以最终指标体系为基础，设计专家赋权重调查问卷并采用层次分析法确定指标体系的主观权重，设计针对专业人士的南沙旅游发展动力的市场调查问卷，并采用主成分分析方法确定指标体系的客观权重，进而采用乘积比例法整合主观权重和客观权重构建复合权重；再以复合权重和问卷调查所获得的数据为依据，计算动力指标体系中各级各个指标的动力强度指数，并根据动力强度指数确定动力模型；最后采用公因子分析和线性回归分析探索性地研究南沙旅游发展动力机制，梳理各类因素是如何影响南沙旅游发展的。用这种方法所得到的结论尽管不是实际情况，但综合反映了专家和专业人士的意见和观点，而专家和专业人士丰富的知识与经验为研究结论的可靠性提供了保障。无疑，这种方法可以应用于其他未开发地区相应的旅游研究中。

　　（四）构建了南沙旅游发展动力指标体系

　　项目运用在文献分析的基础上，结合南沙群岛及其海域的地理位置、资源环境等方面的特殊性，构建南沙旅游发展动力指标体系的初步方案，然后采用德尔菲法，邀请 30 位左右的专家对指标体系的合理性按照李克特 5 级量表进行评价，并提出相关建设，经过两轮专家咨询形成比较一致的观点，从而构建拥有驱力、推力、拉力和阻力等 4 个准则，维权驱动力、政府推动力等 13 个因素，以及维护岛礁主权、政府态度等 43 个指标的南沙旅游发展动力指标体系的最终方案，再请同一批专家对指标体系赋权重，并利用层次分析法计算指标体系的主观权重，进一步针对专业人士进行问卷调查，并运用主成分分析法计算指标体系的客观权重，最后用乘积比例法将主观权重和客观权重综合在一起形成指标体系的符合权重。这是至今为止首次构建的南沙旅游发展的动力机制体系，对南沙旅游研究和开发具有理论指导价值。

（五）计量了南沙旅游发展的动力强度，命名了动力模型，找出了关键动力

在所构建的指标体系的基础上，采用线性加权法计算各层次各指标的动力强度，计算结果表明，目前南沙旅游发展的动力强度不强，按百分制，总动力仅为 53.18，没有达到及格水平。其中，驱力是主导动力，占正向动力的 56.83%，推力和拉力都不足，分别占正向动力的 24.28% 和 18.89%，阻力抵消了正向动力的 15.87%。

项目将南沙旅游发展分为 4 个阶段：发展前期、早期、中期和后期，各阶段的动力模型有别，依据主导动力命名原则，南沙旅游发展在前期和早期都会是维权驱动型，中期将会转变为市场拉动型，而后期将转变为企业推动型。从主要矛盾的主要方面看，维护岛礁主权是现阶段南沙旅游发展的根本动力。

通过提取公因子并施行后向剔除回归分析，得出现阶段影响南沙旅游发展的主要动力按照影响强度递减顺序依次为是维权驱力、政府推力、合作驱力、旅游能力和企业推力，此外，外部异议对南沙旅游发展起到阻滞作用。还要注意，"政府态度"和"军事管制"对南沙旅游发展具有"一票否决性"，这是由南沙独特的地理位置和地缘政治所决定的，也是旅游发展必须服从和服务于国家安全所决定的。

第四节　研究不足与展望

一、研究不足

一是对"一票否决性"指标的重视不够。敏感的地缘政治环境、祖国南大门的地理位置、21世纪海上丝绸之路的战略支点等因素使得"政府态度"和"军事管制"对南沙旅游发展具有"一票否决性"。尽管从中国的国家整体视角看，"政府态度"和"军事管制"是南沙旅游发展的内因，但本研究从南沙这一区域视角展开，"政府态度"和"军事管制"就成了外因。毋庸置疑，即便具有以维权为主导的强大的内生驱动力，如果没有政府（尤其是党中央、国务院）的批准和允许，南沙旅游就不可能起步；同样，如果受到"军事管制"，南沙旅游发展也必须让位于国家安全。需要说明，"政府态度"和"军事管制"对南沙旅游发展的"一票否决性"并没有违背内外因辩证关系原理，类比于具有强大动力系统但只能依靠外接电池的汽车，如果没有外接电池就不可能启动。本研究没有充分考虑"政府态度"和"军事管制"的"一票否决性"，而是将其作为一般性的指标来考量，很可能与现实存在较大差异，因而存在不足。

二是没有登临三亚—西沙邮轮进行线下市场调查。在课题申报和研究设计阶段，原计划组织人员登上三亚—西沙航线的邮轮对游客进行线下问卷调查，以便了解游客对西沙旅游的期望、感知和满意度等信息，并以此推论市场对南沙旅游的期许和诉求。但在实际执行时，遭到了有关邮轮公司的反对和禁止，尽管经过多次沟通，有关邮轮公司依然认为我们的调查会影响市场信心，会对公司发展带来不利影响，因而登临邮轮进行现场调查的设想最终没能实现，留下了些许遗憾，这对准确把握南沙旅游的市场需求造成了一定的影响，也有可能低估市场需求对南沙旅游发展的拉动作用。

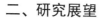

二、研究展望

为更好地维护南沙群岛及其海域的权益，为推进 21 世纪海上丝绸之路建设，为加快将南海建设成为世界旅游之海的进程，为探索军民融合发展的体制机制，为推进国际旅游消费中心建设，为探索海洋旅游发展的体制机制，为更有效地满足旅游市场需求，相信各级政府部门和有关企业都会积极推进南沙旅游发展，南沙旅游应该指日可待。为更好地指导南沙旅游发展，在本研究的基础上，还要在以下若干方面但不限于这些方面开展专题研究，从而丰富和完善南沙旅游发展动力机制研究：

(1) 南沙旅游发展的国际合作动力机制研究；

(2) 南沙旅游发展的军民融合动力机制研究；

(3) 旅游者赴南沙旅游的动机研究；

(4) 企业开辟南沙邮轮旅游航线的动力机制研究；

(5) 南沙旅游发展与环境保护的协调机制研究。

第一章　文献回顾

　　文献回顾是学术研究的基础性但又非常重要的工作，文献回顾不仅能够使研究者了解该领域的研究进展和现状，避免重复研究和无效研究，而且可以帮助研究者厘清研究思路、拓展研究视野、获得理论支撑、学习研究方法、借鉴研究成果，使自己的研究"站在巨人的肩膀上"。根据本项目的研究内容，以下从旅游发展动力机制和南沙旅游两方面进行文献回顾。

第一节　旅游产业发展动力机制研究回顾

　　力是力学的基本概念，是使物体获得加速度或形变的外因，是物体对物体的作用，不能脱离物体而单独存在。相应地，可以将旅游发展动力定义为一个或多个行为主体对旅游发展这一客体的作用。通常用力的大小、力的方向和力的作用点这三个要素来描述一个力，同样可以且应该从这三个要素来描述旅游发展动力。关于产业发展动力，国内外已有较多研究成果，提出了一系列理论模型，如资源禀赋理论[①]、产业结构理论[②]、内生增

---

①彭倩，黄震方，牛品一. 长三角地区旅游经济发展动力因素研究 [J]. 地域研究与开发，2014，33（6）：90-96.

②李在军，管卫华，臧磊，等. 江苏省产业结构的空间格局演变及其动力机制分析 [J]. 经济地理，2013，33（8）：79-85.

长理论①和制度变迁理论②等。在旅游产业发展动力研究方面，最早可追溯到推拉理论（Push-Pull Theory）在旅游研究和发展中的应用③，且该理论此后一直是旅游研究的热点。

一、境外旅游发展动力机制研究回顾

境外对旅游需求动机的研究相当成熟，提出了驱力理论、诱因理论和推拉理论等理论④⑤⑥，但对旅游发展动力机制的专题研究相对较少⑦，且一般包含于旅游资源及其评价、旅游开发、旅游发展、旅游规划等问题的研究中⑧。Haywood 认为推动旅游地演进的经济社会力量主要有 7 种：（1）旅游消费的替代物；（2）交通运输企业、旅游经营商和中间商以及住宿供给商等的还价能力；（3）反对旅游业或旅游开发的环境主义者和其他相关公众；（4）现有旅游地之间的竞争；（5）新旅游地的开发；（6）政府、政治和约束性团体的力量；（7）旅游者的需要、感知、期望和价格敏感度⑨。随后学者们则结合推拉理论和供求理论，将旅游发展的驱动因素归纳为"供给因素"和"需求因素"，从供求视角来研究旅游发展驱动因素的分析

①陈耀，郑鑫. 内生增长动力与西部发展方式转型［J］. 开发研究，2010（4）：1-4.

②徐向艺. 制度创新与企业成长研究［M］. 北京：经济科学出版社，2011：125-146.

③Dann G M S. Anomie, ego-enhancement and tourism［J］. Annals of Tourism Research，1977，4（4）：184-194.

④Uysal M, Jurowski C. Testing the push and pull factors［J］. Annals of Tourism Research，1994，21（4）：844-846.

⑤刘纯. 旅游心理学［M］. 北京：科学出版社，2004.

⑥imková E, Holzner J. Motivation of Tourism Participants［J］. Procedia Social and Behavioral Sciences，2014，159：660-664.

⑦吴必虎. 区域旅游规划原理［M］. 北京：中国旅游出版社，2001.

⑧范业正，陶伟，刘锋. 国外旅游规划研究进展及主要思想方法［J］. 地理科学进展，1998，17（3）：86-92.

⑨Haywood M. Can the tourist-area life cycle be made operational？［J］. Tourism Management，1986，7（03）：154-167.

框架也得到广泛接受和认可①②③。20 世纪 90 年代以来，随着系统思想和方法在旅游研究中的广泛应用，境外学者注意区域旅游发展因素的综合性与系统性。Jafari 认为应该将影响旅游业发展的因素作为一个系统来研究④，他将旅游供给称为"装满物质和服务的菜篮子"，包括住宿、餐饮服务、交通、旅游中介、游憩和娱乐以及其他旅游贸易服务；随后 Leiper 提出了旅游系统结构模型，认为旅游系统由旅游者、旅游业、旅游客源地、旅游通道和旅游目的地 5 个要素组成⑤，对其早期提出的旅游系统由游客产生区、游客目的区、运输路径三部分组成的观点进行了修正；Gunn 的旅游功能系统模型则认为"供给子系统"和"需求子系统"是旅游系统中两个最基本的子系统，旅游的任何组成因素都能被归纳到供给子系统和/或需求子系统方，其中的供给子系统又包括吸引物、促销、交通、信息和服务等相互关联的 5 个方面⑥；Hjalager 则提出了旅游业创新传递机制模型⑦；等等。近年来，国外学者对区域旅游发展的利益相关者给予了关注，认为正确协调处理利益相关者的利益在区域旅游发展中具有重要意义。其中，Waligo 等利用 8 个主要利益相关者群体中 50 多个利益相关者的账户所进行的研究表明，缺乏或无效的利益相关者参与是旅游可持续发展的障碍，并提出了多

---

①Cooper C. The tourism system [J]. Tourism Management，1986，7（04）：304-306.

②Flescher A，Pizam A.Rural tourism in Israel [J]. Tourism Management，1997，18（06）：367-372.

③黄炜，孟霏，肖淑靓. 精准扶贫视域下乡村旅游产业发展动力因素实证研究：以武陵山片区为例 [J]. 中央民族大学学报（哲学社会科学版），2017，44（5）：57-68.

④Jafari J. Cultural tourism and regional development [J]. Annals of Tourism Research，1992，19（03）：576-577.

⑤Leiper N. Tourism Management [M]. Collingwood，VIC：TAFE Publications，1995.

⑥Gunn C A，Turgut Var. Tourism Planning：Basics Concepts Cases（4th ed.）[M]. New York：Routledge，2002.

⑦Hjalager A M. Repairing innovation defectiveness in tourism [J]. Tourism Management，2002，23（5）：465-474.

方参与的管理框架①；Carlisle 等对冈比亚和坦桑尼亚的两个案例研究结果显示，有利的创新创业环境对欠发达国家和地区国际旅游发展产生重要影响，尤其是多方利益相关者的合作非常重要②；Juan 等利用社会网络分析方法对西班牙安达卢西亚（Andalusia）不同旅游发展水平的 16 个旅游目的地进行研究，得出了以下有意义的结论，即当利益相关者网络的运作得到改善时，旅游目的地的旅游发展水平就会提高③；López 等通过研究感知价值与居民支持以及社区参与、地方依恋与居民感知价值之间的关系发现，居民支持是旅游业可持续性的重要影响因素④；等等。此外，国外学者对旅游业发展中的政治因素进行了专门研究。Causevic 等利用结构化访谈、参与者观察和研究者反身性等方法，研究政治冲突后的经济和社会复兴对旅游业发展的影响⑤。Farmaki 等的研究表明，政治对可持续旅游发展和实践产生强大影响，而复杂的政治环境不利于可持续旅游发展⑥。

二、境内旅游发展动力机制研究回顾

（一）境内旅游发展动力机制研究简况

相对境外而言，境内对旅游发展动力机制的研究成果丰硕得多。20 世

---

①Waligo V M, Clarke J, Hawkins R. Implementing sustainable tourism: A multi-stakeholder involvement management framework［J］. Tourism Management 2013, 36: 342–353.

②Carlisle S, Kunc M, Jones E, Tiffin S. Supporting innovation for tourism development through multi –stakeholder approaches: Experiences from Africa［J］. Tourism Management, 2013, 35: 59–69.

③Juan Ignacio Pulido–Fernández, Rafael Merinero–Rodríguez. Destinations´ relational dynamic and tourism development［J］. Journal of Destination Marketing & Management, 2018（7）: 140–152.

④López, María Francisca Blasco, Virto N R, Manzano, Joaquín Aldas, et al. Residents\" attitude as determinant of tourism sustainability: The case of Trujillo［J］. Journal of Hospitality and Tourism Management, 2018, 35: 36–45.

⑤Causevic S, Lynch P. Political（in）stability and its influence on tourism development［J］. Tourism Management 2013, 34: 145–157.

⑥Farmaki A, Altinay L, Botterill D, Hilke S. Politics and sustainable tourism: The case of Cyprus［J］. Tourism Management, 2015, 47: 178–190.

纪晚期以来，旅游发展动力研究一直是境内学术界、政府和旅游企业关注的重点和热点[①]。为客观分析旅游发展动力机制研究进展和现状，作者于 2019 年 3 月 9 日分别以"旅游"并"动力"为主题词以及以"旅游"并"驱动"为主题词在知网的 CSSCI（中文社会科学引文索引）、CSCD（中国科学引文数据库）和核心期刊进行搜索，再经反复对照、整理，剔除明显与旅游发展内容不符的文献以及书评、会议通讯等，共获得文献 379 篇。从文献的年际分布（图 1.1）看，旅游发展动力研究发端于 20 世纪晚期，其中，保继刚[②]和彭华[③]分别在旅游发展动力的实践探索和理论分析上进行了开创性研究；2005 年至今，旅游发展动力一直是研究热点，每年在核心以上刊物上的发文量基本在 9 篇以上，2016 年该研究领域达到了成果高峰期，共发表核心及以上刊物论文 60 篇。研究旅游发展动力的研究机构和学者分布广泛，其中发文数量最多的机构和作者分别是南京师范大学及其地理科学学院的黄震方教授。

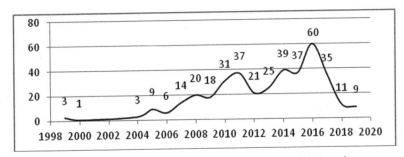

图 1.1　核心及以上期刊"旅游发展动力"文献的年际分布

资料来源：根据中国知网相关数据整理。

利用 CiteSpace V 软件对所收集到的文献进行关键词共现研究发现，旅游发展动力研究所涉及的领域较广，但又相对集中在"动力机制""驱动机制""乡村旅游""驱动因素""旅游产业""产业融合"等方面（图 1.2），对海洋旅游发展动力的研究成果并不多见。

①年四锋，李东和. 国内关于旅游发展动力机制研究述评 [J]. 资源开发与市场，2011（2）：184-186，149.

②保继刚，朱竑. 珠海市城市旅游发展 [J]. 人文地理，1999，14（3）：7-12.

③彭华. 旅游发展驱动机制及动力模型探析 [J]. 旅游学刊，1999（6）：39-44.

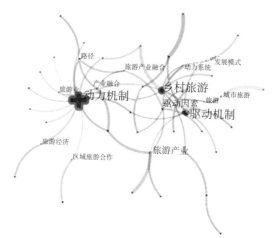

图 1.2 旅游发展动力研究关键词共现网络图谱

注：（1）软件：CiteSpace V 5.3.R11（64–bit）；（2）时间跨度：1991—2019（时间切片=1）；（3）选择标准：前 50/时间切片；（4）网络：节点 50 个，连接 58 条（网络密度 0.0473）；（5）节点标注：频度 5；（6）修剪：最小生成树。

资料来源：根据中国知网相关数据整理。

（二）旅游发展动力机制的系统论

旅游系统是"一个通过向旅游者提供高质量的完整旅游经历，而使各组成要素相互联系、相互作用构成的统一体"，其中，旅游动力系统是旅游系统的战略子系统[①]。它是一个旅游供需系统、以旅游目的地为核心的地域系统、动态开放系统、可调控的他组织系统、复杂适应性系统，具有整体涌现性[②]。

彭华最早从系统论出发提出了由需求子系统、引力子系统、中介子系统和支持子系统等 4 个子系统构成的旅游发展动力系统结构模型，每个子系统又由若干影响因子构成[③]。该模型对其后的旅游发展动力机制研究产生了广泛影响[④]，有些文献实质上是对该模型的直接应用和修补。例如，

①袁国宏，郭强. 旅游动力系统结构研究［J］. 商业研究，2011（3）：126–132.

②肖佑兴. 旅游社会影响的动力系统研究［J］. 广州大学学报（社会科学版），2014，13（10）：49–56.

③彭华. 旅游发展驱动机制及动力模型探析［J］. 旅游学刊，1999（6）：39–44.

④夏正超. 旅游小城镇发展的动力机制研究［J］. 地域研究与开发，2015，34（5）：90–94.

吴学成等在沿用彭华模型的基础上，提出了资源调控、环境调控、产业调控和政策调控等 4 种机制共同调控民族村寨旅游发展[①]；夏正超在彭华模型的基础上，分析了旅游小城镇发展动力因素的作用反馈机制、强度机制和动力组合模式，将旅游小城镇发展动力模型划分为自然生发型、政策驱动型、产业融合型、逆向成长型 4 种类型[②]；陈炜利用德尔菲法从推力系统、拉力系统、支持系统和中介系统 4 个层面构建了 21 个因素的盐文化遗产旅游开发的动力体系，其总体思路与彭华模型具有承接性[③]。

学者们普遍从参与旅游发展的相关主客体视角来构建旅游发展的动力系统和动力模式。袁国宏从系统的构成主体出发，认为旅游发展动力源于旅游者、旅游业、目的地居民、目的地政府和客源地政府 5 个主体的活动矛盾[④]，此后又进行了一些修正和补充[⑤⑥]。他们的这种分析框架得到了部分学者的认同和借鉴。例如，王超等认为，民族地区旅游包容性发展的动力源于政府、旅游企业、公民组织、村民和游客 5 个主体[⑦]；李江敏等将环城游憩带的发展动力归因于为游客、当地居民、旅游企业和政府[⑧]。然而，这种分析框架仅立足于"人"而忽视了"地"，而"人—地"系统是不可分割的复杂巨系统。肖佑兴注意到了这一不足，将旅游发展动力系统分成 2 个子系统：一是旅游"人—人"关系子系统，主要由当地居民、旅游者、旅

---

①吴学成、李江风、蒋琴，等. 民族村寨旅游发展的动力机制系统研究［J］. 生态经济，2014，30（1）：141–143.

②夏正超. 旅游小城镇发展的动力机制研究［J］. 地域研究与开发，2015，34（5）：90–94.

③陈炜. 四川盐文化遗产旅游开发与保护协同发展的驱动机制［J］. 社会科学家，2018（8）：102–107.

④袁国宏. 旅游业可持续发展的动力系统研究［J］. 旅游科学，2004（1）：17–21.

⑤袁国宏，郭强，刘人怀. 旅游动力系统的状态与权变管理［J］. 软科学，2008（10）：49–52.

⑥袁国宏，郭强. 旅游动力系统结构研究［J］. 商业研究，2011（3）：126–132.

⑦王超，王志章. 西部少数民族地区旅游包容性发展动力模式研究：以贵州省为例［J］. 西南民族大学学报（人文社科版），2016，37（6）：135–138.

⑧李江敏，谭丽娟. 生态文明视角下环城游憩带发展动力系统研究［J］. 湖北大学学报（哲学社会科学版），2016，43（6）：130–134.

游企业、政府、科研机构、旅游协会和相关个人与团体等构成，属于微观层次；二是旅游"人—地"关系子系统，主要由旅游承载力、旅游吸引力、旅游流和旅游制度构成，属于宏观层次①。龚娜也注意到了"人—地"系统，认为综合性的旅游资源是红色旅游发展的基本拉力，政府和企业则是推力，当然，旅游者偏好对红色旅游发展也产生重要影响②。在大区域旅游研究中更有必要重视"人—地"关系论，靳诚等和党宁等也综合考虑了"人—地"系统，认为空间、市场和政府是上海及长三角地区旅游空间演化和区域合作的动力源泉③④。可以说，综合考虑"人—地"关系系统是旅游发展动力研究的应然选择。

也有学者试图同时从多个维度来考察旅游发展动力系统。例如陶少华认为，重庆石柱土家族自治县全域旅游发展的动力源于政府引导、市场需求、社区融合、科技创新和品牌效应⑤。在这五个动力要素中，前三个是从作用力的主体视角考虑的，而后两个则从主体的作用结果出发，科技创新和品牌效应是政府、企业、研究机构等作用主体共同的行为及其成果，而且只是一部分或主要部分。将不同维度放置在同一个细分系统中容易产生交叉和重叠，应该尽可能避免。

（三）旅游发展动力机制的内外因理论

辩证唯物主义认为，内因即内部矛盾是事物发展的根据，外因即事物之间的矛盾是事物发展的条件，无论所起的作用有多大，外因必须通过内因才能起作用。内外因辩证关系原理是旅游发展动力机制研究的一个重要遵循，产生了不少研究成果，对旅游动力机制研究产生了一定的影响。

---

① 肖佑兴. 旅游社会影响的动力系统研究 [J]. 广州大学学报（社会科学版），2014，13（10）：49-56.

② 龚娜. 基于旅游者偏好的民族地区红色旅游动力研究：以贵州黎平、遵义地区为例 [J]. 贵州民族研究，2017，38（3）：163-166.

③ 靳诚，徐菁，陆玉麒. 长三角区域旅游合作演化动力机制探讨 [J]. 旅游学刊，2006（12）：43-47.

④ 党宁，吴必虎，俞沁慧. 1970—2015年上海环城游憩带时空演变与动力机制研究 [J]. 旅游学刊，2017，32（11）：81-94.

⑤ 陶少华. 论全域旅游发展的拓展路径与动力机制：基于重庆石柱土家族自治县的实证研究 [J]. 云南民族大学学报（哲学社会科学版），2019，36（1）：31-36.

首先，区域旅游发展需要内外力共同作用。唐晓云认为西部旅游业发展的内生动力不足，体现为体制机制创新力、对外部客源的吸纳力、内部旅游市场发育力和要素市场吸纳力等方面的不足，并从增强产业发展动能出发提出了推动体制机制创新、优化产业发展环境等一系列对策建议[1]；曹兴平以问卷调查数据为基础，采用因子分析、相关分析和方差分析等方法，实证了参与动机与社区感是民族村寨旅游发展的内生动力[2]；黄炜等利用文献分析法和德尔菲专家咨询法，并结合实际情况，从人才、技术、资源、社会和产业等5个层面构建了旅游演艺产业内生发展动力测评概念模型，并通过问卷调查进行了实证研究[3]；罗芬通过半结构化访谈和归纳提炼，认为在发展早期，社区精英、社区环境和社区位置等内生动力以及市场需求催生了农家乐发展，但随着农家乐数量的增多，竞争非常激烈，技术创新和制度创新成为农家乐发展的核心要素[4]；王兆峰和谢娟认为，信息化通过旅游需求、旅游创新等内力机制以及互联网普及和国家政策支持等外力机制促进民族地区旅游产业发展[5]。

其次，旅游产业融合发展需要内外力共同作用。杨强认为体育产业与相关产业融合的内在机制是体育产业的资产通用性，而外在动力是体育企业竞争激烈化、体育市场需求多样化和相关产业政策[6]；江金波将旅游产业融合发展的动力系统区分为内力子系统和外力子系统，其中前者包括成本效益、企业战略、融合适配度和行业组织，后者包括市场竞争、旅游需求、

---

①唐晓云. 增强西部旅游业发展的内在动力 [J]. 宏观经济管理，2012（9）：64-65.

②曹兴平. 民族村寨旅游社区参与内生动力实证研究 [J]. 贵州民族研究，2016，37（3）：166-170.

③黄炜，孟霏，朱志敏，等. 旅游演艺产业内生发展动力的实证研究：以张家界为例 [J]. 旅游学刊，2018，33（6）：87-98.

④罗芬，方妮，周琴. 内生式乡村旅游发展演变、困境与调控：以长沙市桃花岭村"农家乐"为例 [J]. 中国农学通报，2012，28（26）：304-310.

⑤王兆峰，谢娟. 信息化促进民族地区旅游产业发展的动力机制研究 [J]. 山东社会科学，2013（11）：175-179.

⑥杨强. 体育产业与相关产业融合发展的内在机理与外在动力研究 [J]. 北京体育大学学报，2013，36（11）：20-24，30.

政府组织和技术水平，内外部动力交互作用共同促进旅游产业融合发展①；李在军根据已有动力机制理论和产业融合原理，结合冰雪产业特点，提出推动冰雪产业融合发展的 4 个关键动力：外部环境、需求拉力、企业内在驱动力和技术创新②；等等。

最后，区域旅游合作需要内外共同作用。朱元秀将区域旅游合作的动力分为内生动力和外生动力，内生动力包括对创新的追求、旅游资源的互补性和利益导向性，外生动力主要有政府的调控力和重大事件，二者共同作用推进区域旅游合作③。陈文捷等认为"一带一路"框架下大湄公河次区域经济带旅游合作主要有三大内生动力，即新的知识、运用于新知识的资源以及刺激新知识应用于生产④。

（四）旅游发展动力机制的推拉阻理论

推拉理论是人口流动和迁移的重要理论，最早可追溯到 19 世纪 80 年代雷文斯坦（E.Ravenstien）的《人口迁移规律》（The Laws of Migration）。20 世纪 60 年代巴格内（D.J.Bagne）对该理论进行系统归纳，其核心观点是，人口流动与迁移的目的是提高生活质量，流入地有利于提高生活质量的因素是其拉力，而流出地不利改善生活的因素则是推力⑤。随后，迈德尔（G.Mydal）、索瓦尼（Sovani）、贝斯（Base）、特里瓦撒（Trewartha）等学者都对该理论作了相应的修正。李（E.S.Lee）是推拉理论的集大成者，他在《移民理论》（A Theory of Migration）一文中指出，流出地和流入地实际上都既有拉力又有推力，并补充了第三个因素即障碍因素，如空间距离、物质障碍和语言文化差异等⑥。

---

①江金波. 旅游产业融合的动力系统及其驱动机制框架：以佛山陶瓷工业旅游为例 [J]. 企业经济，2018，37（5）：5–13.

②李在军，张瑞林. 冰雪产业融合发展的动力机制与路径探析 [J]. 首都体育学院学报，2018，30（6）：510–514.

③朱元秀，伍艳玮. 区域旅游合作的动力机制探讨 [J]. 经济研究导刊，2009（7）：143–144.

④陈文捷，李想，陆怡冰，等. 一带一路倡议与大湄公河次区域经济带旅游合作内生动力研究 [J]. 广西民族大学学报（哲学社会科学版），2017，39（6）：54–60.

⑤Donald J. Bagne, Principles of Demography [M]. Manhattan: John Wiley & Sons, Inc，1969.

⑥E. S. Lee. A theory of migration [J]. Demography，1996，3（1）：47–57.

　　1977 年 Dann 首次将推拉理论应用于旅游领域，标志着旅游发展动力研究的开端。他为了研究旅游者的旅行动机，借用推拉理论，并重点研究"推动"因素，特别是游客自身"失范"和"自我提升"的因素①，从而奠定了旅游推拉理论的基础。自此，源于旅游者的推力和源于目的地的拉力成为研究旅游动力的基本分析框架。推拉理论在旅游领域的应用主要集中在旅游动机研究和旅游发展动力机制研究两大方面。

　　旅游动机一直是旅游研究的重要领域和热点，主要有需求层次模型、社会心理模型、"推拉"模型、休闲模型等 4 种模型②，其中"推拉"模型是主流模型。从旅游动机出发，推力是游客的内在动机，激发或创造旅游需求，产生旅游欲望，导致人们决定去旅行；拉力是外在动机，与目的地本身的特征、特色与吸引力相联系，是影响游客选择目的地的因素。许多旅游研究分析出了多种推拉因素，并验证过推拉因素对塑造游客动机和选择旅游目的地产生显著影响，例如价值追寻③、地理想象④、自我提升与愉悦心身⑤、放松心情与保持健康⑥、景点外部吸引力和自身吸引力⑦、健康社交与求知求异⑧等。易小力等通过文献分析得出，推动机指标主要包括逃离日常环境、休息和放松、自我调整、冒险与进行社会交往等；拉动

　　①Dann G M S. Anomie, ego-enhancement and tourism [J]. Annals of Tourism Research, 1977, 4（4）：184-194.

　　②曾韬. 国外旅游动机概念与维度研究进展与评述 [J]. 学术研究，2019（7）：171-176.

　　③邢宁宁，杨双双，黄宇舟，等. 90 后出境旅游动机及价值追寻 [J]. 旅游学刊，2018，33（9）：58-69.

　　④朴志娜，江扬，吴必虎，等. 国际游客对中国的地理想象构建与旅游动机 [J]. 旅游学刊，2018，33（9）：38-48.

　　⑤周泽鲲，乌铁红. 公诸同好未可知?推拉理论下的户外旅游动机研究 [J]. 干旱区资源与环境，2017，31（12）：189-195.

　　⑥莫琨，郑鹏. 养老旅游意愿影响因素实证分析：基于推拉理论 [J]. 资源开发与市场，2014，30（6）：758-762.

　　⑦郑鹏，马耀峰，王洁洁，等. 基于"推—拉"理论的美国旅游者旅华流动影响因素研究 [J]. 人文地理，2010，25（5）：112-117.

　　⑧郑鹏，马耀峰，王洁洁，等. 来华外国旅游者推拉驱力的相关性研究 [J]. 人文地理，2014，29（1）：107，146-153.

机主要指标包括基础设施与娱乐活动、自然环境和风光、鲜明的旅游形象和独特的文化旅游资源、人文环境和文化等①。

20世纪晚期以来，旅游发展动力机制研究一直是旅游研究的热点，而推拉机制是其中的基本范式。郑文俊结合推拉理论、已有研究成果及柳州市的实际情况，采用专家法和问卷调查法，通过对19项乡村旅游"推力—拉力"因素进行因子分析，得出6个公因子，其中推力公因子为乡村休闲放松、怀旧与新鲜感和商务需要，而拉力公因子为乡村自然与生活、乡村人文景观以及农事活动体验②。刘涛和徐福英将乡村旅游可持续发展的动力区分为内力和外力，其中内力是缓解"三农"问题，而外力有来自市场的拉力和源于政府政策和产业要素的推力③。张爱萍等设计了城市推力测度模型、城市拉力测度模型和城市间单向旅游流强度指数模型，以此分析环渤海区域旅游空间结构④。陈炜认为，推力是民族地区传统体育文化与旅游产业融合发展的原动力和根本动力，拉力是诱发力⑤。徐福英和刘涛首先将海岛旅游发展动力分为内力和外力，进而将外力区分为政府推动力和市场拉动力⑥。

境内学者对推拉理论作出了重要修正，即在肯定推力和拉力的同时，明确提出了旅游发展中存在阻力。吴必虎与党宁提出了与"滑雪潜力指数"相对应的"滑雪旅游阻力指数"⑦，首次明确提出旅游动力机制中的

①易小力，蓝天一，郑春晖. 推拉动机对存在原真性和忠诚度的影响实证研究：以福建土楼为例 [J]. 人文地理，2019，34（2）：143–151.

②郑文俊. 基于推拉理论的柳州市乡村旅游动机实证分析 [J]. 南方农业学报，2012，43（10）：1606–1610.

③刘涛，徐福英. 新农村建设中乡村旅游可持续发展动力研究 [J]. 安徽农业科学，2010，38（4）：2102–2104.

④张爱平，周凤杰，马楠. 基于推拉模型的环渤海区域旅游空间结构研究 [J]. 资源开发与市场，2011，27（10）：948–950.

⑤陈炜. 民族地区传统体育文化与旅游产业融合发展的驱动机制研究 [J]. 广西社会科学，2015（8）：194–198.

⑥徐福英，刘涛. 海岛旅游可持续发展机理研究 [J]. 资源开发与市场，2014，30（1）：118–120.

⑦吴必虎，党宁. 中国滑雪旅游市场需求研究 [J]. 地域研究与开发，2003，23（6）：78–82.

阻力概念。亢雄和马耀峰专文论述旅游动力机制中的阻力，认为在旅游动力机制研究中，不仅要重视旅游发展动力，也要注重对动力产生消弭作用的阻力，旅游发展阻力是客观存在的，在客源地系统、目的地系统、中介系统和支持系统中都有阻力因素①。高军等针对已有研究的理论上的欠缺与不足，明确提出"推拉阻"旅游动力机制，并利用问卷调查资料测度了旅华英国游客从客源地到目的地的推力、拉力和阻力②。刘妍等利用问卷调查、因子分析和方差分析等方法，探讨了亲子游决策中的推力因素、拉力因素和阻力因素③。

（五）旅游发展动力机制的其他理论

供需理论是旅游发展动力机制研究的基本遵循，正如冈恩所指出的，供给和需求形成了旅游的两大驱动力④。旅游发展最直接的表现是有更多的旅游消费，包括到访的人数增加和人均消费支出提高，为此，可以也应该从需求侧和供给侧两方面发力。中国旅游发展历程充分证明了需求是一个国家或地区旅游发展的动力⑤。

DSR 模型成为旅游发展动力机制研究的一种遵循和范式。学者们利用联合国可持续发展委员会（UNCSD）于 1996 年提出的驱力—状态—响应（Driving Force-Status-Response，DSR）模型来分析城乡旅游一体化发展⑥、旅游景区低碳转型⑦和非遗旅游转型⑧的动力机制，也有学者利用欧洲环境

---

①亢雄，马耀峰. 旅游动力机制中阻力探析 [J]. 社会科学家，2009（7）：82-85.

②高军，吴必虎，马耀峰. 旅华英国游客 O→D 旅游客流动力机制研究 [J]. 旅游学刊，2011，26（2）：35-40.

③刘妍，赵川，陈嘉睿. 基于"推拉阻"模型的国内亲子旅游决策研究 [J]. 地域研究与开发，2016，35（5）：115-119.

④Clare A. Gunn. Tourism Planning: basics, concepts, cases (fourth edition)[M]. London：Taylor & Francis，2002.

⑤刘德谦. 需求与关注度：40 年国内旅游发展的动力 [J]. 旅游学刊，2019，34（2）：3-6.

⑥银元，李晓琴. 城乡旅游一体化发展动力机制与路径研究 [J]. 农村经济，2013（11）：39-43.

⑦李晓琴. 西部地区旅游景区低碳转型动力机制及驱动模式探讨 [J]. 西南民族大学学报（人文社会科学版），2013，34（8）：128-131.

⑧刘敬华. 民族地区非遗旅游转型动力机制及路径研究 [J]. 原生态民族文化学刊，2017，9（2）：145-149.

署于1993年提出的驱力（Driving Force）—压力（Pressure）—状态（Status）—影响（Impact）—响应（Response）模型来研究森林旅游景区低碳化发展的动力机制[①]。

还有个别学者从结构主义视角研究旅游动力机制，认为结构性动力主要源自制度安排、国家政策和现代化、全球化、工业化、信息化与旅游化浪潮，非结构性动力主要来自社区精英、民间组织机构、外来人员、空间及族群关系的紧密程度[②]。

三、旅游发展动力机制研究简评

一是境内外研究存在一定差异。境外从20世纪70年代开始研究旅游动力机制，境内的相关研究则直到20世纪90年代才开始。境外在该领域的研究重点是旅游动机研究，且比较成熟，而旅游发展动力机制研究则分散于相关研究中，专门研究不足；境内的研究重点尽管也是旅游动机研究，但旅游发展动力机制的专题研究也成果丰硕，主要从系统论、矛盾论、推拉理论等方面展开研究。境外研究重视理论提炼，提出了推拉理论等一些比较成熟的理论，而境内主要是对境外已有理论的应用研究，理论创新有待加强。

二是研究方法多样化。总体上，定性研究多而定量研究偏少，但可喜的是定量研究逐步增多。在定量研究上，主要是探索性研究，基本上是通过问卷调查获取相关数据，所使用的方法主要有相关分析、方差分析、结构方程模型、主成分分析、层次分析等。

三是海洋旅游发展动力机制研究缺失。2020年3月8日在中国知网上以"动力"＋"旅游"＋"海洋"或"海岛"为主题对全部期刊进行搜索，共获得文献27篇，其中CSSCI文献6篇，在这6篇文献中，只有徐福英和刘涛的《海岛旅游可持续发展机理研究》是真正探讨海洋或海岛旅游发

①陈秋华，林秀治，修新田. 森林旅游景区低碳化发展的动力机制研究 [J]. 福建论坛（人文社会科学版），2017（7）：159-163.

②刘宏芳，明庆忠，韩剑磊. 结构主义视角下民族旅游村寨地方性建构动力机制解析：以石林大糯黑村为例 [J]. 人文地理，2018，33（4）：146-152.

展动力机制的文献，该文献结合内外因理论和推拉理论展开研究。

四是推拉理论在旅游发展动力机制中的应用有待完善。推拉理论是旅游发展动力研究中的一种基本范式和理论遵循，已有不少实证研究论证了旅游动机中的推力因素和拉力因素，也有少量研究论证过旅游发展动力中的推力因素和拉力因素。推拉理论认为推力即内推力，拉力即外拉力[①]，但仅从内推力和外拉力的角度进行旅游动力研究又会忽视旅游动力机制中的阻力、外推力以及内拉力[②]。尽管国内学者提出了旅游发展动力的推拉阻理论来修正推拉理论，但仍存在不合理性，有待进一步修正。一方面，要区别研究客体。旅游动机研究的客体是旅游者，其"内推力"是旅游者逃离日常环境、休息和放松等诉求，"外拉力"是目的地自然环境和风光、鲜明的旅游形象等要素，"阻力"是客源地与目的地之间的距离和文化差异等；而旅游发展动力机制研究的课题是旅游目的地城市，其"内推力"是目的地城市的发展，"外拉力"主要是市场需求，"阻力"则有激烈的竞争等要素。另一方面，措辞上有待商榷。推力和拉力都是一个主体对一个客体的作用，因而对于特定客体而言，推力和拉力都是外力，不存在内推力和内拉力，只有外推力和外拉力，推拉理论中的"内推力"在本质上是"内生驱动力"。例如，旅游动机中休闲康体等源自旅游者自身，为"内生驱动力"；环境变恶劣使得旅游者为追求更好的休闲康体而逃离现有环境则是"推力"，是恶劣的环境把旅游者推出去旅游；而旅游目的地舒适的环境对休闲康体有利，吸引旅游者前往，因而是"拉力"；至于客源地与目的地之间的距离和交通联系等则是"阻力"。同样，一个地区的旅游之所以得以发展，"内生驱动力"是"发展"，政府的政策和企业的投资等推动目的地旅游业发展，是"推力"，而旅游需求则拉动旅游产业发展，构成主要"拉力"，竞争者的行为等因素则对目的地发展带来"阻力"。也就是说，有必要把推拉阻理论进一步修正为"驱推拉阻"模型。

---

①Dann G M S. Anomie, ego-enhancement and tourism [J]. Annals of Tourism Research, 1977, 4 (4)：184-194.

②高军，吴必虎，马耀峰. 旅华英国游客 O→D 旅游客流动力机制研究 [J]. 旅游学刊，2011, 26 (2)：35-40.

第二节　南海旅游发展研究回顾

　　南沙旅游的专题研究成果至今奇缺，基本上包含在南海旅游或三沙旅游的研究之中。例如，三沙市政府组织编制的《三沙市旅游业发展总体规划（2016—2030)》对南沙旅游资源进行了评价与分类，并分析了南沙旅游产品形式；王开泳等认为旅游业可作为三沙市的先导产业和支柱产业[1]；夏阳探讨了三沙市海岛旅游开发的战略和对策[2]。由于没有专门的南沙旅游研究的文献，以下对南海旅游研究的文献进行回顾。

一、南海旅游研究文献概况

　　为了解南海旅游研究现状和进展，作者于 2020 年 3 月 10 日在中国知网的"期刊"和"博硕"两个主题上以篇名为"南海＋旅游"或者"三沙＋旅游"或者"西沙＋旅游"进行搜索，并经过逐一核对，扣除会议通讯、关于广州南沙区等其他"南海""三沙"之类的地方的文献后，共获得有效文献 91 篇，没有搜索到"南沙＋旅游"和"中沙＋旅游"的文献。

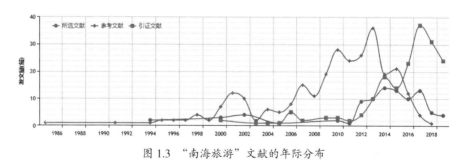

图 1.3　"南海旅游"文献的年际分布

资料来源：根据中国知网相关数据整理。

　　①王开泳，陈田，虞虎. 设立三沙市的战略意义与城市发展的战略思路 [J]. 中国名城，2013（6)：4-7，33.

　　②夏阳. 三沙市海岛旅游开发研究 [D]. 青岛：中国海洋大学，2014，5.

利用中国知网自带的"计量可视化分析",得到这些文献的年际分布图(图1.3),从中可见,最早的文献出现在 1994 年,2012—2018 年间文献数量较多,最多的年份是 2014 年,有 14 个文献,近两年的文献数量呈减少趋势。

选择出现频次为 8 进行节点过滤,得到关键词共现网络,从中可见,网络的最核心是"国际旅游岛",其次是海岛旅游,再次是海洋旅游。节点间关联强度最大的是海洋旅游和海岛旅游,91 个文献中二者共现次数为13;其次是国际旅游岛和海岛旅游,二者共现次数为 10。

在这 91 个文献中,没有博士论文,有硕士论文 11 篇,其中"西沙+旅游"为篇名的 6 篇,"三沙+旅游"为篇名的 5 篇;在期刊文献中,有CSSCI、核心期刊和 CSCD 文献 12 篇。以下主要对这 12 篇期刊文献进行分析。

二、南海旅游文献的主要观点

南海旅游研究的文献主要聚焦于以下几个方面的研究。一是南海旅游国际合作研究。王路平和宋太庆是最早开展南海旅游研究的学者之一,他们建议构建"南海国际文化旅游圈",分析了"南海文化旅游圈"的基本特征,建议通过建立"南海经济文化圈"论坛、成立"南海文化旅游圈"写作机构、设立"南海经济文化基金会"等举措推进"南海文化旅游圈"建设①。杨雄和张敬畅建议构建"南海国际旅游圈",并提出了"加强两岸旅游合作,开发南海南沙群岛旅游资源"等方面的具体建议②。邓颖颖建议以海洋公园为合作突破口促进南海旅游国家合作,并认为这是南海共同合作由"务虚"到"务实"的深入推进③。二是南海旅游资源研究。夏林根最早从自然旅游资源和人文旅游资源两个角度系统地介绍了西沙群岛的

①王路平,宋太庆. 论南海国际文化旅游圈—中国大西南—东南亚文化旅游圈的开发和建设 [J]. 西南民族学院学报(哲学社会科学版),1994(4):46-52.

②杨雄,张敬畅. 创建"大三亚与南海国际旅游圈" 服务区域经济发展 [J]. 中国高校科技,2014(7):82-83.

③邓颖颖. 以海洋公园为合作模式促进南海旅游合作 [J]. 海南大学学报(人文社会科学版),2014,32(3):43-49.

旅游资源①。游长江等依据《旅游资源分类、调查与评价》（GB/T18972—2003）对西沙群岛进行旅游资源调查、分类与评价，认为西沙群岛旅游资源具有资源类型丰富、特色鲜明和环境优良等优势，但也存在高端旅游资源数量少、交通不便、环境容量小、地缘关系复杂等劣势②。三是南海旅游安全研究。陈水雄等认为西沙旅游安全问题的形成原因主要有自然灾害和环境因素，如饮食、疾病和人身伤害，管理不善，旅游者安全认知和防范不当，治安犯罪，国际争端和军事冲突，等等，建议加强基础设施建设，加快西沙旅游安全预警系统建设，加快旅游安全急救系统的建设，加强安全监管与规范管理，加强宣传教育，提高安全意识和防范能力③。四是南海旅游市场研究。张立生以郑州市场为例对三沙岛屿旅游的内地市场进行了调查研究，调查发现，内陆市场普遍认为三沙岛屿旅游开发对国土安全有着重要的意义，内陆市场有强烈的三沙海岛旅游意愿；三沙海岛旅游吸引内陆市场的最重要的因素是特色鲜明的旅游资源；三沙海岛旅游在内陆的主要目标市场是高学历、高收入、相对清闲的细分市场④。五是南海旅游发展意义研究。王新越等认为南海旅游开发有利于捍卫南海诸岛国家主权，有利于生态环境的保护，有利于满足人民日益增长的海洋旅游需求，有利于改善南海军民生活条件，并提出了南海旅游的产品谱系：邮轮旅游、热带海岛旅游、潜水与海底观光旅游、休闲渔业游、科普探险与国防教育旅游、特色旅游商品⑤。王国红和戴艳平认为应该引导渔民开发南海旅游，这不仅能保障渔民生活，提高渔民收益，帮助渔民转产转业，而且是捍卫中国南海主权、发展海洋经济的有效途径，为此，要统筹配套政策，引导渔

---

①夏林根. 西沙群岛可开发的旅游资源 [J]. 地图，2000（3）：35–37，58.

②游长江，侯佩旭，邓灿芳，等. 西沙群岛旅游资源调查与评价 [J]. 资源科学，2015，37（8）：1609–1620.

③陈水雄，孙春燕，范武波. 西沙旅游安全特征及其防范探析 [J]. 生态经济，2014，30（1）：137–140.

④张立生. 南海三沙岛屿旅游开发内陆市场偏好研究：基于郑州市场的调查 [J]. 地域研究与开发，2013，32（4）：106–111.

⑤王新越，张广海，宋姗姗，谢思环. 中国南海旅游开发探析 [J]. 中国海洋大学学报，2013（1）：41–45.

民善用南海资源，开发固定的海上和海岛观光体验线路①。六是南海旅游发展战略研究。吴娟等采用 SWOT 分析法、德尔菲法和 Yaahp 层次分析法筛选出西沙群岛应该采取增长性战略，并据此提出科学规划布局、开展主题旅游、改善交通条件等对策建议②。七是南海旅游的其他研究。张莉梳理了南海发展滨海旅游的优势和存在的问题，并提出了加大宣传力度等对策建议③。黄澎从技术上分析了永兴岛旅游码头建设方案④。

①王国红，戴艳平. 我国南海旅游发展的战略构想 [J]. 科学社会主义，2014（5）：128-130.

②吴娟，李悦铮，江海旭. 基于 SWOT 分析法的西沙群岛旅游发展战略及对策研究 [J]. 资源开发与市场，2013，29（7）：773-776.

③张莉. 中国南海发展滨海生态旅游的思考 [J]. 生态经济，2002（11）：75-77.

④黄澎. 西沙永兴岛旅游码头开发建设思路与探索 [J]. 水运工程，2012（7）：102-104.

第二章　研究背景

在 2018 年 6 月举行的中央外事工作会议上，习近平总书记提出了一个重要论断："当前，我国处于近代以来最好的发展时期，世界处于百年未有之大变局，两者同步交织、相互激荡。"①该论断的核心是"变"，本质是重塑世界秩序，完善全球治理机制。"大变局"正是南沙旅游发展的基本背景。发展南沙旅游，是满足人们对南沙旅游需求的需要，是海南省建设国际旅游消费中心的需要，是建设 21 世纪海上丝绸之路的需要，是中国建设海洋强国的需要，也是更好地维护南沙群岛及其海域主权的需要。

第一节　21 世纪海上丝绸之路建设

一、"一带一路"概况

"一带一路"倡议由习近平总书记在 2013 年 9 至 10 月正式提出。2013 年 9 月，习总书记在哈萨克斯坦纳扎尔巴耶夫大学作《弘扬人民友谊 共创美好未来》的演讲时，阐述了"丝绸之路经济带"的构想；同年 10 月，习总书记在印度尼西亚国会发表《携手建设中国—东盟命运共同体》的演

---

①坚持以新时代中国特色社会主义外交思想为指导 努力开创中国特色大国外交新局面［N］. 人民日报，2018–06–24（1）.

讲时指出，"东南亚地区自古以来就是'海上丝绸之路'的重要枢纽"，倡导"共同建设 21 世纪海上丝绸之路"。

根据《推动共建丝绸之路经济带和 21 世纪海上丝绸之路的愿景与行动》，可将"一带一路"建设的核心内容概括为：坚持"共商、共建、共享"的三共原则，秉持"和平、发展、合作、共赢"四大理念，实现"政策沟通、设施联通、贸易畅通、资金融通、民心相通"五位相通和"铁路、公路、水路、航空、管道、信息高速公路"六路互联，建设"利益共同体、命运共同体、责任共同体"三个共同体。

"一带一路"既是中国"亲、诚、惠、容"周边外交理念的具体体现，也是中国平等互利合作共赢开放战略的重要抓手，赢得了世界绝大多数国家的肯定和支持。自提出以来，"一带一路"建设从倡议变为共识，从愿景成为现实，成果丰硕。2014 年底中国设立丝路基金，2015 年 3 月发布《推动共建丝绸之路经济带和 21 世纪海上丝绸之路的愿景与行动》，2015 年底中国发起成立亚洲基础设施投资银行，2016 年 6 月中国铁路正式启用"中欧班列"品牌，2017 年 5 月和 2019 年 4 月成功举办第一届和第二届"一带一路"国际合作高峰论坛。2017 年 6 月，《"一带一路"建设海上合作设想》发布，首次向国际社会阐释了以共建绿色发展、依海繁荣、安全保障、智慧创新和合作治理之路为重点的 21 世纪海上丝绸之路的核心理念。截至 2018 年底，与中国签署共建"一带一路"合作协议的国家和国际组织已达 70 个。截至 2019 年 4 月，中国累计同 125 个国家、29 个国际组织签署了 173 份政府间共建"一带一路"合作文件[①]。南沙周边的越南、马来西亚、菲律宾、柬埔寨、泰国、印度尼西亚和新加坡都与中国签订了双边投资条约。"联合国大会、联合国安理会等重要决议也纳入'一带一路'建设内容。""丰硕成果表明，'一带一路'倡议顺应时代潮流，适应发展规律，符合各国人民利益，具有广阔前景。"[②]

---

① "一带一路"建设工作领导小组办公室. 共建"一带一路"倡议：进展、贡献与展望 [EB/OL]. [2019-4-22]. https://www.yid-aiyilu.gov.cn/zchj/qwfb/86697.htm.

②习近平. 携手推进"一带一路"建设：在"一带一路"国际合作高峰论坛开幕式上的演讲 [N]. 人民日报，2017-05-15（3）.

二、南沙是 21 世纪海上丝绸之路的战略支点

中国国务院总理李克强参加 2013 年中国—东盟博览会时强调，铺就面向东盟的海上丝绸之路，打造带动腹地发展的战略支点①。杨泽伟认为，作为 21 世纪海上丝绸之路建设的重要支点要符合两个标准，即地理位置和战略价值，二者不可或缺②。也就是说，作为战略支点，不仅地理位置重要，而且在国际政治、经济、军事和文化等方面具有重要的辐射力和影响力。

（一）南沙的地理位置符合战略支点标准

南沙地理位置独特，连接中国与东盟、连通太平洋与印度洋，在 21 世纪海上丝绸之路建设中的意义和作用十分重大。

首先，南沙是 21 世纪海上丝绸之路建设的必经之路。21 世纪海上丝绸之路旨在将多个国家和地区连接起来：穿越四大洋，贯通欧洲和亚太经济圈，重点面向东盟国家，联通南亚、西亚和部分非洲、欧洲国家，延伸至南太平洋③。"21 世纪海上丝绸之路重点方向是从中国沿海港口过南海到印度洋，延伸至欧洲；从中国沿海港口过南海到南太平洋"④。据此，"一带一路"建设海上合作要打造三条蓝色经济通道，即经南海向西进入印度洋的中国—印度洋—非洲—地中海蓝色经济通道、经南海向南进入太平洋的中国—大洋洲—南太平洋蓝色经济通道以及经北冰洋连接欧洲的

---

①国家发展和改革委员会，外交部，商务部. 推动共建丝绸之路经济带和 21 世纪海上丝绸之路的愿景与行动［EB/OL］.（2015-3-28）［2019-3-28］. http：//news.xin-huanet.com/2015-03/28/c_1114793986.htm.

②杨泽伟.21 世纪海上丝绸之路建设重要节点地区的法律问题研究［J］. 法学杂志，2019（8）：67-75.

③2018 年 1 月 22 日，习近平主席提出与拉美和加勒比国家建设"太平洋海上丝绸之路"；2018 年 1 月 26 日，《中国北极政策白皮书》提出与各方共建"冰上丝绸之路"。这标志"一带一路"成为真正的全球方案. https：//www.yidaiyilu.gov.cn/xwzx/gnxw/45460.htm，访问日期：2019 年 3 月 28 日。

④国家发展和改革委员会，外交部，商务部. 推动共建丝绸之路经济带和 21 世纪海上丝绸之路的愿景与行动［EB/OL］.（2015-3-28）［2019-3-28］. http：//news.xin-huanet.com/2015-03/28/c_1114793986.htm.

蓝色经济通道①。可见，南海是 21 世纪海上丝绸之路的必经之路。作为南海的重要组成部分，南沙群岛及其海域无疑是 21 世纪海上丝绸之路建设绕不开的区域。

其次，南沙是世界上重要的贸易通道。随着经济全球化的不断推进，南沙群岛成为越来越重要的海上要冲。据统计，每年通过南沙群岛海域的船只多达 10 多万艘，通过的船只的吨位约占世界船舶总吨位的 1/2，分别是苏伊士运河和巴拿马运河交通流量的 2 倍和 3 倍。据国际能源署（IEA）预测，2020 年中国 80% 以上的进口石油运输将途经南沙群岛海域。

最后，南沙是世界上重要的能源基地。南沙所在的南海被称为第二个波斯湾，油气资源非常丰富。南沙群岛及其海域有 8 个沉积盆地，总面积达 41 万平方千米，据不完全统计，8 个盆地内石油资源共有 349.7 亿吨，已探明可采储量为 11.82 亿吨，天然气为 8 万亿立方米②。尽管中国在南沙海域还没有开采油气资源，但越南、菲律宾、马来西亚和文莱等国家已在南沙海域大规模开采油气。

（二）南沙的战略价值符合战略支点标准

南沙不仅是 21 世纪海上丝绸之路的必经之路，而且具有重大战略价值。管控和经略好南沙海域，就可以管控和经略好南海。如果南海问题可以妥善缓解甚至解决，那会为"一带一路"建设树立非常好的榜样和典范。

首先，南沙地缘政治比较敏感。一方面，南沙的岛礁主权和海域划界争端比较复杂，不仅越南和菲律宾等南沙周边国家与中国之间存在岛礁主权和海域划界争端，而且他们彼此之间也存在岛礁主权和海域划界争端。例如，越南和菲律宾各自主张的海域在南沙就有相当大面积的重叠；马来西亚主张的部分海域与菲律宾、越南及文莱所主张的海域之间也有重叠。另一方面，资源开发争端比较复杂。自 20 世纪 70 年代以来，南沙成为世

---

①国家发展和改革委员会，国家海洋局. "一带一路"建设海上合作设想 ［EB/OL］.（2017-6-19）［2019-10-3］. https://www.yidaiyilu.gov.cn/wcm/files/upload/CMSydylgw/201706/201706200152052.pdf.

②马英杰，郑佳超，何伟宏. 南沙群岛海域油气资源共同开发法律问题研究 ［J］. 中国海洋大学学报（社会科学版），2018（4）：36-41.

界油气开发的热点海域，越南因在南沙等海域大规模开采油气而从油气进口国发展成为油气输出国，越南也多次干扰中国在相关海域进行油气勘探。无论是菲律宾还是越南，都曾多次非法扣押在中国自己的"祖宗海"生产作业的中国渔民，并用其国内法审讯甚至判决中国渔民。

其次，南沙具有很高的国际关注度。美国为实施亚太再平衡战略，为给中国的和平发展设置障碍，以"航行自由"为幌子，拉拢日本、加拿大和澳大利亚等域外国家，多次派出军舰甚至是双航母来南沙"秀肌肉"。越南和菲律宾等国家为了实现对所侵占岛礁的永久占有，将岛礁主权的双边争端刻意上升为中国—东盟之间的问题，将南海问题东盟化，多次在东盟会上抛出南海问题。菲律宾更是单方面提起"南海仲裁"，试图借不正当的法律手段达到永久侵占中国南沙部分岛礁的目的。

最后，南沙是中国的战略前沿。中国要建成海洋强国，要从蔚蓝走向深蓝，要从近海走向远洋，首要任务是建成海洋军事强国。南沙是中国真正意义上的海上战略前沿，是通往印度洋的必经之海，也是通往太平洋的重要通道。如果不能很好地控制南沙，不能充分利用南沙，也就难以真正建成海洋强国。要发挥海洋资源优势，贯彻"合作开发"理念，将南沙构建成为周边国家"亲、诚、惠、容"的国际合作高地，为 21 世纪海上丝绸之路建设立标杆、树典范，探索和积累可复制可推广的经验和理论。

三、发展南沙旅游是 21 世纪海上丝绸之路建设的重要手段

加强与南海周边国家在海洋旅游发展领域的国际合作，以"环南海"国家和地区为合作开发旅游的主体，以"大南海"350 万平方千米的海域作为海洋旅游产业发展的平台，面向"泛南海"的世界旅游客源市场①，推进南海旅游开发的国际合作，将南海打造成媲美地中海和加勒比海的世界旅游之海、世界海洋旅游国际合作高地②，对于 21 世纪海上丝绸之路建设无疑具有重大意义。

---

①陈耀. 深刻认识和创新发展海南国际旅游消费中心［J］. 南海学刊，2018（2）：17-19.

②陈扬乐，赵臣，张凯. 海南国际旅游消费中心的概念、目标体系与建设路径［J］. 南海学刊，2018（4）：56-63.

中国提出建设 21 世纪海上丝绸之路,是希望发掘古代海上丝绸之路特有的价值和理念,为适应经济全球化新形势,扩大与沿线国家的利益汇合点,与相关国家共同打造政治互信、经济融合、文化包容、互联互通的利益共同体和命运共同体,实现各国的共同发展、共同繁荣。刘赐贵认为,发展好 21 世纪海上丝绸之路的海洋合作伙伴关系,重点要做好四方面工作:构建海上互联互通,加强海洋经济和产业合作,推进海洋非传统安全领域的全面合作,拓展海洋人文领域合作[①]。显然,海洋旅游是其中优先发展的领域,要建立海洋旅游合作网络,促进海洋旅游便利化。《推动共建丝绸之路经济带和 21 世纪海上丝绸之路的愿景与行动》指出,"一带一路"建设"以政策沟通、设施联通、贸易畅通、资金融通、民心相通为主要内容",为实现"民心相通",要加强旅游合作,"推动 21 世纪海上丝绸之路邮轮旅游合作";要"加大海南国际旅游岛开发开放力度"[②]。邓颖颖认为,"以旅游合作切入,在很大程度上可以很好地突破 21 世纪海上丝绸之路经济合作发展所面临的主要障碍"[③]。

旅游业是和平产业,吸引和接待国际和国内的旅游消费者;旅游业是民生产业,位居"幸福产业"[④]之首,通过发展旅游业,可以让人民群众更加满意和使人们生活更加美好;旅游业是绿色产业,在南沙进行以邮轮为主要载体的旅游开发不会对环境产生明显负面影响;旅游业是永不衰落的产业,随着社会经济发展和人们生活水平与质量的提高,旅游需求将会持续提高。因此,发展旅游业是在地缘政治比较敏感的南沙群岛及其海域进行资源开发的最佳选择之一,是南沙开发"软着路"的不二选择。

---

①刘赐贵. 发展海洋合作伙伴关系推进 21 世纪海上丝绸之路建设的若干思考 [J]. 国际问题研究, 2014 (4): 1-8, 131.

②国家发展和改革委员会, 外交部, 商务部. 推动共建丝绸之路经济带和 21 世纪海上丝绸之路的愿景与行动 [N]. 人民日报, 2015-03-29.

③邓颖颖. 21 世纪"海上丝绸之路"建设背景下中国—东盟旅游合作探析 [J]. 广西社会科学, 2015 (12): 40-45.

④2016 年 6 月 27 日, 国务院总理李克强在出席夏季达沃斯论坛时, 首次将旅游、文化、体育、健康、养老并称为"五大幸福产业"。

第二节　旅游需求持续旺盛

随着生活水平和质量的提高，旅游成为人们日常生活的重要组成部分，无论是国际旅游还是国内旅游，都实现强劲的增长，其中，以邮轮旅游为代表的海洋旅游成为重要选择。在中国，海洋旅游在海洋经济中占据相当大的份额，据《2018 年中国海洋经济统计公报》，2018 年中国的滨海旅游业实现增加值 16078 亿元，比上年增长 8.3%，占主要海洋产业增加值的 47.8%。

一、世界旅游业持续发展

旅游业对世界经济和就业贡献巨大，世界旅游组织（UNWTO）的资料表明，2018 年旅游业的直接、间接和引致生产总值占全球 GDP 的比重约为 10%，全球每 11 个就业岗位中有 1 个是旅游就业[1]。根据中国社科院旅游研究中心的研究，2018 年全球旅游者达 121 亿人次，其中国内旅游者 108.2 亿人次，国际旅游者 12.8 亿人次；全球旅游总收入达 5.35 万亿美元，其中国内旅游收入 3.76 万亿美元，国际旅游外汇收入 1.59 万亿美元[2]。

20 世纪 90 年代以来，国际旅游者接待量和国际旅游外汇收入都呈现稳定快速增长态势，仅有极个别年份出现负增长。例如，2009 年因受波及全世界的金融危机的影响，国际旅游者接待量和国际旅游外汇收入都出现了负增长。据世界旅游组织的统计，2018 年国际游客接待量达到 14.01 亿人次，比上年的 13.23 亿人次增长了 5.9%，连续第 9 年保持 4%以上的增

---

[1]UNWTO. International tourism highlight 2019 [R/OL]. http: //www2.unwto.org/annual-reports.

[2]中国社科院旅游研究中心. 世界旅游经济趋势报告（2019）[R/OL]. http: //www.sohu.com/a/291456335_100066567.

速，创下了 20 世纪 60 年代以来的新纪录；创造国际旅游外汇收入 1.45 万亿美元，比上年的 1.34 万亿美元增长了 8.2%，占世界贸易总额的 7%，占世界服务贸易总额的 29%，旅游外汇收入增速连续 7 年快于货物贸易收入增速。

世界旅游组织将世界划分为五大旅游区——欧洲、亚太地区、美洲、非洲和中东地区。其中，欧洲是国际旅游最为发达的地区，2018 年接待的国际旅游者数量占世界的 51%，创造的国际旅游外汇收入占 39%；亚太地区是世界第二大国际旅游目的地，国际游客接待量和国际旅游外汇收入分别占世界的 25% 和 30%，继续拉大与美洲的距离；而美洲的国际游客接待量和国际旅游外汇收入占世界的比重分别下降到 15% 和 23%。

分国家（地区）看，2018 年法国的游客接待量继续保持世界第一，西班牙超越美国上升为第二位，美国居第三位，中国继续保持世界第四大国际旅游目的地国家的位置，而土耳其以 24.1% 的高速增长位居增速第一。国际旅游外汇收入最高的是美国，达 2140 亿美元，远高于位居第二位的西班牙的 740 亿美元，中国的国际旅游外汇收入仅相当于美国的 18.7%，位居世界第 10 位，还有很大的提升空间。出境旅游消费支出最多的国家是中国，2018 年高达 2770 亿美元，比上年增长了 7.8%，几乎占世界国际旅游消费支出总额的 1/5，相当于美国的 1.9 倍。见表 2.1。

表 2.1　2018 年世界旅游前十位的国家（地区）

排序	国际游客接待量 （百万人次）		国际旅游收入 （十亿美元）		出境旅游花费 （十亿美元）	
1	法国	89	美国	214	中国	277
2	西班牙	83	西班牙	74	美国	144
3	美国	80	法国	67	德国	94
4	中国	63	泰国	63	英国	76
5	意大利	62	英国	52	法国	48
6	土耳其	46	意大利	49	澳大利亚	37
7	墨西哥	41	澳大利亚	45	俄罗斯	35
8	德国	39	德国	43	加拿大	33

续表

排序	国际游客接待量 (百万人次)		国际旅游收入 (十亿美元)		出境旅游花费 (十亿美元)	
9	泰国	38	日本	41	韩国	32
10	英国	36	中国	40	意大利	30

资料来源：世界旅游组织. 2019 年国际旅游报告 [R/OL]. http://www.199it.com/ archives/932853.html.

二、国际邮轮旅游持续发展

(一) 世界邮轮旅游需求

世界邮轮旅游呈现以下几个比较显著的特征。

(1) 邮轮旅游市场规模持续扩大。表现为世界邮轮游客接待量持续平稳增加。如图 2.1 所示，2008—2018 年，全球邮轮游客接待量从 1630 万人次增长到 2690 万人次，十年增长了 1000 万余人次，年均增长 5.1%；2019 年全球邮轮游客规模预计将达到 2870 万人次，保持 6.7% 的较快增长态势；预计 2025 年将达到 3760 万人次。总体而言，世界邮轮游客接待量呈平稳增长态势，增速最快的年份的增速为 9.3%，增速最慢的年份的增速为 2.0%。

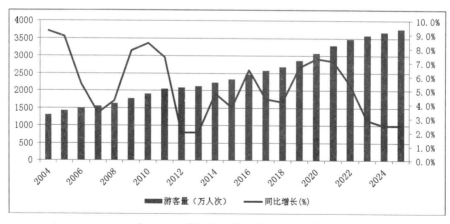

图 2.1 世界邮轮游客接待量增长趋势

资料来源：叶欣梁，梅俊青. 2018 年中国邮轮经济运行分析与发展预测 [M]. 上海：上海交通大学出版社，2018.

附：图 2.1 数据

年份	游客量（万人次）	同比增长（%）
2004	1314	9.3
2005	1432	8.9
2006	1510	5.5
2007	1562	3.4
2008	1630	4.3
2009	1780	7.9
2010	1907	8.4
2011	2050	7.4
2012	2090	2.0
2013	2131	2.0
2014	2234	4.8
2015	2319	3.8
2016	2470	6.5
2017	2580	4.4
2018	2690	4.2
2019	2870	6.7
2020	3080	7.3
2021	3300	7.1
2022	3480	5.4
2023	3580	2.9
2024	3670	2.5
2025	3760	2.5

(2) 亚太地区在世界邮轮旅游市场中的地位快速提升。无论是邮轮运营床位天数还是邮轮游客接待量，近年来亚太地区都呈现出快速增长态势。2017 年亚太地区邮轮游客接待量达到了 424 万人次，比 2016 年增长了 37.7%，而当年全球邮轮游客接待量的增长速度仅为 4.4%，亚太地区的增长速度是全球的 8.6 倍。从世界邮轮旅游市场的空间分布看，2018 年加勒比海地区占全球邮轮市场份额的 38.4%，地中海地区和亚太地区分别占 14.2% 和 15.1%，亚太地区已发展成为世界邮轮旅游的三极之一。

(3) 全球邮轮运力供给持续增长。2017 年全球邮轮数量为 449 艘；2018 年增加到 508 艘，增长了 13.1%，其中海洋邮轮 290 艘，内河邮轮 218 艘。2018—2022 年拟建邮轮 81 艘，平均每年拟建邮轮 20 艘。在亚太地区运营的邮轮数量由 2013 年的 43 艘增加到 2018 年的 68 艘，增长了 58.1%，其中，巨型邮轮从无增加到 5 艘，大型邮轮从 8 艘增加到 14 艘。

(4) 世界邮轮经济贡献显著增强。邮轮产业具有产业链长、经济带动性强等特点。例如，从供给侧考虑，邮轮经济主要涉及三大领域，一是邮轮设计与建造，二是邮轮经营管理，三是码头区域配套服务。从国际邮轮经济运营的实际出发，邮轮经济的带动性主要表现在：一是邮轮港城市是国际消费人群的集散地，1 艘邮轮相当于 6 架波音 747 飞机的载客量；二是邮轮经济发展将带动港口、酒店、餐饮、旅游景点乃至农业等各行各业的发展，据初步统计，仅丽星邮轮公司的东亚船队，每年就要消费 7000 万只鸡蛋和 8000 多吨蔬菜；三是邮轮制造和维修将极大地促进造船工业发展。如表 2.2 所示，2010 年以来，世界邮轮产业收入呈现稳步较快增长态势，增速显著高于 GDP 增速，尤其是 2016 年更是实现了 11.1% 的高速增长。2017 年全球邮轮经济收入达到 465 亿美元，同比增长 8.2%；2018 年全球邮轮经济收入达到 500 亿美元，同比增长 7.5%。

表 2.2　近年来世界邮轮经济收入及其增长率的变化

年份	2010	2011	2012	2013	2014	2015	2016	2017	2018
全球邮轮旅游收入（亿美元）	268.2	286.1	306.6	330.3	358.3	386.9	429.9	465	500
增长率（%）	6.1	6.7	7.2	7.7	8.5	7.9	11.1	8.2	7.5

资料来源：叶欣梁，梅俊青. 2018 年中国邮轮经济运行分析与发展预测 [M]. 上海：上海交通大学出版社，2018.

（二）中国邮轮旅游需求

（1）中国已成为世界第二大邮轮旅游国家。2016 年美国邮轮游客接待量为 1152 万人次，占全球邮轮游客总量的 46.6%，遥遥领先其他国家和地区，中国（大陆）接待的邮轮游客为 228.4 万人次[①]，超越德国，成为世界第二大邮轮游客接待国，占世界邮轮游客总量的 9.8%。2017 年中国（大陆）邮轮游客接待量继续攀升，达到 247.7 万人次，同比增长 8.4%。2018 年与上年相比出现了负增长。

（2）中国母港邮轮旅游发展态势良好。从表 2.3 可见，中国母港（始发港）邮轮旅游发展趋势良好，母港邮轮艘次呈现比较稳定的增长态势，从 2007 年的 11 艘迅速增加到 2017 年的 1098 艘，2018 年尽管较上年有所减少，但仍有 955 艘，比 2007 年增加了 85.8 倍；母港邮轮游客则从 2007 年的 1.6 万人次增加到 2018 年的 243.69 万人次，增加了 151.3 倍。

表 2.3　中国邮轮旅游发展态势

年份	母港邮轮艘次（艘）	母港游客量（万人次）	环比增速（%）	访问港邮轮（艘次）	访问港游客量（万人次）
2006	18	0.9		304	18.25
2007	11	1.6	77.8	336	17.35
2008	28	2.85	78.1	318	21.5
2009	40	5.15	80.7	219	12.05
2010	79	11.1	115.5	215	12.95
2011	110	9.4	−15.3	162	14.55
2012	169	20.6	119.1	106	12.25
2013	335	51.2	148.5	71	8.9
2014	366	73.95	44.4	100	12.25
2015	539	111.2	50.4	90	12.8

[①] 叶欣梁，梅俊青. 2018 年中国邮轮经济运行分析与发展预测 [M]. 上海：上海交通大学出版社，2018.

续表

年份	母港邮轮艘次 （艘）	母港游客量 （万人次）	环比增速 （%）	访问港邮轮 （艘次）	访问港游客量 （万人次）
2016	927	214.45	92.9	83	13.9
2017	1098	239	11.4	83	8.7
2018	955	243.69	−1.8	75	8.6

资料来源：2006—2017 年数据来源于叶欣梁、梅俊青编著的《2018 年中国邮轮经济运行分析与发展预测》；2018 年数据来源于《邮轮志》2019 年 1 月刊。

（3）中国访问港邮轮旅游发展态势堪忧。如表 2.3 所示，2007 年访问港邮轮多达 336 艘，随后几乎逐年减少，到 2018 年全国仅接待访问港邮轮 75 艘，比 2007 年减少了 77.7%；相应地，访问港邮轮游客数量则从 17.35 万人次减少到 8.6 万人次，只相当于 2007 年的一半。必须深刻反思，为什么访问港邮轮和访问港邮轮游客会减少如此之多呢？当然，母港邮轮和母港邮轮游客数量的增加对访问港邮轮和访问港邮轮游客毫无疑问会产生冲击，尤其是在中国目前没有自己的邮轮船队的情况下，访问港邮轮旅游与母港邮轮旅游必然呈反方向发展态势。在没有母港（始发港）邮轮时，中国庞大的客源市场吸引国际邮轮把中国上海和三亚等港口城市作为访问港，以接待中国的邮轮旅游者。也就是说，中国港口城市成为访问港的重要原因之一是有客源。当母港邮轮旅游得到发展以后，越来越多的中国邮轮旅游者成为母港邮轮游客，客源作为访问港的"吸引物"越来越小。但也要考虑中国邮轮旅游发展所面临的法律障碍、行政障碍、岸上旅游配套设施不足、岸上旅游产品吸引力不强等原因。

（4）西沙邮轮旅游发展形势喜人。西沙邮轮旅游自 1994 年向国家申报，到 2013 年 4 月 28 日正式开通，历时近 20 年。西沙邮轮旅游航线开通以来，发生了以下变化：①邮轮航线调整。2013—2014 年西沙邮轮航线为"海口（秀英港）—西沙（永乐群岛）"邮轮航线，2015 年起，西沙邮轮航线调整为"三亚（凤凰岛邮轮港）—西沙（永乐群岛）"邮轮航线。②邮轮航线硬件设施改善。2013 年 3 月至 2016 年 3 月，由"椰香公主号"邮轮执行西沙邮轮航线；2016 年 3 月，租用万吨级邮轮"北部湾之星"替换退役的"椰香公主号"邮轮；2017 年 2 月，在海南省旅游委等部门的指导下，海南海峡航运股份有限公司投资打造 1.4 万吨级的全新豪华客滚轮"长乐公主号"，替换老旧的"北部湾之星"，运营西沙旅游航线。2017 年，海南省旅游委等部门推动港中旅、中交建、中国远洋海运联合成立"三沙南海梦之旅邮轮有限责任公司"，引进并改装升级了 2.5 万吨级的"南海之梦号"，于 2017 年 5 月 25 日正式投入运营西沙邮轮旅游。③三沙旅游基础设施和配套设施不断完善。目前，晋卿岛环岛旅游道路已经完工，并在环岛路上选择适宜地点建设观海台和瞭望塔，丰富景观内容；鸭公岛渔家乐很受游客欢迎，并初步形成了海鲜海干、特色纪念品销售市场；晋卿、甘泉、羚羊、鸭公、银屿、赵述等 6 个岛礁旅游厕所已建设完成并投入使用。赵述、晋卿、鸭公、甘泉、羚羊、银屿等岛礁码头建设基本完成；永兴岛码头综合服务楼投入运营。

自运营以来，无论是每年的航次数还是每年的游客接待量，都呈快速增长（表 2.4），其中，2018 年航次数比上年增长 39.5%，游客量比上年增长 74.9%，同时，每航次游客量也持续增加，2018 年比上年提高了 25.6%。

表 2.4　西沙邮轮旅游发展态势

年份	航次（次）	游客量（人次）	每航次游客（人/次）
2013	13	2143	165
2014	23	4178	182
2015	48	8430	176
2016	51	12038	236
2017	76	19013	250
2018	106	33256	314

资料来源：海南省旅游和文化广电体育厅规划处（内部资料）。

（三）邮轮旅游供给

无论是世界还是中国，邮轮旅游供给都呈现良性增长态势。

1. 世界邮轮旅游供给

（1）海洋邮轮旅游占据邮轮旅游的主体地位。根据国际邮轮协会的统计数据，2018年全球在运营中的邮轮有508艘，包括海洋邮轮290艘和内河邮轮218艘，共有邮轮床位52.6万个，其中海洋邮轮48.3万个[①]，占邮轮床位的91.8%，反映出海洋邮轮的规模要远大于内河邮轮。

（2）邮轮大型化趋势显著。谭晓南等（2016）对1981年至2016年建造的264艘邮轮进行统计，以每10年为时间单元，得出世界邮轮平均规模和平均造价等的变化情况（表2.5）。从中可见，1981—2016年全世界新建邮轮264艘，平均每年新建邮轮7.3艘，新建邮轮的平均吨位从1981—1990年的3.2万吨提高到2011—2016年的8.9万吨，呈现出明显的大型化趋势；与之相对应，新建邮轮的平均造价从1981—1990年的1.4亿美元提高至2011—2016年的6.1亿美元。资料显示，2018年至2022年的5年间将拟建邮轮70艘，平均每年将新建邮轮14艘，其中，10万吨以上的巨型邮轮40艘，包含了20万吨（含）以上的超级邮轮6艘，同样呈现巨型化和豪华化趋势。

表2.5　1981—2016年世界邮轮规模和造价变化情况

时间跨度 （年）	建造邮轮数量 （艘）	平均吨位 （万吨）	平均造价（亿美元）	平均船速（海里）
1981—1990	37	3.2	1.4	18.6
1991—2000	91	5.4	2.4	20.1
2001—2010	103	8.3	4.5	21.8
2011—2016	33	8.9	6.1	21.6

资料来源：谭晓南，等. 全球邮轮船型特征及发展趋势分析 [J]. 世界海运，2016，39（2）：8-12，22.

[①]叶欣梁，梅俊青. 2018年中国邮轮经济运行分析与发展预测 [M]. 上海：上海交通大学出版社，2018.

世界上目前最大的邮轮是皇家加勒比邮轮公司的"海洋交响号"，其总吨位为 23.0 万吨，拥有客房 2775 间，标准载客量 5494 人，最大载客量 6780 人，船员数量为 2175 人。

（3）世界邮轮集团也呈大型化特征。当前世界上最有影响力、规模最大的邮轮公司是成立于 1972 年、总部位于美国迈阿密的嘉年华集团。其占据全球 50%的市场份额，旗下拥有 9 大品牌，包括嘉年华邮轮、Fathom 邮轮、荷美邮轮、公主邮轮、世邦邮轮、爱达邮轮、歌诗达邮轮、冠达邮轮、P&O 邮轮，2017 年运行的邮轮共计 102 艘，拥有床位 21.2 万张。皇家加勒比邮轮公司成立于 1968 年，总部也位于美国迈阿密，是全球第二大邮轮公司，旗下有 6 大品牌，包括皇家加勒比国际、精致邮轮、普尔曼、精钻邮轮、CDF 邮轮、易途邮轮，2017 年共有 40 余艘邮轮和 10.3 万张床位。皇家加勒比邮轮公司拥有世界上规模最大的 4 艘邮轮，包括"海洋交响号""海洋魅力号""海洋和悦号"和"海洋绿洲号"，每艘邮轮都在 22.5 万吨及以上。此外，诺唯真邮轮、地中海邮轮和迪士尼邮轮也是世界著名的邮轮公司。

（4）世界邮轮港口比较集中。全球邮轮港口最集中的地区有两个，分别是加勒比海地区和地中海地区。加勒比海地区是世界上邮轮旅游最发达的地区，著名的邮轮港口主要有美国迈阿密（Miami）、美国罗德岱堡（Fort Lauderdale）、美国卡纳维拉尔（Canaveral）、墨西哥科苏梅尔（Cosumel）和墨西哥科斯塔玛雅（Costa Maya）、百慕大（Bermuda）和波多黎各圣胡安（San Juan）等。地中海地区是世界上邮轮旅游发展最早的地区，著名的港口主要有西班牙巴塞罗那（Barcelona）、土耳其伊斯坦布尔（Istanbul）、法国马赛（Marseille）以及意大利的那不勒斯（Naples）、威尼斯（Venice）和撒丁岛（Sardinia）等。

2. 中国邮轮旅游供给

中国目前基本形成渤海邮轮旅游圈、长三角邮轮旅游圈和南部邮轮旅游圈，在使用的邮轮港口共 15 家，其中，邮轮专用码头 8 家，包括上海吴淞口国际邮轮港、上海港国际客运中心、天津国际邮轮母港、青岛邮轮母港、深圳招商蛇口国际邮轮母港、三亚凤凰岛国际邮轮港、舟山群岛国际邮轮港和厦门国际邮轮中心。根据《全国沿海邮轮港口布局规划方案》，在 2030 年之前，全国沿海将形成以 2～3 个邮轮母港为引领、始发港为主体、访问港为补充的港口布局，构建能力充分、功能健全、服务优质、安全便捷的邮轮港口体系，打造一批适合中国居民旅游消费特点、国际知名的精品邮轮航线，成为全球三大邮轮旅游市场之一，邮轮旅客吞吐量位居世界前列①。其中，上海、天津、厦门和三亚等为试点邮轮母港。

尽管中国已成为世界第二大邮轮旅游国，但在中国运营的邮轮绝大多数是国（境）外邮轮，真正意义上的本土邮轮仅有 3 艘，分别是"中华泰山号"（隶属注册地在香港的渤海邮轮公司，总吨位 2.45 万吨，悬挂利比里亚旗）、"辉煌号"（隶属精致钻石邮轮管理公司，总吨位 4.5 万吨，悬挂巴哈马旗）、"鼓浪屿号"（隶属星旅远洋国际邮轮有限公司，是中国第一艘自主运营的国资豪华邮轮，总吨位 7 万吨，悬挂五星红旗），而目前运营西沙旅游航线的"长乐公主号"（1.4 万吨）和"南海之梦号"（2.5 万吨）实际上都是客滚船改装的。可见，中国邮轮船队建设任重道远。

三、中国旅游需求旺盛

中国旅游产业"三驾马车"并驾齐驱。中国旅游发展走的是逆向发展道路，即优先发展入境旅游，通过发展入境旅游带动国内旅游发展，在国内旅游发展到一定阶段后，再发展出境旅游。目前，中国旅游已经形成"三驾马车"并驾齐驱的良好格局。

（1）以国内旅游为主体。如表 2.6 所示，2013—2018 年，国内游客规模从 32.6 亿人次增加到 55.4 亿人次，年均增长 11.2%，增速稍快于出境游客规模增速的 11.0%，显著快于入境过夜游客数量增速的 2.5%，国内游客占游客总量（即国内游客＋入境游客＋出境游客）的比重则从 93.7%平稳上升至 94.9%。其中，2018 年的环比增速为 10.8%，实现了连续多年以10%以上的速度快速增长；按常住人口计算，人均国内旅游 4.0 次，基本达到中等发达国家水平。同期国内旅游收入从 27276 亿元增长到 51278 亿元，几乎翻了一番，年均增速达 14.3%，明显快于国内游客接待量的年均

---

①中华人民共和国交通运输部. 全国沿海邮轮港口布局规划方案［EB/OL］.（2015-4 -22）［2019 -11 -18］. http：//xxgk.mot.gov.cn/jigou/zhghs/201504/t20150422_2976271.html.

增速。其中，2018 年的环比增速为 12.3%，实现了高位上的高速增长，当年创造的国内旅游收入相当于国内生产总值（GDP）的 5.7%。相应地，国内游客人均旅游消费支出从 2013 年的 806 元提高到 2018 年的 926 元，年均提高 2.8 个百分点。国内旅游收入占旅游总收入（即国内旅游收入＋入境旅游收入，计量单位统一为亿元）的比重从 2015 年的 82.3%提高至 2018 年的 85.9%。

表 2.6　近年来中国旅游发展情况

年份	2013	2014	2015	2016	2017	2018
入境过夜游客（万人次）	5568.59	5562.20	5688.57	5926.73	6073.84	6289.57
因私出境人数（万人次）	9197.08	11002.91	12172.00	12850.00	13581.56	15501.69
国内游客数（亿人次）	32.62	36.11	40.00	44.40	50.01	55.39
旅游外汇收入（亿美元）	516.64	569.13	1136.50	1200.00	1234.17	1271.03
国内旅游收入（亿元）	26276.12	30311.86	34195.05	39390.00	45660.77	51278.29

资料来源：国家统计局. 中国统计年鉴 2018 [M]. 北京：中国统计出版社，2019.

（2）中国是世界第一大出境旅游客源国。2012 年中国公民因私出境 7706 万人次，首次超过德国成为世界第一大国际旅游客源国，随后因私出境旅游者数量不断攀升，一直保持世界第一大国际旅游客源国地位。2013—2018 年，中国因私出境旅游者从 9197 万人次快速增加到 15502 万人次，年均增长 11.0%，其中，2018 年的环比增速为 14.1%，中国不仅是世界第一大客源国，而且出境旅游者的增速也名列前茅。2018 年，中国出境旅游消费支出高达 2.77 万亿美元（注：按 UNWTO 的统计口径），比上年增长 7.8%，继续稳居世界第一位，几乎相当于位居世界第二位的美国（1.44 万亿美元）的两倍，与美国、德国和法国三个国家的国际旅游消费支出之和基本相当；出境旅游者人均消费支出 17868 美元，略低于 2017 年的水平，相当于入境旅游者人均消费支出的 8.8 倍，比国内旅游者人均消费支出高 126.8 倍。正因为如此，中国出境旅游者是世界各国竞相争取的重要客源。

（3）中国是世界第四大国际旅游目的地国家。2018 年接待入境游客 1.41 亿人次，其中入境过夜游客 6290 万人次，较上年增长 3.6%，在 2017 年首次突破 6000 万人次大关后，继续保持较快增长，入境过夜旅游者占世界总量的 4.5%，占亚太地区的 18.1%，保持世界第四大入境旅游目的地国家的地位。按照 UNWTO 的统计口径，2018 年中国创造国际旅游（外汇）收入 400 亿美元〔见表 2.1。按国家统计局数据，则创造国际旅游（外汇）收入 1271 亿美元〕，占世界的 2.8%，占亚太地区的 9.2%[1]，位居世界第 10 位。

目前，旅游位居幸福产业之首[2]。中国特色社会主义进入新时代，中国社会主要矛盾已经转化为人民日益增长的美好生活需要和不平衡不充分的发展之间的矛盾[3]，加快旅游业改革发展，是适应人民群众消费升级和产业结构调整的必然要求……对于提高人民生活质量、培育和践行社会主义核心价值观也具有重要作用[4]。

但是，中国旅游供求矛盾比较严峻。中国旅游业发展选择的是超前型（超越经济发展阶段）、推进型（优先发展入境旅游）和政府主导型的发展模式。尽管中国旅游业发展成就显著，速度惊人，但旅游供需矛盾依然相当严峻，既有数量和质量上的矛盾，也有时间和空间上的矛盾，还有结构上的矛盾。无论是从全国各主要旅游城市和重点旅游景区游客拥挤的现象看，还是从出境旅游快速增长尤其是从巨大的出境旅游消费支出的情况分析，都能得出中国旅游供需之间存在严峻矛盾的结论。例如，就 2017 年每人次旅游消费支出而言，国内游客和入境游客仅分别相当于出境游客的 0.73% 和 10.70%，意味着高消费能力的旅游者大多出境了，旅游供给难以满足国民和入境游客的旅游消费需求。随着人们生活质量的改善，旅游需

---

①根据 UNWTO《2019 年国际旅游报告》的相关数据计算得出。

②国务院办公厅. 国务院办公厅关于进一步扩大旅游文化体育健康养老教育培训等领域消费的意见（国办发〔2016〕85 号）.

③习近平. 决胜全面建成小康社会 夺取新时代中国特色社会主义伟大胜利：在中国共产党第十九次全国代表大会上的报告〔N〕. 人民日报，2017–10–28（1）.

④国务院. 国务院关于促进旅游业改革发展的若干意见（国发〔2014〕31 号）〔N〕. 中国旅游报，2014–08–22（2）.

求层次和水平还将持续提高。因此，必须以供给侧改革为主线，以满足游客需求为导向，全面深化改革开放，推进旅游产业转型升级，实现旅游产业高质量发展，使中国从旅游大国向旅游强国转型。

四、国际旅游岛是海南的一张重要名片

自 1988 年 4 月海南建省办经济特区以来，旅游业一直是海南特色经济结构中的重要产业部门。2000 年中国（海南）改革发展研究院迟福林提出国际旅游岛的概念，2007 年 4 月海南省委第五次代表大会提出了建设国际旅游岛的战略构想，2009 年 12 月 31 日，海南国际旅游岛建设上升为国家战略。经过 30 年的建设发展，尤其是国际旅游岛建设发展，"海南已从一个边陲海岛发展成为中国改革开放的重要窗口。海南经济特区是中国经济特区的一个生动缩影"[1]。

（1）旅游业在国民经济中的龙头地位得以巩固。1998—2019 年，海南共接待入境过夜游客 1500.51 万人次，占全省过夜游客的 2.4%，其中外国游客 937.42 万人次，占入境游客的 62.47%；接待国内过夜游客 60443.75 万人次，占全省过夜游客总量的 97.6%；实现旅游总收入 7048.13 亿元，其中旅游外汇收入 460.47 亿元，占旅游总收入的 6.22%。2019 年，旅游业实现总收入 1057.8 亿元，旅游业成为海南千亿产业，其中，旅游外汇收入 97237.21 万美元（折合 66.0 亿元）。2018 年旅游业完成增加值 392.82 亿元，占全省 GDP 的 8.1%，对 GDP 的直接贡献率为 11.5%，拉动 GDP 增长 0.67 个百分点[2]。

（2）海南旅游接待设施和旅游基础设施日益完善。根据阳光海南网的资料，截至 2019 年 5 月，海南共有挂牌的星级酒店 126 家，其中五星级酒店 26 家、四星酒店 38 家；截至 2019 年 6 月，共有旅行社 386 家；截至 2019 年 11 月，共有国家 A 级旅游景区 58 家，其中 5A 景区 6 家、4A 景区 19 家，有旅游演艺企业 5 家；截至 2019 年底，共有椰级乡村旅游点

---

①习近平. 在庆祝海南建省办经济特区 30 周年大会上的讲话 ［N］. 人民日报，2018–04–14（2）.

②海南省统计局. 海南统计年鉴 2019 ［M］. 北京：中国统计出版社，2019.

124 家，其中 5 椰级 20 家、4 椰级 28 家。海南旅游交通持续改善，海口美兰机场和三亚凤凰机场的旅客吞吐量均突破 2000 万人次，海南成为继上海、广东之后中国第三个拥有两个两千万级机场的省份，美兰机场更是全球第八家、中国大陆第一家 SKYTRAX 五星级机场，2018 年共开通国际 101 条，开通国内航线 675 条，实现民航客运量 3911 万人次；拥有全球唯一的环岛高速铁路，田字形高速公路网络基本形成。海南生态环境优良，2018 年底森林覆盖率达 62.1%，空气质量达到二级及以上的天数比例达 98.4%，地表水水质总体优良率（达到或好于Ⅲ类标准）达 94.4%，近岸海域一、二类海水占 96.6%。

第三节　海南建设国际旅游消费中心[①]

　　2009 年最后一天，海南国际旅游岛建设上升为国家战略，经过 8 年的建设发展，国际旅游岛建设取得显著成效，为国际旅游消费中心建设打下坚实基础。2018 年 4 月 11 日颁布的《中共中央国务院关于支持海南全面深化改革开放的指导意见》[②]（中发〔2018〕12 号）（以下简称《指导意见》）明确了海南未来发展的四大战略定位——全面深化改革开放试验区、国家生态文明建设试验区、国际旅游消费中心、国家重大战略服务保障区，给海南带来了前所未有的新机遇。2018 年 4 月 13 日，习近平总书记在庆祝海南建省办经济特区 30 周年大会上发表重要讲话，向全世界郑重宣布，党中央决定支持海南全岛建设自由贸易试验区，支持海南逐步探索、稳步推进中国特色自由贸易港建设[③]，海南从此进入以国际旅游消费

---

①陈扬乐，赵臣，张凯. 海南国际旅游消费中心的概念、目标体系与建设路径 [J]. 南海学刊，2018，4（4）：56-63.

②中共中央，国务院. 中共中央国务院关于支持海南全面深化改革开放的指导意见 [N]. 人民日报，2018-04-15（1）.

③习近平. 在庆祝海南建省办经济特区 30 周年大会上的讲话 [N]. 人民日报，2018-04-14（2）.

中心为属性和宗旨的中国特色自由贸易港建设的"新时代"。

一、海南国际旅游岛建设

1997 年 7 月 2 日始于泰国的东南亚金融风暴席卷东南亚后又波及中国香港、韩国、日本、拉美等国家和地区，对世界经济产生深远影响①，为探索海南应对东南亚金融风暴的策略，中国（海南）改革发展研究院于 2000 年组织学术研讨会，迟福林在会上首次提出了国际旅游岛的概念。2002 年中国（海南）改革发展研究院正式提出《建立海南国际旅游岛的框架建议》，认为国际旅游岛的主要内涵是"对外实行以'免签证、零关税'为主要特征的投资贸易自由化政策"②。2007 年海南省第五次党代会首次以政府文件提出"以旅游开放为主要内容的国际旅游岛建设"③，标志国际旅游岛建设成为省级战略。2009 年 12 月 31 日国务院颁布了《国务院关于推进海南国际旅游岛建设发展的若干意见》（国发〔2009〕44 号），标志海南国际旅游岛建设上升为国家战略。2013 年，习近平总书记在海南考察时强调，"当前和今后一个时期，海南发展的总抓手就是加快建设国际旅游岛。这是中央作出的重大决策，也是海南的最大机遇和最强比较优势"④。2018 年，习总书记"4·13"重要讲话和中发 2018 年第 12 号文的颁发标志着海南国际旅游岛建设上升为国际旅游消费中心建设。

从成为国家战略至升级为国际旅游消费中心，海南国际旅游岛建设成效显著，人均 GDP 从 2009 年的 19166 元（2805 美元）提高到 2017 年的 48430 元（7179 美元），扣除物价因素年均增长 9.7%；旅游总收入从 211.7 亿元增加到 812.0 亿元，扣除物价因素年均增长 15.5%，显著快于 GDP 增

---

①邓宇. 东南亚金融风暴的启示 [J]. 宁夏大学学报（哲学社会科学版），1998（2）：87–89.

②中国（海南）改革发展研究院. 建立海南国际旅游岛的框架建议 [J]. 海南金融，2002（4）：20–25.

③卫留成. 全面落实科学发展观 构建具有海南特色的经济结构和更具活力的体制机制 实现又好又快发展：在中国共产党海南省第五次代表大会上的报告 [J]. 今日海南，2007（5）：4–15.

④黄晓华. 美丽篇章藉春风：习近平总书记考察海南纪实 [N]. 海南日报，2013–04–13（A01）.

速；相应地，旅游增加值占 GDP 比重从 6.4%提高到 7.8%，旅游业对 GDP 的拉动效应已升至 10.9 个百分点，旅游业在海南特色经济结构中的"龙头"地位得以确立和巩固。2009 年国际旅游岛国家战略颁布之后，海南旅游基础设施建设的步伐越来越快，以三亚、海口为标杆的国际旅游接待能力，已经接近或部分达到了国际水平[1]，海南在世界热带岛屿型旅游目的地中的影响力和竞争力明显提升，用习近平总书记的话说，"国际旅游岛是海南的一张重要名片"[2]。

二、国际旅游消费中心的概念

国内最早提出建设国际旅游消费中心的是上海财经大学何建民教授[3]，他研究了国际旅游消费中心的标准并分析了上海的差距，但并没有给出国际旅游消费中心的概念。要深刻理解国际旅游消费中心，需要了解旅游消费、国际旅游城市、国际消费中心等几个概念。

（一）旅游消费的内涵、属性与影响因素

旅游消费是社会生产力发展到一定阶段所产生的一种综合性的社会经济现象，是人们为了实现"异地休闲体验"而购买和消耗旅游产品（即旅游经历，包括物质产品和服务）的过程和结果，是一种特殊的高层次的生活消费方式。

旅游消费与一般工农业产品的消费相比较，具有以下显著特性：（1）时间上的闲暇性，即只有具有足够的闲暇时间，旅游消费才可能成为现实，也就是说，足够的闲暇是旅游消费的必要前提；（2）空间上的异地性，即旅游消费必须是旅游者离开惯常居住的环境空间前往异地才能产生，或者说，旅游消费地和旅游生产地是不能分离的，必须在生产地进行

①谢彦君，卫银栋，胡迎春，等. 文旅融合背景下海南国际旅游消费中心的定位问题［J］. 旅游学刊，2019，34（1）：12-22.

②习近平. 在庆祝海南建省办经济特区 30 周年大会上的讲话［N］. 人民日报，2018-04-14（2）.

③何建民. 上海建设世界一流旅游城市的潜力、差距与路径研究：对上海建设国际与国内旅游消费中心的探索［C］// 中国经济 60 年道路、模式与发展：上海市社会科学界第七届学术年会文集（2009 年度）·经济、管理学科卷. 上海，2009.

旅游消费，而不能像工农业产品那样，生产地和消费地是可以分离的；（3）内容上的文化性，即无论是物质的还是服务的旅游消费，都深深融入了本土文化，只有民族的才是世界的，才能凸显本区域本民族的特色，才能赢得国内外游客的普遍认可和赞誉；（4）水平上的高层次性，根据马斯洛的需求层次理论，旅游消费是满足了生理需求和安全需求之后的较高层次的消费需求；（5）时空同一性，既表现为旅游生产和旅游消费在空间上的不可分离性，也表现为旅游生产与旅游消费在时间上的不可分离性。

按照系统理论，可将影响旅游消费的因素分为四类：一是旅游者个人因素，如可自由支配收入或财富、闲暇时间、旅游动机、身体状况、受教育程度、职业、宗教信仰等；二是客源地因素，如发展阶段与水平、社会氛围、政策等；三是旅游目的地因素，如旅游产品质量、组合、价格、环境、政策等；四是客源地与目的地之间的通达性，如长途交通的安全性、舒适性和快捷性，签证的便利性，文化的差异性，等等。

（二）国际旅游城市的概念与特征

中国已有上海、北京、杭州等数十个城市提出要打造国际旅游城市，众多学者从不同角度界定了国际旅游城市，其中，浙江大学周玲强教授的界定比较全面，也得到相对公认："国际旅游城市是经济社会发达，旅游资源丰富，资源品位高级，具有超国界吸引力，城市综合环境优美，旅游设施完善配套，旅游产业发达并成为城市主要支柱产业，国际国内游客数量众多，在国际上具有较高知名度的国际性城市。"[①]

关于国际旅游城市的特征，也是众说纷纭，但有三个特征获得了共识，即国际旅游业发达、国际知名度高、对外开放度大[②]。

（三）国际消费中心的概念与功能

国际化大都市通常也是国际消费中心，如纽约、东京、伦敦、巴黎、香港、上海等。上海、深圳等国内城市也将国际消费中心作为城市重要或

---

①周玲强. 国际风景旅游城市指标体系研究［J］. 杭州大学学报（自然科学版），1999（1）：3-5.

②闻飞，王娟，苏勤. 国际旅游城市研究进展［J］. 黄山学院学报，2009（4）：28-32.

者核心功能来培育。国内外形成了一些国际消费中心的研究成果，其中关于国际消费中心的定义，国内比较经典的是国务院发展研究中心刘涛所给出的定义：国际消费中心是全球化时代国际大都市重要的核心功能，是具有丰富消费内容、高端消费品牌、多样消费方式、优越消费环境，吸引全球消费者的高度繁荣的消费市场，是全球消费资源的配置中心以及引领全球消费发展的创新高地①。刘涛认为，国际消费中心具有三大基本功能，一是全球消费市场的制高点，具有强大的消费实现功能；二是全球消费资源的集聚地，具有高效的消费配置和带动功能；三是全球消费发展的风向标，具有突出的消费创新和引领功能。

（四）国际旅游消费中心的概念与特征

国内对国际旅游消费中心的研究刚刚起步，还没有成熟的概念。陈耀认为，国际旅游消费中心是吸引游客、引领消费、体现辐射的国际化产业平台，旅游产品、特色产业和以海南文化为主并包容多元文化的品牌化展示窗口，从政策、规范和管理等方面提供保障的专业化服务基地，是人员、物品、资金、信息进出自由的便利化消费空间②。范士陈和邓颖颖认为，国际旅游消费中心是指在一定区域范围内，拥有世界级旅游吸引物和世界级旅游相关产业，并发挥具备强势国内外游客集散、旅游产品定价、综合旅游服务、旅游商品交易和旅游信息汇集功能的地区。国际旅游消费中心具有四个基本特性，即强势吸引性、高度开放性、大宗消费性、多元中心性（游客集散中心、旅游产品定价中心、综合旅游服务中心、旅游商品交易中心和旅游信息汇集中心）③。这些观点对于海南国际旅游消费中心建设具有良好的启迪，但还有待进一步完善。

作者在研究上述相关概念之后，认为国际旅游消费中心是全球游客购买和消耗由全球旅游企业（含相关企业）提供的旅游产品和服务的特定区

---

①刘涛，王微. 国际消费中心形成和发展的经验启示 [J]. 财经智库，2017（4）：100-109，141-142.

②陈耀. 深刻认识和创新发展海南国际旅游消费中心 [J]. 南海学刊，2018（2）：17-19.

③范士陈，邓颖颖. 海南国际旅游消费中心建设探析 [J]. 南海学刊，2018（2）：19-21.

域，是全球化时代背景下具有丰富旅游消费内容、高端旅游消费品牌、多样旅游消费方式、优越旅游消费环境，吸引全球旅游者的高度繁荣的旅游消费空间（区域），是全球旅游消费资源的配置中心和引领全球旅游消费发展的创新高地。作为国际旅游消费中心，具有三大基本功能：一是全球旅游消费市场的制高点，具有强大的旅游消费实现功能；二是全球旅游消费资源的集聚地，具有高效的旅游消费资源配置功能；三是全球旅游消费发展的风向标，具有突出的旅游消费创新和引领功能。

从直观表现看，国际旅游消费中心是中外游客、中外旅游企业、中外旅游产品、中外奢侈品、中外品牌的汇聚地，是全球旅游信息、旅游技术、旅游人才、旅游投资和消费资金的集聚地，它引领国际旅游生产与供给、国际旅游消费与需求以及国际旅游教育与人才培养。国际旅游消费中心需要优良的环境支撑，包括舒适的人居环境、优越的营商环境、优美的生态环境、和谐的社会环境、清正的政治生态、浓厚的旅游环境以及完备的公共服务等。国际旅游消费中心建设作为区域发展的重要路径，要实现综合效益目标，主要指标有产业体系现代、国际影响巨大、人民生活美好、中外游客满意、政府绩效优良、企业利润丰厚、生态建设先进、区域合作良性。建设国际旅游消费中心，主要路径有构建现代产业体系、全面对外开放、促进旅游消费、服务国家战略、创新社会治理、改革生态体制、完善人才制度和提高保障能力，而关键技术在于进出自由快捷（人员、货物、资金、信息）、人才队伍建设和坚持党的领导。

三、海南国际旅游消费中心建设的目标体系

根据《指导意见》，海南要深入推进国际旅游岛建设，不断优化发展环境，进一步开放旅游消费领域，积极培育旅游消费新业态、新热点，提升高端旅游消费水平，推动旅游消费提质升级，进一步释放旅游消费潜力，积极探索消费型经济发展的新路径[①]。2018 年 12 月，国家发改委发布《海南省建设国际旅游消费中心的实施方案》，提出国际旅游消费中心的三

---

①中共中央，国务院. 中共中央国务院关于支持海南全面深化改革开放的指导意见[N]. 人民日报，2018-04-15（1）.

大定位：旅游高质量发展示范区、旅游体制机制创新实验区、世界知名国际旅游消费胜地。为更加清晰地理解这三大定位，我们认为，应该从以下几个方面描绘海南国际旅游消费中心的目标体系。

（一）定位逻辑

从根本上说，区域发展的根本目标在于实现人的全面发展，"人"无非是本地居民和外来游客（旅行者）。因此，海南国际旅游岛的"三大愿景"，即海南人民的幸福家园、中华民族的四季花园和中外游客的度假天堂，依然是海南国际旅游消费中心建设的宗旨和愿景。在国家层级上，"国家重大战略服务保障区"无疑是海南的首要使命，海南要"深度融入海洋强国、'一带一路'建设、军民融合发展等重大战略"①，为中国人民的幸福和为中华民族伟大复兴履行好党中央赋予海南的重要使命。全面深化改革开放和国家生态文明这两大"试验区"，要切中国家重大战略进行"实验"，要切实服务于国家重大战略，因而都是"国家重大战略服务保障区"的重要支撑。国际旅游消费中心在国家层级上也具有"实验"功能，既要为中国旅游业改革创新做"实验"，为中国旅游业转型升级探索道路和总结经验，更要为国家"探索消费型经济发展的新路径"②。在海南省层级上，海南发展的首要定位是"国际旅游消费中心"，是要把海南打造成"业态丰富、品牌集聚、环境舒适、特色鲜明的国际旅游消费胜地"③，但同时当然也要扛起国家使命的海南担当，要成为"国家重大战略服务保障区"。在中国特色社会主义新时代，海南经济社会需要实现跨越式发展，这样才能实现"三大愿景"，而打造国际旅游消费中心正是最佳选择和路径。海南具有打造国际旅游消费中心的优越条件：（1）生态环境优美，这是"大自然赐予海南的宝贵财富"；（2）"海南已从一个边陲海岛发展成为中国改革开放的重要窗口"；（3）"国际旅游岛是海南的一张

①中共中央，国务院. 中共中央国务院关于支持海南全面深化改革开放的指导意见[N]. 人民日报，2018-04-15（1）.

②中共中央，国务院. 中共中央国务院关于支持海南全面深化改革开放的指导意见[N]. 人民日报，2018-04-15（1）.

③中共中央，国务院. 中共中央国务院关于支持海南全面深化改革开放的指导意见[N]. 人民日报，2018-04-15（1）.

重要名片"。①

为支持海南全面深化改革开放，实现"三区一中心"的战略定位，"党中央决定支持海南全岛建设自由贸易试验区，支持海南逐步探索、稳步推进中国特色自由贸易港建设"②。我们要清晰地认识到，中国（海南）自由贸易试验区建设和中国特色自由贸易港建设是海南众多发展路径和方案的选择之一，甚至是海南实现跨越式发展的最佳路径和方案，是建成国际旅游消费中心的前提和保障，但不是目的，目的是在中国特色自由贸易港制度体系下建成全球领先的国际旅游消费中心。无论是作为发展定位的"三区一中心"建设还是作为发展路径的自贸试验区和中国特色自由贸易港建设，都离不开经济体系创新、社会治理创新、生态制度创新、人才制度创新和保障措施创新，这些创新是更加具体的措施。总之，海南国际旅游消费中心的定位逻辑可用图2.2简要表达。

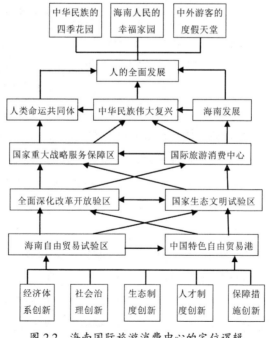

图 2.2　海南国际旅游消费中心的定位逻辑

---

①习近平. 在庆祝海南建省办经济特区 30 周年大会上的讲话［N］. 人民日报，2018–04–14（2）.

②习近平. 在庆祝海南建省办经济特区 30 周年大会上的讲话［N］. 人民日报，2018–04–14（2）.

（二）指导思想与战略定位

指导思想：以习近平新时代中国特色社会主义思想为指引，以《中共中央国务院关于支持海南全面深化改革开放的指导意见》（以下简称《指导意见》）和习近平《在庆祝海南建省办经济特区 30 周年大会上的讲话》为蓝本，以中国（海南）特色自由贸易港建设为基础，以供给侧结构性改革为主线，以高标准满足旅游消费为导向，全面贯彻党的十九大及历届全会精神，坚持党的领导，坚持以人民为中心，统筹陆海，建立开放型、生态型、服务型产业体系，拓展旅游消费发展空间，提升旅游消费服务质量，大力推进旅游消费国际化，将海南打造成全球旅游消费市场的制高点、全球旅游消费资源的集聚地、全球旅游消费发展的风向标，建成全球领先的国际旅游消费中心，成为旅游消费经济发展和区域经济社会跨越式发展的创新高地。

战略定位：全球领先的国际旅游消费中心。《指导意见》明确了海南"三区一中心"的战略定位，其中，关于国际旅游消费中心的战略定位描述为"大力推进旅游消费领域对外开放，积极培育旅游消费新热点，下大气力提升服务质量和国际化水平，打造业态丰富、品牌集聚、环境舒适、特色鲜明的国际旅游消费胜地"。十九大报告提出了到本世纪中叶"把中国建成富强民主文明和谐美丽的社会主义现代化强国"[1]的奋斗目标。《指导意见》设定了海南全面深化改革开放的目标，其中，"到 2035 年，……营商环境跻身全球前列；……优质公共服务和创新创业环境达到国际先进水平；生态环境质量和资源利用效率居于世界领先水平；……到本世纪中叶，……成为综合竞争力和文化影响力领先的地区"[2]。据此，我们认为，到 21 世纪中叶，海南国际旅游消费中心应该达到全球领先水平。

（三）总体目标和阶段目标

海南国际旅游消费中心的总体目标可用图 2.3 表述。其中，总目标是建成"全球领先的"国际旅游消费中心；国际旅游消费中心属性的中国特

---

①习近平. 决胜全面建成小康社会 夺取新时代中国特色社会主义伟大胜利：在中国共产党第十九次全国代表大会上的报告 [N]. 人民日报，2017–10–28（1）.

②中共中央，国务院. 中共中央国务院关于支持海南全面深化改革开放的指导意见 [N]. 人民日报，2018–04–15（1）.

色自由贸易港是建成国际旅游消费中心的前提、基础和必要条件；全球旅游消费市场制高点、旅游消费资源集聚地和旅游消费发展风向标是海南国际旅游消费中心的功能和内涵；海南国际旅游消费中心要为全国服务经济和消费经济发展创新模式和道路，并强调可复制可推广，要通过服务经济和消费经济的创新发展，实现区域跨越式发展。

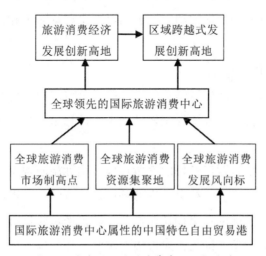

图 2.3　海南国际旅游消费中心目标体系

根据《指导意见》、习近平"4·13"讲话和上述总体目标，我们将海南国际旅游消费中心建设的目标划分为 4 个阶段目标，这 4 个阶段目标是循序渐进的，具体表述如下：

到 2020 年，与全国同步建成小康社会，全域旅游示范区通过国家验收，基本建成国际旅游岛。到 2025 年，初步建立自由贸易港制度，构建以观光旅游为基础、休闲度假为重点、文体旅游和健康旅游为特色的旅游产业体系，建成具有全球影响力的国际旅游消费目的地。到 2035 年，建成更加成熟的自由贸易港制度体系和运作模式，旅游领域基本实现人员、货物、资金和信息的自由快捷进出，建成全球先进的国际旅游消费中心。到 21 世纪中叶，旅游业高度市场化、国际化、法治化、现代化，建成掌控全球旅游消费市场、汇聚全球旅游消费资源、引领全球旅游消费发展的全球领先的国际旅游消费中心。

四、海南国际旅游消费中心的建设路径

《指导意见》从拓展旅游消费空间、提升旅游消费服务质量和大力推进旅游消费国际化 3 个方面阐述了国际旅游消费中心建设的内容，提出了众多具有可操作性、创新性的举措。然而，从动力机制出发，需求和供给是区域旅游发展的两大根本动力，因而以下主要从需求和供给两方面展开讨论。

（一）不断优化需求侧

从需求侧看，国际旅游消费中心的关键是对国内外游客产生足够大的吸引力，要能够使国内外游客想来易来来了还想来消费。为此，需要从以下几方面着力。

第一，为旅游者营造良好的消费环境。国际旅游消费中心必须具有世界影响力；政治、经济、社会、生态环境是安全的；所提供消费的旅游产品和服务是物美价廉的；市场秩序规范，诚信经营，信誉至上；当地居民友善，热情好客，乐于助人；对入境游客实行免签证＋国民待遇制度，国际关系处理得当；对外交通便捷，直达航线密集，长途交通费用达到较低水平；国外银行信用卡、支票使用方便，货币兑换便利；Wi-Fi 全覆盖，网络社交平台通行无阻，境外电视节目收看自如。

第二，科学定位旅游消费市场。根据海南国际旅游岛建设的现状以及中国旅游市场需求状况，海南国际旅游消费中心的市场定位应是：以国际旅游消费为主导，入境过夜游客占过夜游客的比重从 2017 年的 2%提高到 2035 年的 5%和 2050 年的 10%；以国内旅游消费为主体，国内过夜游客占过夜游客的比重降低到 90%左右；以本土旅游消费为根基，海南本地居民过夜旅游和一日游规模不断扩大，旅游消费成为本地居民分享国际旅游消费中心建设成效的重要元素。

第三，提高旅游消费满意度。游客是旅游业的财富之"母"。建设海南国际旅游消费中心，要千方百计做足 4 个字：一是"请"，把游客请来；二是"留"，把游客留住；三是"花"，让游客尽可能多地花钱花精力花时间；四是"谢"，也是最为重要的，使游客发自内心地说"谢谢你让我获

得了如此美妙的体验"。为使游客有持续的较高的满意度，可以从两方面入手。一方面是在符合标准的前提下突出特色，加快推进旅游服务的标准化非常重要；另一方面是在使游客（包含潜在游客）有合理的预期服务质量的前提下，尽可能提高感知服务质量。预期服务质量取决于游客所获取的信息的真实性、准确性、及时性、全面性，也就是说，有效的信息传递和恰当的市场营销是非常必要的。提高游客满意度最为重要的做法就是提高游客的感知服务质量，要通过无微不至的周到服务、发自内心的微笑服务等举措，尽可能让游客感谢、感激甚至感恩。这种关系可以用图 2.4 简要表述。

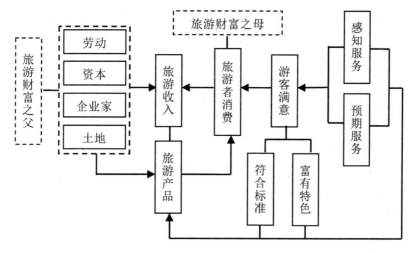

图 2.4 旅游收入来源模型

第四，激化旅游消费动机。旅游动机是成为旅游者的 3 个必要条件之一。要不断整合旅游营销资源，强化整体宣传营销，促进海南旅游形象提升，利用良好的旅游形象激化潜在旅游者来海南旅游消费的动机。

第五，推进旅游消费国际化。入境游客在海南国际旅游消费领域起到引领作用，入境游客规模、占比、人均消费能力等，在很大程度上影响着海南国际旅游消费中心建设的成效。要在全力扩大入境游客规模的基础上，努力提高入境游客的消费水平。要尽可能消除入境游客进入海南的障碍和壁垒。一方面，争取相互免签。在"及时总结 59 国外国人入境旅游免签政策实施效果"①的基础上，不断创造条件，争取进一步扩大免签范围和延长外国游客在海南的停留时间；特别是，要争取居民免签入境海南旅游的国家和地区对海南居民实行对等的旅游免签，条件成熟后，进一步争取对从海南出境进入对应的免签国家和地区的中国公民（甚至于入境海南旅游的免签的外国游客）实行旅游免签政策，通过相互免签，为中外游客快捷进出海南旅游打下基础。另一方面，加密国际直达航线，降低长途交通成本。免签政策落地和发挥作用的前提是有直达航线（对海南而言，仅限于空中航线和海上邮轮航线，陆上通道暂时没有），但目前海南仅有57条国际直飞航线，相较于巴厘岛、济州岛、加纳利群岛和夏威夷等世界著名的岛屿型旅游目的地而言，差距巨大。特别是，由于各方面的原因，海南目前没有直飞的廉价航空航线，直飞航线的票价较高，不利于提高潜在游客前来海南旅游消费的移动性。

（二）持续改革供给侧

从供给侧看，国际旅游消费中心要能够对国内企业产生足够大的吸引力，要能够使旅游企业（相关企业）有利可图，要鼓励企业图利，并为企业图利提供各种保障。为此，要实行零关税和低所得税制度；对外资投资实行"简洁负面清单＋准入前国民待遇"制度；对企业实行人员、货物、资金和信息的自由快捷进出；要健全自由贸易港法律体系、政策体系、平台体系和人才支撑体系。

海南的现状与国际旅游消费中心的标准还有相当大的差距，例如，人才（干部）短缺，产业结构需要优化，国际化水平偏低。为此，提出以下供给侧改革的对策建议。

第一，谋定而后动。要组织高水平科研团队，以《指导意见》和习近平"4·13"讲话为蓝本，在广泛开展国内外、省内外的调研、考察、学习、研究的基础上，科学编制具有系统性、前瞻性、可操作性的发展规划，并制订具有可落地、可量化、可考核的近期行动计划。

第二，加强人才（干部）队伍建设。海南的一切问题，根本上都是高

---

①中共中央，国务院. 中共中央国务院关于支持海南全面深化改革开放的指导意见[N]. 人民日报，2018-04-15（1）.

素质人才短缺的问题，尤其是领导干部的创新能力和实干精神有待提高的问题。要充分发挥海南的独特优势，积极引进国内外优质教育资源，大力发展教育事业，尤其是高等教育，鼓励国内知名高校和研究机构在海南设立分支机构，将海南打造成引领国际旅游教育的创新高地。发展教育尤其是高等教育的效果是显而易见的，可以为高素质人才搭建事业平台，可以吸引来自五湖四海的优秀学子，可以为高端科研平台和智库提供人才支撑，可以为新业态的涌现培育孵化器，可以营造较好的外语交流环境，等等。要创新"候鸟型"人才引进和使用机制，设立"候鸟"人才工作站。积极"开展国际人才管理改革试点，允许外籍和港澳台地区技术技能人员按规定在海南就业、永久居留"①。要持续增强干部队伍助推海南国际旅游消费中心建设的能力，要吸引更多优秀人才进入党政干部队伍，并在专业性较强的政府机构设置高端特聘职位以吸引国内外高端专业人才，同时稳妥有序开展公务员境外培训，提高公务员的业务能力。

第三，优化营商环境。一是尽快出台极简的海南国际旅游消费中心负面清单，进一步放开对外资在旅游项下的准入限制，吸引国外优质资本和智力参与海南国际旅游消费中心建设。二是尽快完善海南国际旅游消费中心法律体系、政策体系，依法行政，营造公平竞争环境。三是搭建海南国际旅游消费中心一体化平台体系，加快"放管服"改革进程，提高行政效率，营造风清气正的行政管理氛围。四是加快建立自由贸易港制度体系，尽快实行零关税制度，最大限度地争取企业所得税等税费减免政策，为保护和保障企业合法所得创造更好的条件。

第四，培育具有国际竞争力的旅游集团。通过旅游企业优化重组、上市融资，促进旅游产业规模化、品牌化、网络化经营。积极引进国际大型旅游集团来海南设立分支机构或者注册企业，例如旅行社、演出经纪机构等。

第五，提高语言交流的国际化。海南国际化水平偏低的关键原因在于语言交流的国际化水平低，具体表现在：海南本地居民外语交流能力低，

①中共中央，国务院. 中共中央国务院关于支持海南全面深化改革开放的指导意见[N]. 人民日报，2018-04-15（1）.

旅游和交通标识系统的双语化程度低，酒店、景区、银行、餐馆、商场等服务场所的外语交流能力低。因而外国游客进入海南几乎成了哑巴、瞎子、聋子，很难获得预期服务质量，更难有较高的感知服务质量，满意度自然就不会太高。要尽快开放旅游就业市场，允许符合一定条件的外国人（尤其是华裔和在中国获得学位的外国人）在旅游行业就业，以此加快营造较好的外语交流环境，带动本地居民和员工学习外语的兴趣。要通过宣传教育、举办学习班、电视夜校等渠道，鼓励和倡导全社会开展简单日常外语（主要是英语）学习和使用大行动，形成人人能与外国人用简单的英语交流的氛围，从而提高外国人在海南旅游消费的亲近感。

第六，创新旅游产品体系。根据《指导意见》，海南国际旅游消费中心要加快构建以观光旅游为基础、休闲度假为重点、文体旅游和健康旅游为特色的旅游产业体系①，重点开发以下旅游产品。（1）购物旅游。实行免税购物离岛旅客（含本地居民）全覆盖，提高免税购物限额。在条件成熟时，也应该允许本地居民和游客在本地免税消费免税旅游产品和服务。（2）邮轮旅游。重点开发跨国邮轮航线、公海游航线，加快三亚邮轮母港建设。（3）游艇旅游。放宽游艇管制。（4）海岛旅游。有序推进西沙旅游，稳步开放海岛游。（5）医疗旅游。全面落实完善博鳌乐城国际医疗旅游先行区政策。（6）文化旅游。推进文化和旅游融合发展，大力发展动漫游戏、网络文化、数字内容等新兴文化消费，促进传统文化消费升级。（7）娱乐活动。允许外资在海南试点设立在本省经营的演出经纪机构，允许外资在海南省内经批准的文化旅游产业集聚区设立演出场所经营单位，演出节目需符合国家法律和政策规定；允许旅游酒店经许可接收国家批准落地的境外电视频道。（8）体育旅游。支持在海南建设国家体育训练南方基地和省级体育中心，鼓励发展沙滩运动、水上运动、赛马运动等项目，支持打造国家体育旅游示范区；探索发展竞猜型体育彩票和大型国际赛事即开彩票。

第七，本土化与国际化相结合打造品牌吸引物。海南对外影响力最

---

①中共中央，国务院. 中共中央国务院关于支持海南全面深化改革开放的指导意见[N]. 人民日报，2018-04-15（1）.

大、依存度最大的产业毫无疑问是旅游业，旅游业应该而且可以成为海南城市化的重要动力源泉。然而，除三亚外，海南其他市县旅游业对城市化的推进作用都比较小，原因在于旅游项目的布局分散，需要改变这种局面。事实上，国际旅游岛建设以来，海南新增的国家 A 级旅游景区屈指可数。打造旅游综合体（目的地）与全域旅游发展并不矛盾，而是相辅相成，也是建设国际旅游消费中心的重要的题中应有之义。海南应该打造若干个各具特色的旅游综合体，例如，观澜湖高尔夫特色旅游综合体、亚龙湾滨海旅游综合体、龙沐湾—尖峰岭山海互动旅游综合体，等等，这样才能丰富游客体验，延长停留时间，增加旅游消费，提高游客满意度。特别要在旅游综合体配备类似于长隆旅游区那样的技术要求低、参与性高、娱乐性强、关爱孩子的大型主题旅游项目。

第八，发挥南海优势打造世界海洋旅游新高地。以"环南海"国家和地区为合作开发旅游的主体，以"大南海"350 万平方千米的海域作为海洋旅游产业发展的平台，面向"泛南海"的世界旅游客源市场[1]，服务"一带一路"，推进南海旅游开发的国际合作，将南海打造成媲美地中海和加勒比海的世界旅游之海、世界海洋旅游国际合作高地。

第四节　中国建设海洋强国

中共十八大报告首次以政府文件提出"提高海洋资源开发能力，坚决维护国家海洋权益，建设海洋强国"。中共十九大报告再次明确，"坚持陆海统筹，加快建设海洋强国"。建设海洋强国是在国内外复杂形势下中华民族永续发展、中国走向世界强国的必由之路。

---

①陈耀. 深刻认识和创新发展海南国际旅游消费中心 [J]. 南海学刊，2018（2）：17-19.

一、海洋强国的内涵

习近平总书记在主持中共中央政治局就建设海洋强国研究进行第八次集体学习时（2013年7月30日）指出，建设海洋强国对于推动经济持续健康发展，维护国家主权、安全、发展利益等具有重大的意义。同时，特别强调了建设海洋强国的基本内涵，即"四个转变"——要提高资源开发能力，着力推动海洋经济向质量效益型转变；要保护海洋生态环境，着力推动海洋开发方式向循环利用型转变；要发展海洋科学技术，着力推动海洋科技向创新引领型转变；要维护国家海洋权益，着力推动海洋权益向统筹兼顾型转变[1]。这"四个转变"深刻阐明了中国发展海洋事业的主要任务和实施路径，构筑起全面经略海洋的"四梁八柱"[2]。可见，中国推进海洋强国建设的具体路径是"发展海洋经济"，手段及措施是不断提高海洋资源开发能力，前提是解决中国面临的重大海洋问题（如东海问题、南海问题），目标是保护海洋生态环境和建设海洋强国。沈满洪与余璇认为，习近平建设海洋强国重要论述的主要内容包括发展海洋经济、保护海洋生态、创新海洋科技和维护海洋权益[3]。张根福和魏斌则认为，习近平海洋强国战略思想主要包括四个方面，即依海富国战略思想、以海强国战略思想、人海和谐战略思想和合作共赢战略思想[4]。金永明认为，中国海洋强国战略的基本特征主要有：发展海洋经济，发展海洋科技，优化海洋生态环境，构建海洋制度及体系的高级人才队伍，建设海上国防能力[5]。张天宇等认为，所谓"海洋强国"，是指海洋经济综合实力发达、海洋科技综合水平先进、海洋产业国际竞争力突出、海洋资源环境可持续发展能力强大、海洋

①http：//www.gov.cn/ldhd/2013-07/31/content_2459009.htm.2013-8-1.

②王宏. 海洋强国建设助推实现中国梦［N］. 人民日报，2017-11-20（7）.

③沈满洪，余璇. 习近平建设海洋强国重要论述研究［J］. 浙江大学学报（人文社会科学版），2018，48（6）：5-17.

④张根福，魏斌. 习近平海洋强国战略思想探析［J］. 思想理论教育导刊，2018（5）：33-39.

⑤金永明. 论中国海洋强国战略的内涵与法律制度［J］. 南洋问题研究，2014（1）：18-28.

事务综合调控管理规范、海洋生态环境健康、海洋军事实力和海洋外交事务处理能力强大的临海国家①。

二、发展南沙旅游是建设海洋强国的重要抓手

(一) 要大力发展海洋经济

中国拥有 300 多万平方千米的海洋、1.8 万多千米的大陆海岸线和 1.4 万多千米的岛屿海岸线，有面积大于 500 平方米的岛屿近 7000 个，是世界上重要的海洋性国家，具有发展海洋经济的天然禀赋。然而，尽管毛泽东思想和邓小平理论等新中国的思想理论体系已经注意到海洋的重要性，例如，毛泽东提出了将沿海地区作为"海防前线"的战略决策，邓小平则提出了"沿海大局"和"引进来、走出去"的海洋开放策略，但是，直至党的十八大才正式提出建设海洋强国这一重大国家战略。以至我国海洋意识长期比较薄弱，经略海洋的观念一直不强，最直观和最直接的表象之一就是中国海洋经济比较薄弱。2018 年全国海洋经济生产总值 83415 亿元，仅占国内生产总值的 9.3%②，与海洋面积占国土总面积的 23.8% 的数据形成鲜明反差，因此，必须加快发展海洋经济。从海洋强国的内涵看，发展海洋经济是建设海洋强国的核心和具体路径。习近平总书记非常重视发展海洋经济，他指出："纵观世界经济发展的历史，一个明显的轨迹，就是由内陆走向海洋，由海洋走向世界，走向强盛。"③"要提高海洋开发能力，扩大海洋开发领域，让海洋经济成为新的增长点。"④

(二) 滨海旅游业是中国海洋经济的第一大产业

原国家海洋局和自然资源部海洋战略规划与经济司发布的《中国海洋

---

①张天宇，张燕歌，殷克东. 中国海洋强国战略的现实与思考 [J]. 海洋开发与管理，2010 (2)：23-27.

②自然资源部海洋战略规划与经济司. 2018 年中国海洋经济统计公报 [EB/OL].（2019-4-11）[2019-10-4]. http://gi.mnr.gov.cn/201904/P020190411338141849830.doc.

③习近平. 干在实处 走在前列：推进浙江新发展的思考与实践 [M]. 北京：中共中央党校出版社，2014：216.

④习近平在中共中央政治局第八次集体学习时强调：进一步关心海洋认识海洋经略海洋 推动海洋强国建设不断取得新成就 [N]. 人民日报，2013-08-01（1）.

经济统计公报》，将海洋经济划分为海洋产业和海洋相关产业两部分，其中海洋产业又分为主要海洋产业和海洋科研教育管理服务业。以2018年为例，海洋经济生产总值为83415亿元，其中，海洋产业52965亿元，占63.5%，海洋相关产业29377亿元，占36.5%；在海洋产业中，主要海洋产业33609亿元，占63.5%，海洋科研教育管理服务业19356亿元，占36.5%。

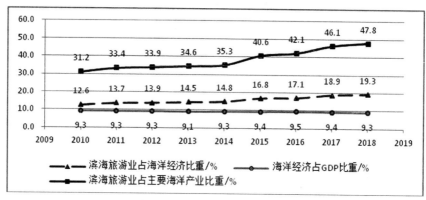

图2.5　滨海旅游业在海洋经济中的地位及其演变

资料来源：根据历年的中国海洋经济统计公报有关数据整理。

从图2.5可见，海洋经济占GDP比重一直保持在9.1%～9.5%之间，非常稳定，海洋经济与中国作为海洋大国的地位还很不匹配，还有较大的发展和提升空间；但是，滨海旅游业占海洋经济的比重却明显上升，从2010年的12.6%上升到了2018年的19.3%，提高了6.7个百分点，而且呈现出随时间稳步上升的态势。特别是，自2010年占主要海洋产业的比重超越海洋交通运输业以来，滨海旅游业一直是主要海洋产业中的第一大产业，其占比从2010年的不足1/3提升至2018年的几乎半壁江山，8年间提升了16.6个百分点，占主要海洋产业比重远超其他任何海洋产业，是中国名副其实的海洋经济第一大产业（图2.6）。

尽管滨海旅游业已发展成为海洋经济的第一大产业，但必须清醒地认识到，中国的海洋旅游还只是"滨海旅游"，还只停留在近海，还没有自己的邮轮船队，需要从"滨海旅游"走向以邮轮为目的地和以邮轮旅游为基本形式的"远洋旅游"，这是走向"深蓝"和建设海洋强国的必由之路。

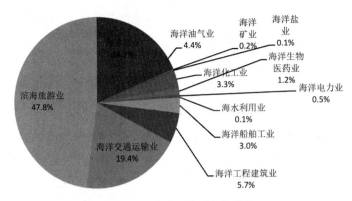

图2.6 2018年中国海洋经济结构

资料来源：自然资源部海洋战略规划与经济司. 2018年中国海洋经济统计公报［EB/OL］.（2019-4-11）［2019-10-4］. http://gi.mnr.gov.cn/201904/P020190411338141849830.doc.

（三）旅游业应成为南沙的先导产业

南海是中国国土神圣不可侵犯的重要部分，这曾是国际社会的普遍共识。但从20世纪70年代开始，在利益驱动下，越南和菲律宾等国家开始非法侵占中国南海部分岛礁，尤其是2009年以来，南海岛礁主权争端问题被一些国家包括域外国家引向多边化、地区化和国际化，使南海问题成为世界上比较敏感和比较复杂的海权争端问题。南海作为一个具有海洋战略通道功能和能源资源基地功能的特殊区域，对于中国地缘经济战略实施与拓展而言，无论如何强调其重要地位都不过分[1]。"主权属我，搁置争议，共同开发"的战略思想的确为中国赢得了一个比较宽松的南海周边环境，使中国抓住了一个非常好的战略发展期，成就了改革开放以来中国经济的高速发展。但不可否认，在运用这一战略思想缓解南海利益争端和进行南海开发的过程中，存在一些值得重新审视的问题[2]。其中最应该关注的就是，应该采取何种措施，才能既保持中国南海政策的延续性，又最大化地保障和实现中国在南海的战略利益[3]。显然，不仅要通过国内立法和行政管

①吴垠，唐剑. 论中国南海的地缘经济战略［J］. 中国软科学，2010（1）：1-16.

②阿尔弗雷德·塞耶·马汉. 海权论［M］. 冬初阳，译，西安：陕西人民出版社，2007.

③吴垠，唐剑. 论中国南海的地缘经济战略［J］. 中国软科学，2010（1）：1-16.

理界定中国在南海的战略空间，又要以"合作共赢"方式延续中国传统的南海政策，不仅要强调军事存在和军事安全，而且要重视民事存在，尤其要重视经济、文化、生态等领域的安全，强调安全的系统性、整体性和平等互利性。

迟福林曾提出，从发展旅游业入手是南海开发最有效率的正确途径①。作为南海问题的根本所在，旅游业无疑是在南沙海域进行资源开发与开展国际合作的先导产业。首先，南沙具有旅游资源优势。热带自然风光、美丽的珊瑚礁、缤纷多彩的海底世界以及"阳光、空气、沙滩、海水、绿色"等旅游要素汇聚，构成了南沙独具特色的旅游资源优势，为在南沙海域发展旅游业奠定了坚实的资源基础。其次，旅游业是和平产业。无论采取何种旅游产业发展模式，超前型或者滞后型，延伸型或者推进型，市场型或者政府主导型，经济发展导向型或者创汇创收导向型，旅游目的地都欢迎一切国际国内旅游者，不分国籍，不管种族，无论民族，勿论宗教，具有超常的包容性。再次，旅游业是民生产业。满足人们对美好生活的追求，是任何阶段、任何国家和地区经济社会发展的出发点和落脚点。随着人们生活水平和生活质量的提高，旅游成为人们生活中不可或缺和越来越重要的构成部分，被国务院总理李克强列在"五大幸福产业"（旅游、文化、体育、健康、养老）之首。最后，旅游业是生态友好型产业。在南沙开展旅游活动，发展旅游业，无疑以邮轮旅游为主、海岛旅游为辅，这是由南沙的空间格局和地缘政治格局所决定的。这样，旅游供给活动和旅游消费活动主要在邮轮上，游客并没有留下太多"足迹"，带走的只是一张张"美照"和深切而美好的怀念。正因为如此，在南沙比较敏感的地缘政治局势下，旅游开发是南沙开发"软着陆"的最佳选择。

---

①迟福林，李昌邦，陈文，陈岚桦，南海开发计划与海南战略基地建设：对我国"十一五"规划的建议［J］. 经济研究参考，2005（51）：2-9.

第三章　研究区概况

　　海南是中国最南端和唯一的热带岛屿省，全国人大授权海南管辖西沙群岛、中沙群岛和南沙群岛及其海域。南海地理位置重要，连接太平洋与印度洋，是世界上最繁忙的海上交通运输大动脉。南海是中国的"祖宗海"，350万平方千米中的约200万平方千米属于中国，占中国海洋总面积的2/3。南海旅游资源丰富，具有发展成为世界海洋旅游胜地和旅游开发国际合作的基本条件。南沙群岛是南海岛礁分布最广泛的一个群岛，中国与南海周边个别国家之间的岛礁主权和海域划界争端基本集中在这一区域。南海诸岛是中国的固有领土，南海诸岛周边海域是中国的固有领海。南海地理位置独特，自然资源丰富，交通区位重要，对中国建设海洋强国和推进"一带一路"倡议具有重大意义。

第一节　海南省概况

　　海南省是中国唯一的热带岛屿省份，因独特的地理位置和相对独立的地理单元，使海南具有成为全国改革开放试验田的独特优势，为此，党中央赋予海南全国最大的经济特区、全国唯一的省域国际旅游岛、全国面积最大的自由贸易试验区、全国唯一的中国特色自由贸易港等"试验田"称号和体制、机制以及制度创新空间。

一、领土构成与地理位置

海南省，简称"琼"，古称珠崖、琼州、琼崖，1988年4月13日，第七届全国人民代表大会第一次会议通过了《关于设立海南省的决定》和《关于建立海南经济特区的决定》。行政区域包括海南岛和西沙群岛、中沙群岛、南沙群岛的岛礁及其海域。全省陆地总面积3.54万平方千米，海域面积约200万平方千米，是中国除北京、天津、上海、香港和澳门之外陆地面积最小的省级行政区，却是中国所辖海域和领土总面积最大的省级行政区。其中，海南岛面积为3.39万平方千米，是中国仅次于台湾岛的第二大岛。

海南省的经纬度为北纬3°30′到20°07′，东经108°15′到120°05′。政治地理位置十分重要，位于中国最南端，北以琼州海峡与广东省划界，西隔北部湾与越南相对，东面和南面在南海中与菲律宾、文莱、印度尼西亚和马来西亚为邻，是21世纪海上丝绸之路建设的重要节点，在中国与东盟的国际合作中发挥重要作用。交通地理位置也非常重要，扼印度洋和太平洋之间的交通要冲，每天有400多艘大型货物运输船在南海航行，中国85%以上、日本和韩国90%以上的进出口货物需要途经南海，南海是世界上最为繁忙的海上运输通道之一。

截至2018年底，全省划分为4个地级市——海口、三亚、三沙和儋州，5个县级市——文昌、琼海、万宁、东方和五指山，4个县——澄迈、临高、屯昌和定安，6个自治县——保亭、琼中、白沙、陵水、昌江和乐东，以及1个经济开发区——洋浦。（图3.1）

海南的根本特征可用"热带海岛"来概括，"热带"决定了其地理位置独特，"海岛"决定了其是相对独立的地理单元。正因为这一根本特征以及由此带来的独特地理位置和独立地理单元，从建省之日起，全国人大就将海南确定为全国第五个也是最大一个经济特区；在2009年最后一天，国务院将海南国际旅游岛建设升格为国家战略；在海南建省办经济特区30周年之际，党中央决定支持海南全岛建设自由贸易试验区，并将探索建设中国特色自由贸易港这一光荣使命赋予海南，以此为基础，要求海南成为

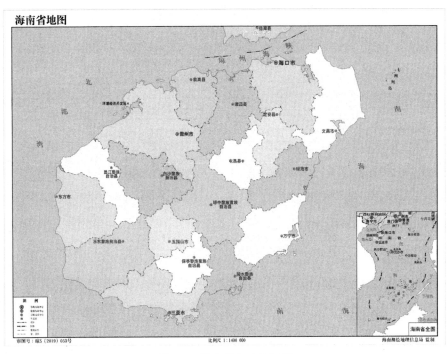

图 3.1　海南省行政区划图

图片来源：海南测绘地理信息局。

全面深化改革开放试验区、国家生态文明试验区和国际旅游消费中心。独特的地理位置也决定海南管辖着全国面积最大的海域，必须充分发挥海洋优势，从海洋大省向海洋强省转变。对于旅游业而言，要跳出海南岛面向南海，从海南的资源优势和人类的向海特性出发。海洋旅游是海南的灵魂和特色所在，也是海南的优势和发展方向所在。但是，正因为是热带海岛省份，海南同样也难逃"岛屿经济区"的困境——对外交通不畅和经济腹地狭小，使得海南经济社会发展速度与中国大陆的省份相比，存在一定的差距。其中的逻辑可以用图 3.2 简要表述。

二、人口与经济

2018 年海南省年末常住人口 934.32 万人，人口密度约为 275 人/平方千米，其中，城镇人口占 59.06%；共有户籍人口 925.10 万人，其中城镇人口占 39.35%。海南是多民族杂居的区域，以汉族为主，约占户籍人口的

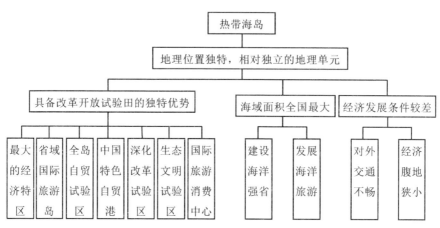

图3.2　海南的根本特征及由此引致的优劣势

81.9%，少数民族仅占户籍人口的18.1%。在少数民族中，黎族最多，约有151.48万人，占少数民族的90.42%；其次是苗族，约有8.03万人，约占少数民族的4.79%；此外还有壮族和回族等少数民族。2019年海南人口又有新发展，年末总人口达到944.72万人次，城市化水平提高到59.23%。

建省办经济特区以来，海南经济社会发展取得了令人瞩目的成绩，已从一个边陲海岛发展成为中国改革开放的重要窗口。1987年，海南地区生产总值仅有57.28亿元，地方财政收入不到3亿元，到2019年，海南地区生产总值达到5308.94亿元，人均地区生产总值56507元（折合7971美元），地方一般公共预算收入814.13亿元①，地区生产总值、人均生产总值、地方财政收入分别增长25.9倍、15.9倍、274.0倍。建省办特区以来，海南产业结构发生了根本性变化，朝向以第三产业占绝对优势的高级化方向演化，一、二、三产业结构已优化为2019年的20.3∶20.7∶59.0。与此同时，海南人民生活水平显著提高，城镇和农村居民人均可支配收入分别从1987年的986元和502元增加到2019年的36017元和15113元。

---

①海南省统计局，国家统计局海南调查总队. 2019年海南省国民经济和社会发展统计公报［EB/OL］.［2020-3-13］. http://stats.hainan.gov.cn/tjj/tjgb/fzgb/n_79000/202003/t20200302_2755138.html.

三、旅游产出

(一) 过夜游客接待量

从图3.3可见，海南过夜游客接待量持续增长，从1998年的855.97万人次增加到2019年的6824.51万人次，年均增速为10.39%，除2003年因"非典"出现－1.66%的负增长外，其他年份过夜游客接待量都保持正增长，其中，2010—2019年的年均增速为11.38%，2019年的环比增速为7.82%。海南的过夜游客以国内过夜游客占绝对多数，入境过夜游客占比最高的年份是1999年，为4.9%，占比最低的是2015年，仅为1.4%。海南入境过夜游客接待量波动较大，1998—2019年间，出现过3次负增长，第一次是2001—2003年，从2000年的48.68万人次减少至2003年的29.33万人次，降幅达39.8%；第二次是2009年，出现断崖式减少，比上年减少43.7%；第三次是2013—2015年，2015年比2012年减少了25.5%。2016年以来，海南入境旅游出现了持续增长的良好态势，入境过夜游客从2015年的60.84万人次稳步增长到2019年的143.59万人次，年均增速达23.95%。

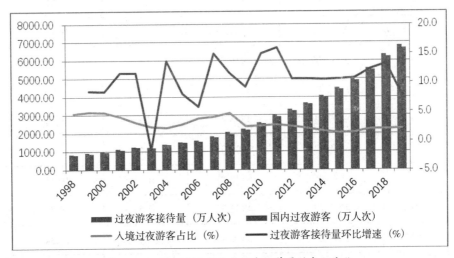

图3.3　1998—2019年海南游客接待量的年际变化

资料来源：阳光海南网. http://lwt.hainan.gov.cn/xxgk_55333/lytj/2019data/。

附：图 3.3 数据

年份	过夜游客接待量 （万人次）	国内过夜游客 （万人次）	入境过夜游客 占比（%）	过夜游客接待量 环比增速（%）
1998	855.97	816.55	4.6	
1999	929.07	883.58	4.9	8.54
2000	1007.57	958.89	4.8	8.45
2001	1124.76	1079.08	4.1	11.63
2002	1254.96	1216.03	3.1	11.58
2003	1234.10	1204.77	2.4	− 1.66
2004	1402.89	1372.03	2.2	13.68
2005	1516.47	1473.28	2.8	8.10
2006	1605.02	1543.33	3.8	5.84
2007	1845.51	1770.20	4.1	14.98
2008	2060.00	1962.07	4.8	11.62
2009	2250.33	2195.18	2.5	9.24
2010	2587.34	2521.03	2.6	14.98
2011	3001.34	2919.88	2.7	16.00
2012	3320.47	3238.80	2.5	10.63
2013	3672.51	3596.87	2.1	10.60
2014	4060.18	3994.04	1.6	10.56
2015	4492.95	4432.11	1.4	10.66
2016	4977.22	4902.32	1.5	10.78
2017	5591.43	5479.49	2.0	12.34
2018	6329.66	6203.3	2.0	13.20
2019	6824.51	6680.92	2.1	7.82

（二）旅游收入

海南旅游总收入持续增加，除 2003 年因"非典"使得旅游总收入出现负增长外，其他年份的环比增速都在 8% 以上，且绝大多数年份的环比增速都在 10% 以上。1998—2019 年，按当年价计算的旅游总收入从 66.96 亿元增加到 1057.80 亿元，年均增长 9.31 个百分点，其中，2010—2019 年年均增速为 16.99%，比 1998—2010 年之间的年均增速快 5.11 个百分点；按 1998 年不变价计算的旅游总收入从 66.96 亿元增加到 662.34 亿元，年均增加 7.67%，其中，2010—2018 年年均增速为 13.59%，比 1998—2010 年间的年均增速快 3.59 个百分点。（图 3.4）

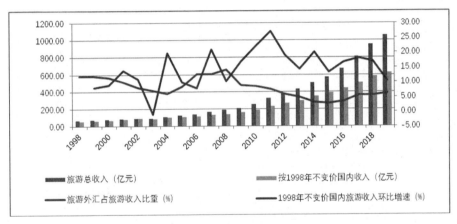

图 3.4　1998—2019 年海南旅游收入的年际变化

资料来源：阳光海南网. http://lwt.hainan.gov.cn/xxgk_55333/lytj/2019data/。

附：图 3.4 数据

年份	旅游总收入（亿元）	1998 年不变价国内旅游收入环比增速（%）	旅游外汇占旅游收入比重（%）	按 1998 年不变价国内收入（亿元）
1998	66.96		11.93	58.97
1999	72.46	8.16	11.98	64.88
2000	78.56	8.98	11.52	69.94
2001	87.89	13.80	10.00	80.81
2002	95.38	10.92	8.01	90.09

续

年份	旅游总收入（亿元）	1998 年不变价国内旅游收入环比增速（%）	旅游外汇占旅游收入比重（%）	按 1998 年不变价国内收入（亿元）
2003	93.55	−0.90	7.06	89.19
2004	111.01	19.88	6.10	102.43
2005	125.05	9.90	8.39	110.90
2006	141.43	7.86	12.63	117.86
2007	171.37	21.09	12.69	135.91
2008	192.33	10.28	14.20	140.20
2009	211.72	16.85	8.93	164.98
2010	257.63	22.19	8.55	192.35
2011	324.04	27.10	7.58	230.43
2012	379.12	19.14	5.89	266.03
2013	428.56	14.37	4.79	295.96
2014	506.53	20.13	3.22	347.20
2015	572.49	13.43	2.87	389.96
2016	672.10	16.70	3.45	442.68
2017	811.99	18.16	5.57	508.86
2018	950.16	17.13	5.47	581.49
2019	1057.80	10.43	6.24	621.01

　　在旅游总收入中，国内旅游收入占绝对多数，旅游外汇收入占旅游总收入的比重随时间而有所波动，最高值出现在 2008 年，占 14.2%，最低值在 2015 年，仅占 2.9%，2016 年以来，占比有所提升，2019 年已占到 6.24%。

　　旅游业已成为海南国民经济的支柱产业。2018 年全省旅游业完成增加值 392.82 亿元，占 GDP 的 8.1%，比上年增长 8.5%，比全省 GDP 增速（5.8%）快 2.7 个百分点，旅游业对 GDP 的贡献份额为 11.5%，拉动 GDP 增长 0.67 个百分点。（表 3.1）

表 3.1　2014—2018 年海南旅游业对 GDP 的贡献

年份	增加值 (亿元)	指数 (上年=100)	占 GDP 比重（%）	对 GDP 贡献率（%）	对 GDP 拉动率（%）	GDP 增长率（%）
2014	258.07		7.4			8.5
2015	280.88	109.2	7.6	8.7	0.7	7.8
2016	309.75	110.9	7.6	11	0.8	7.5
2017	347.74	110.0	7.8	10.9	0.8	7.0
2018	392.82	108.5	8.1	11.5	0.67	5.8

注：总量按当年价计算，指数和 GDP 增速按可比价计算；贡献率指旅游业可比增量与 GDP 可比增量之比；拉动率为 GDP 增速与旅游业对 GDP 的贡献率之乘积。

资料来源：海南省统计局，国家统计局海南调查总队. 海南统计年鉴 2019［M］. 北京：中国统计出版社，2019.

第二节　南海概况

一、地理位置

南海又称"南中国海"（The Southern China Sea），汉代、南北朝时称为涨海、沸海，唐代以后改称为南海，是由中国大陆、中南半岛、马来半岛、苏门答腊岛（世界第六大岛）、加里曼丹岛（世界第三大岛）和吕宋岛、台湾岛等所围成的半封闭的亚洲三大边缘海之一，其轮廓略似菱形，南、北两边呈东北—西南走向，东、西两边为南—北走向，总面积约350 万平方千米。南海主要位于热带，介于北纬 23°27′至南纬 3°00′和东经99°10′至 122°10′之间，具有热带海域的典型特征。南海政治地理位置重要，周边共有 9 个国家，北面是中国，西面是越南、柬埔寨和泰国，南面是马来西亚、新加坡、印度尼西亚和文莱，东面是菲律宾。（图 3.5）2010 正式建成的中国—东盟自由贸易区是世界三大自由贸易区之一。

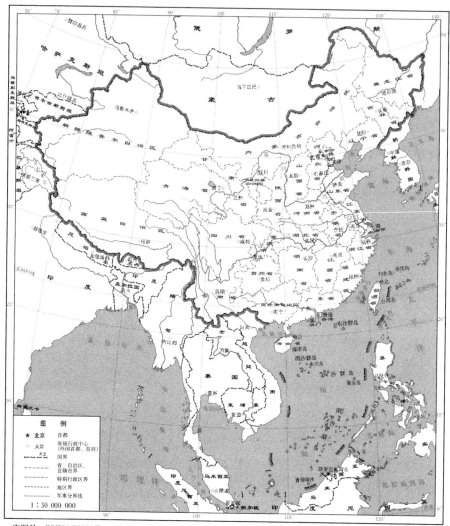

审图号：GS(2016)2891号

自然资源部 监制

图 3.5　中国地图

　　南海位于亚洲东南部、太平洋西部、太平洋与印度洋的结合部，经台湾海峡与东海相通，经吕宋海峡（巴士海峡）与太平洋进行海水交换，经民都洛海峡等与苏禄海相连，经卡里马塔海峡等与爪哇海相接，经马六甲海峡进入缅甸海（安达曼海）再通向印度洋。南海交通位置重要，是世界上最为繁忙的水上运输大动脉之一，日本、韩国和中国等国家80%左右的货物进出口需要途经南海。南海是21世纪海上丝绸之路的必经通道和重要平台，中国与南海周边国家的深度合作和"亲、诚、惠、容"可为"一带一路"建设树立典范。当然，南海也是中国建设海洋强军的重要平台，南海约350万平方千米中有约200万平方千米属于中国，是中国面积最大、海水最深的海，平均水深约1100米，中央海盆平均水深约4000米，最深5559米，是中国海军建设条件最好的海域。

二、自然条件

（一）南海海底地形

南海南北大陆架宽缓，属堆积型大陆架，东西部大陆架窄陡，属侵蚀—堆积型大陆架。大致可将南海海底分为6个地形区，即中央深海盆地（深海平原），东部海沟、海槽和岛架，南沙海底高原，东沙、中沙、西沙台阶陆坡，西部、北部大陆架和西南部大陆架。

关于南海海盆的形成，大致可分为三种流派——断陷说、残余说、断裂扩张说。

断陷说认为，南海原来是陆地，是大陆型地壳（硅铝壳），在晚近的地质年代，由于断裂作用而出现阶梯式下沉，下沉最深的中央部分的大陆壳，由于热力学条件的改变而转化为大洋型地壳（硅镁壳）。其主要证据：许多河流河口在大陆架上有水下三角洲，如珠江古三角洲就有四级水下阶地，南海诸岛许多环礁潟湖也有多级沉溺的水下阶地，西南部大陆架有巽他海底河系。此外，西沙群岛厚达千余米的珊瑚礁下面，经钻井发现有红色风化壳，这层厚28米的风化壳，只有岩石露出海面经长期风化剥蚀才能形成。

残余说认为，南海深海盆是原生的大洋壳，并不是由大陆壳转化而成的。海盆的基底，原来就是由基性或超基性的玄武岩、橄榄岩、安山岩等组成的洋壳，和东邻的菲律宾海海盆相类似。两个海盆原来连在一起，是太平洋海盆的一部分，后来由于菲律宾群岛从洋底褶皱隆起，才把南海海盆和菲律宾海海盆隔开。因此，南海海盆是太平洋海盆的"残余"。

断裂扩张说认为南海是板块断裂扩张而成的。南海处在欧亚板块、太平洋板块和印澳板块之间，属于欧亚板块的一部分。从欧亚板块中分出加里曼丹板块，从太平洋板块中分出菲律宾海板块。设想加里曼丹岛原来与华南和越南靠拢在一总，后因断裂从欧亚板块东南缘分离出一个"加里曼丹板块"，向南漂移引起海底扩张，逐渐形成现今的南海海盆。

（二）南海气候

南海处于热带海洋性季风气候带，其气候特征为：（1）长夏无冬。1月份，南海海域仅有广东沿岸和北部湾部分海域平均气温低于22℃，7月份，南海所有海域的气温都在27℃以上。（2）盛行季风。冬季（11月至次年4月）盛行东北季风，夏季（5月至10月）则盛行西南季风。（3）强风[①]频繁。全年各月都有强风出现，但多出现于冬半年，以12月份最多，其中，冬季强风的风向多为北至东北，风力强且持续时间长，可刮到较南海面，每年有2～3次寒潮强风可以直接刮到中国的曾母暗沙。（4）夏秋季节台风盛行。南海是世界上台风活动最频繁的海域之一，也是侵袭中国的台风的主要发源地，平均每年约有台风14个，最多年份可达20个。影响南海的台风一般出现在5至11月，又以7至9月最多，平均每月2～3个，最多时一个月可有5～6个；1至4月一般很少有台风，特别是2月基本上没有。（5）干湿季分明。南海雨量丰沛，干湿季分明，年际变化大，多阵雨。大部分海区的年降水量为1600～2000毫米，降雨主要集中在6至11月，如西沙群岛6至11月降雨量占全年的80%。最重要的降雨天气系统是台风，一次台风过程总降雨量多则300～500毫米，少则数十毫米。

（三）南海水文

南海的水文特征主要有：（1）海浪。冬季风浪很大，最大波高在9米以上；夏季大浪多出现在南海北部的台风活动带。（2）海流。夏季盛行西南流；冬季盛行东北流。（3）海水交换。吕宋海峡是南海与太平洋之间最主要的海水交换通道。冬季，在东北季风和日本暖流等因素的作用下，表层海水从太平洋经吕宋海峡流入南海，中下层海水则从南海流出；夏季，在西南季风等因素的作用下，表层海水从南海流入太平洋，而中下层海水则从太平洋流入南海。（4）水温。随深度增加而降低，最深处约

---

①习惯上，称由台风、热带气旋以外的其他天气系统引起的大风为强风。

为 2.5℃。表层水温在夏季基本上不存在南北差异；在冬季则南北差异较大。（5）盐度。南海表层（100 米以浅）海水盐度随水深变化而快速下降，100 米以深的海水盐度随深度变化很小，保持在 35.6‰左右。盐度较低的海域是四条河流的入海口附近。

（四）南海资源

南海自然资源丰富，主要有海洋生物资源、海鸟和矿产资源。海洋生物资源根据其生境，分为浮游生物、底栖生物和游泳生物三大类。其中，底栖生物有 6000 种以上，分布广泛；鱼类有 2000 种以上，据调查，南海渔业资源蕴藏量 1500 万吨，年可捕量约 700 万吨。南海诸岛的鸟类数量超过 60 种，主要鸟类有白腹红脚鲣鸟、褐鲣鸟、军舰鸟、海鸥、海燕、绣眼鸟等，其中，红脚鲣鸟为国家一级保护鸟类。南海油气资源丰富，石油资源储量约 300 亿吨，天然气储量约为 16 万亿立方米，被称为"第二个波斯湾"。中国在南海发现了储量丰富的裸露可燃冰。南海旅游资源丰富多彩，特色鲜明，组合良好，具有很好的开发价值和潜力。

（五）南海岛礁

南海岛礁众多，除中国大陆和海南岛近岸海岛外，可将南海的岛礁划为四大群岛——东沙群岛、中沙群岛、西沙群岛和南沙群岛。

东沙群岛是南海诸岛中位置最北的，也是最靠近大陆的，地理位置在北纬 20°33′至 21°35′、东经 115°43′至 117°7′之间的海域中，隶属广东省。东沙群岛共由 3 个珊瑚环礁组成。东沙岛是东沙群岛面积最大的岛屿，岛上建有飞机跑道、码头、发电厂、水库、气象台等设施。

西沙群岛位于南海中部、海南岛的东南方向，海岛地理位置在北纬 15°46′49″（中建岛）至 16°58′56″（赵述岛）、东经 111°11′40″（中建岛）至 112°44′22″（东岛）之间。共有岛屿 30 多座，其中永兴岛面积最大，三沙市政府驻永兴岛。大致以东经 112°为界，可将西沙群岛分为东、西两群，东群为宣德群岛，西群为永乐群岛。行政上隶属海南省三沙市。西沙群岛在国防上占有重要地位，肩负着保卫祖国南部海疆、维护中国海洋主权的神圣职责。

中沙群岛古称"红毛浅""石星石塘"等，地理位置在北纬 13°57′至 19°33′、东经 113°02′至 118°45′之间，海域面积 60 多万平方千米，岛礁散布范围仅次于南沙群岛，其中黄岩岛面积最大、海拔最高。行政上隶属海南省三沙市。

南沙群岛古称"万里石塘""万里长堤""万生石塘屿"等，地理位置为北纬 3°50′至 11°30′、东经 109°30′至 117°50′之间，有 230 多个岛屿、礁滩和沙洲，其中，自然面积最大的是太平岛。行政上隶属海南省三沙市。

三、社会经济

（一）中国对南海的行政管理

西南中沙群岛的历史同海南岛及祖国大陆一样悠久。包括西南中沙群岛在内的南海诸岛，是中国先民最早发现、命名、开发和经营的，历经数千年特别是秦汉以来历代政府对南海及其诸岛的经略、开拓与治理，以无可争辩的史实证明，南海诸岛是中国的神圣领土。

早在距今 7000 年前的人类"新石器时代"和"渔猎时代"，中华民族已成为世界上最早制造舟船的民族，居住中国南方沿海的先民凭借船只向南海索取生存资料。3000 年前的殷周时代，南海沿岸的土著越族就与中原地区开始往来。从那时起，中国渔民便常年不断地在南海航行和从事捕捞作业，并最先发现了南海诸岛。特别是海南岛的渔民长年累月经营西沙、南沙群岛，祖祖辈辈在诸岛海域航行打鱼，以海为生、以岛为家，并通过代代相续的观察、记录、探索、研究，逐渐对诸岛情况及南海航线了如指掌，于是把诸岛的地理位置、岛礁名称、航线航程、渔场分布等，详细记载在《更路簿》（或《水路簿》）这种特殊手抄本中，作为航海指南世代相传。先秦时代，海南岛与南海诸岛已内属中原王朝。秦始皇三十三年（前 214）在岭南首设南海、桂林、象郡 3 个郡，开始对海南岛和南海诸岛部分岛屿实行行政管辖。西汉王朝则把南海诸岛正式划入中国版图，隶属于珠崖郡。三国时南海诸岛属吴国，这一时期直至南北朝，中央政权常派水军（古称"水师"或"舟师"）巡视南海诸岛。隋唐时期将西南中沙群岛划归临振郡（后改称振州、崖州，即今三亚市）管辖，宋代以后隶属万州（今万宁市），清末改隶崖州（后称崖县，即今三亚市）。18 世纪以后，英、法、日等东西方帝国主义列强开始垂涎南海诸岛，甚至闯入诸岛掠夺鱼、贝、海藻、鸟粪磷矿等海产资源。第二次世界大战期间，日本军队侵占南海诸岛。1945年抗日战争胜利、日本无条件投降之后，翌年11—12月，中国政府派出军舰"太平号""永兴号""中建号"和"中业号"组成海军舰队，开赴南海全面收复南海诸岛。

最迟从唐代起，海南渔民已在南海诸岛上居住，在西沙群岛和南沙群岛的许多岛屿上都建有住宅和神庙。考古工作者在甘泉岛上发现的唐宋时代居住遗址中出土了大量文物；在其他岛礁及海域，也发现数量巨大的古钱、陶器、瓷器、铁器、铜器、石雕、象牙等中国历代文物和部分沉船遗迹，仅陶瓷器就有6000多件，历代钱币约13万枚。尤其是明清两代到群岛居住创业的海南渔民越来越多，岛上至今仍有明清时期海南渔民建的神庙14座。在西南中沙群岛栖息和辛勤创业的这些渔民，多数来自文昌的铺前、文教、龙楼、清澜、东郊以及琼海的长坡、潭门等地。广东省地名委员会1987年编印的《南海诸岛地名资料汇编》中，载录了厦门大学1977年6月和1982年2—3月两次调查记录的南海诸岛部分老居民名录，计有文昌、琼海、陵水、临高等地渔民240多人。由于群岛小而分散，远离大陆交通不便，岛上又缺乏淡水和生活用品，因而居民人口的增长受到限制，但仍有20多个岛屿常年有居民居住和生产。1990年人口普查统计，西南中沙群岛有户籍登记的汉族和黎族总人口1200多人（不包括港澳台）；而冬春夏3季风浪不大、海产丰富，为群岛人口活动高峰期，人口总数常超过25000人。

中华人民共和国成立后，西南中沙群岛及其海域回到祖国人民的怀抱，各群岛的自然环境及资源得到有效的保护、建设与治理，诸岛领土主权及南海海洋权益也得到有效的捍卫和保护。1955年11月海南鸟肥公司成立，派出80多人的生产建设大军，奔赴西沙开采鸟粪资源，几年间共生产鸟肥10多万吨，创造产值910余万元。1956年建立海南行政区西沙渔业生产指挥部，经常通报海区鱼情，帮助渔民解决各种困难。1958年成立西南沙渔业公司，开展大规模的渔业生产和拓荒种植、开发西沙热潮。

1959年3月成立了中共西南中沙群岛工作委员会和西南中沙群岛办事处，负责领导诸岛开发建设和行政管理等任务，行使、维护和捍卫中国南海及其诸岛的领海领土主权，这是历代以来在南海诸岛设立的最大的政治实体。1988年，西沙群岛、南沙群岛、中沙群岛办事处划归新成立的海南省管辖。1993 年成立海上渔业执法机构——西南中沙群岛渔政渔监站，对西南中沙群岛渔业实行更加有效的管理，保护群岛的渔业资源和中国的海洋权益。

2012 年 6 月 21 日，民政部公告宣布，国务院正式批准，撤销西沙群岛、南沙群岛、中沙群岛办事处，建立地级三沙市，政府驻西沙永兴岛。2012 年 7 月 17 日，海南省四届人大常委会第 32 次会议通过了《海南省人民代表大会常务委员会关于成立三沙市人民代表大会筹备组的决定》，三沙市的政权组建工作正式启动。同日，三沙市第一届人民代表大会筹备组成立，并将产生 60 名由民选产生的人大代表。2012 年 7 月 23 日，三沙市第一届人民代表大会开幕。来自西沙群岛、中沙群岛、南沙群岛的共计 45 名代表出席了会议。2012 年 7 月 24 日，三沙市成立大会暨揭牌仪式在永兴岛举行，重达 68 吨的三沙市碑在永兴岛正式揭牌，三沙市人民政府、党委、人大和解放军三沙警备区挂牌成立。同时启用新邮编、邮戳，银行、医院等各机构换牌，三沙市正式成立。

党和政府十分重视和关怀西南中沙群岛的建设，中央党政军领导经常来视察和指导工作。仅 20 世纪 70 年代以来，就先后有胡耀邦、江泽民、叶剑英、乔石、李鹏、李瑞环、杨尚昆、刘华清、张震、迟浩田等领导人到西沙巡视考察。海南建省以来，省委、省政府也多次派遣慰问团赴西沙和南沙慰问。1992 年 1 月中旬，海南省政府组织大型巡视慰问团赴南沙群岛，巡视慰问了渚碧礁、南薰礁、华阳礁、赤瓜礁、东门礁、永暑礁等岛礁，并于曾母暗沙举行投碑仪式，进行主权宣示活动。

根据西南中沙群岛远离大陆、交通线路长、生活条件十分艰苦的实际情况，为了改造海岛环境，创造良好的生活条件，自中华人民共和国成立初期开始，各级政府和军队有关部门就不断投入大量资金和人力、物力，在西沙群岛的永兴岛、东岛、石岛、中建岛、琛航岛、珊瑚岛、金银岛，南沙群岛的永暑礁、华阳礁、东门礁、渚碧礁等岛礁，进行基础设施和生活服务设施建设。西南中沙群岛工委和办事处成立 40 多年来，不断改善和加强交通运输工具，建设了码头、机场，初步形成海、陆、空兼备的运输网络格局；开通了卫星通信系统和移动电话卫星地面基站，结束了"茫茫大海音信断"的落后状况；建立了西沙人民医院、供水供电设施、海洋水文气象服务台和商业服务公司、食品服务公司、水产服务公司、粮所等生产生活服务部门，为驻岛人员供应粮食、猪肉、海产品、日用百货等生产生活必需品。特别是三沙市政府驻地永兴岛，经过几十年的建设已面貌一新，海洋和岛陆生态均得到有效保护，人居环境日益改善，岛上绿树成荫、花香鸟语，绿化率达 90% 以上；新建楼房拔地而起，人均住房面积达 25 平方米；繁华的商业街"北京路"两边楼房鳞次栉比，汇集了商店、银行、邮政、电信、粮食、水产和医院等服务行业，被称为"西沙王府井"；电视差转台、图书馆、运动场、歌舞厅等文化体育设施日趋完善，驻岛军民文化生活丰富多彩。

人民政府高度重视南海诸岛的重要战略地位和维护自己的领土主权，不断派军队驻守神圣领土，加强对诸岛的防卫。1959 年成立西南中沙群岛工委和办事处的同时，遵照中国人民解放军总参谋部命令，海南军区向西沙群岛派驻军事工作队，并在西南中沙群岛办事处建立民兵营，在永兴岛等部分岛屿设防。同时，人民解放军海军派出军事工作组进驻西沙，海南行政区公安局成立了西沙永兴派出所。1961 年初，根据形势发展的要求，撤销西沙军事工作队，成立西沙人民武装部。1973 年中国人民海军在南海设巡防区，1976 年海军驻守西沙群岛。20 世纪 70 年代末 80 年代初，随着南海海底油气资源不断探明，周边一些国家频繁越入我传统疆域，侵占岛礁，掠夺资源。为了捍卫祖国领土完整，维护我海洋权益，中国人民解放军从 1988 年起奉命陆续进驻南沙群岛的永暑、赤瓜、渚碧、华阳、南薰、美济、东门等岛礁，建起永久性的防御工事和主权碑，由我海军官兵日夜驻守。1989 年成立海南省公安厅边防局西沙边防分局，1999 年改为西沙边防支队，担负着西南中沙群岛的治安与海域边防的管理，以及打击走私、内潜、外逃，维护边境地区安宁和社会稳定等任务。

同时，台湾海军部队从 1946 年 12 月收复南沙群岛起就驻守在太平岛上，后来又建立起南沙守备区，至今太平岛驻军仍坚守不懈。

（二）三沙市社会经济概况

中国在南海的社会经济活动可追溯到 3000 多年前的先秦时期。新中国成立后，中国加强对南海的行政管理，于 1959 年设立西沙群岛、南沙群岛、中沙群岛办事处，隶属海南行政区，1988 年将该办事处划归新成立的海南省管辖。2012 年 6 月 21 日，国务院批准设立三沙市，管辖西沙群岛、中沙群岛、南沙群岛及其周边海域，辖区总面积约 200 万平方千米，市政府驻西沙永兴岛。2012 年 7 月 17 日，以《海南省人民代表大会常务委员会关于成立三沙市人民代表大会筹备组的决定》为标志，三沙市政权正式组建。2018 年末三沙市户籍人口 630 人，在西沙群岛设有 8 个社区，在南沙群岛设有 2 个社区。

（三）海南海洋产业概况

根据 1988 年 4 月 13 日第七届全国人民代表大会第一次会议通过的《关于设立海南省的决定》，海南省管辖的海域面积约 200 万平方千米，占全国海洋面积的 2/3，相对于 3.54 万平方千米的陆地（含所有岛屿）面积，毫无疑问，海南是海洋资源大省。相应地，海洋产业在全省国民经济中也占有重要地位，2018 年海洋产业增加值 1380 亿元，占全省 GDP 的 28.6%，对 GDP 的贡献率达 28.7%，超过 1/4，拉动 GDP 增长 1.66 个百分点。（表 3.2）

表 3.2　2014—2018 年海南海洋产业（未含油气产业）对 GDP 的贡献

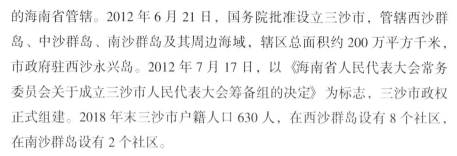

年份	增加值（亿元）	指数（上年=100）	占 GDP 比重（%）	贡献率（%）	对 GDP 拉动率（%）	GDP 增速（%）
2014	943		26.9			8.5
2015	1005	108.6	27.1	29.7	2.32	7.8
2016	1140	111.4	28.1	41.3	3.10	7.5
2017	1250	106.6	28.0	26.5	1.86	7.0
2018	1380	105.9	28.6	28.7	1.66	5.8

资料来源：海南省统计局，国家统计局海南调查总队. 海南统计年鉴 2019［M］. 北京：中国统计出版社，2019.

2013 年 4 月 28 日，西沙邮轮旅游正式开通，经过多年的不断努力，西沙邮轮旅游航线已成为南海旅游的靓丽名片。目前，"南海之梦号"和"长乐公主号"两艘邮轮同时运营，旅游航次、游客规模、每航次游客量稳步攀升，2018 年，共运行 106 个航次，接待游客 33256 人次。（表 3.3）

表 3.3 西沙邮轮航线运营情况

年份	航次（次）	游客量（人次）	每航次游客（人/次）
2013	13	2143	165
2014	23	4178	182
2015	48	8430	176
2016	51	12038	236
2017	76	19013	250
2018	106	33256	314

资料来源：海南省旅游和文化广电体育厅规划处（内部资料）。

与此同时，三沙旅游基础设施和配套设施不断完善，晋卿岛环岛旅游道路已经完工，并在环岛路上选择适宜地点建设观海台和瞭望塔，丰富景观内容；鸭公岛渔家乐很受游客欢迎，并初步形成了海鲜海干、特色纪念品销售市场；晋卿、甘泉、羚羊、鸭公、银屿、赵述等 6 个岛礁旅游厕所已建设完成并投入使用。赵述岛码头、晋卿、鸭公、甘泉、羚羊、银屿等岛礁码头建设基本完成；永兴岛码头综合服务楼投入运营。

第三节 南沙概况

本研究中的"南沙"是对南沙群岛及其周边海域的简称，是一个不可分割的概念，在后面的行文中，一般情况下，南沙、南沙群岛、南沙群岛及其周边海域具有相同内涵。《中华人民共和国领海及毗连区法》规定，中华人民共和国的陆地领土包括中华人民共和国大陆及其沿海岛屿、台湾及其包括钓鱼岛在内的附属各岛、澎湖列岛、东沙群岛、西沙群岛、中沙群岛、南沙群岛以及其他一切属于中华人民共和国的岛屿；中国领海是邻接中国陆地领土和内水的一带海域。

一、概况

南沙群岛古称"万里石塘""万里长堤""万生石塘屿"等，北起雄南礁，南至曾母暗沙，西为万安滩，东为海马滩，是中国最南方的群岛，也是岛屿、滩、礁最多，散布范围最广的一个群岛。位于北纬3°50′至11°30′、东经109°30′至117°50′之间，西北与越南遥遥相对，东北与菲律宾隔海相望，南部水域与马来西亚、文莱、印度尼西亚等国沿海相接。在九段线内，南北长约905千米，东西宽约887千米，海域面积为88.6万平方千米。

以南沙海底高原为基底，发育出北群、东北群、中群、南群、西南群五大岛群，有230多个岛屿、礁滩和沙洲，呈北东—南西向、北西—南东向、南—北向和东—西方向的分布格局。主要岛屿有太平岛、中业岛、西月岛、南威岛、北子岛、南子岛、鸿庥岛、南钥岛、马欢岛、费信岛和景宏岛等，其中，太平岛的面积最大，有0.432平方千米，北子岛的海拔最高，为12.5米。南沙的岛礁绝大多数为珊瑚岛礁。南沙群岛行政隶属海南省三沙市。

二、部分岛、礁、沙、滩简介

（1）太平岛。1946年12月中国派出"太平号"军舰前往执行接收任务，岛由此而得名。中国渔民称之为"黄山马""黄山马峙"，是南沙群岛中自然面积最大的岛。中心位置为北纬10°22′30″，东经114°21′35″。岛呈长梭形，东西长约1380米，南北宽约400米，面积0.432平方千米，平均海拔3.8米。地处南海的心脏地区，北距海南岛榆林港约930千米（距永兴岛约756千米），南距文莱和马来西亚约630千米，西距越南胡志明市870千米，东距菲律宾马尼拉约852千米，地理位置十分重要。太平岛为珊瑚岛，岛上有水井10多口，水质可饮；植被繁茂，灌木丛生。

（2）北子岛。中心位置为北纬11°27′，东经114°22′。岛呈长椭圆形，面积0.14平方千米，四周环绕300～500米的白色珊瑚沙带；平均海拔约3米，最高海拔12.5米。中国渔民在岛上建有房屋、水井，从事种植和捕捞，还有两座清同治年间修建的古坟及其碑刻。

（3）南子岛。中心位置为北纬 11°26′，东经 114°20′，面积 0.13 平方千米，四周环绕 100～300 米的白色珊瑚沙带，最高海拔 3.9 米。岛上有中国渔民的屋舍、耕地、水井和椰子树。

（4）鸿麻岛。岛名因纪念 1946 年 12 月赴南沙群岛执行接收任务的"中业号"军舰副舰长杨鸿麻而定，中国渔民也称之为"南乙"或"南密"。北距太平岛约 21 千米，中心位置为北纬 10°11′，东经 114°22′。岛呈椭圆形，东西长约 560 米，宽约 180 米，面积约 0.08 平方千米，最高海拔约 6 米。21 世纪初海南渔民在岛上种植百余棵椰子树，现已蔚然成林。

（5）中业岛。1946 年 12 月中国派"中业号"军舰赴南沙接收该岛，故得此名；中国渔民谓之"铁峙"。中心位置为北纬 11°03′，东经 114°17′。岛近三角形，面积约 0.33 平方千米，最高海拔 3.3 米，为南沙群岛第二大岛。岛西有水井，水质能饮，中国渔民历来在此盖房建庙。

（6）南钥岛。中国渔民因到南沙捕捞时以此岛为第三站，故称之为"第三峙"。中心位置为北纬 10°40′，东经 111°25′。岛呈圆形，直径约 300 米，面积 0.06 平方千米，最高海拔 1.8 米，是南沙群岛海拔最低的岛屿。

（7）西月岛。中国渔民称为"红草峙"。中心位置为北纬 11°05′，东经 115°02′。岛长 700 米，宽 500 米，面积约 0.16 平方千米。

（8）景宏岛。为纪念随同郑和下西洋的副使王景宏而得名，中国渔民称为"秤钩"。中心位置为北纬 9°52′，东经 114°20′。岛面积约 0.38 平方千米，平均海拔 3.7 米。是中国渔民到南沙海域进行远洋捕捞的基地之一。

（9）赤瓜礁。因其盛产赤瓜参，中国渔民称其为"赤瓜线"。中心位置为北纬 9°42′，东经 114°17′。南北长约 4.6 千米，宽约 2.2 千米，其外环有棕色火山岩，内环为白色珊瑚礁，是中国渔民在南沙海域捕捞水产品的基地之一。

（10）费信岛。为纪念明代随郑和下西洋的费信而得名，中国渔民称其为"罗札仔"。中心位置为北纬 10°49′，东经 115°50′。东西长约 240 米，面积约 0.04 平方千米，是中国渔民在南沙海域捕捞的基地之一。

（11）马欢岛。因纪念随郑和航海的马欢而得名，中国渔民称其为"罗孔"或"大罗孔"。中心位置为北纬 10°44′，东经 115°48′。面积约 0.06

平方千米，海拔 2.4 米，岛上杂草丛生，海鸟栖息，是海龟产卵之地。中国渔民曾在岛上建屋、挖井、种地、饲养禽畜和出海捕鱼。

（12）永暑礁。地理位置为北纬 9°30′ 至 9°40′，东经 112°53′ 至 113°04′。因气候长夏无冬而命名，中国渔民亦称其为"上城"。2015 年前后，中国在永暑礁、渚碧礁和美济礁进行人工岛建设，目前，这三个人工岛上都建有可起降波音 737 客机的跑道。

（13）南威岛。岛名是纪念 1946 年接收该岛时的广东省主席罗卓英（号慈威）而定，兼有威镇南疆之意，海南渔民向称"鸟仔峙"。中心位置为北纬 8°39′，东经 111°55′。面积约 0.15 平方千米，是南沙群岛的第四大岛，海拔 2.4 米。岛上灌丛杂草繁茂，海鸟群集，海龟繁衍；西部有水井，水质可饮；东北有深 14 米的航道，船可驶入停泊，是中国渔民重要的生产生活基地。

（14）曾母暗沙。中国渔民习惯称为"沙排"，位于南沙群岛的最南端，地理位置为北纬 3°58′，东经 112°17′，北距永兴岛约 1146 千米，距榆林港约 1365 千米，距离赤道约 200 千米，是中国南海诸岛中位置最南的一座暗沙，也是中国领土的最南点。其长约 2385 米，宽约 1380 米，面积约 2.12 平方千米。中国政府已在这里投放了 7 块界石，水面设置一座灯浮，作为曾母暗沙所在的标志。

三、南沙的独特性

（一）地理位置重要

一方面，战略位置重要。南沙群岛海域位于西太平洋与印度洋的结合部，毗邻东盟多国，是中国的战略前沿和战略安全的南大门；同时，该海域是连接东北亚—西太平洋—印度洋—中东地区的战略要冲，是中国面向印度洋对外开放的必经战略通道。另一方面，交通位置重要。据统计，每年通过南沙群岛海域的船只多达 10 多万艘，通过船只的吨位占世界船舶总吨位的 1/2，分别是苏伊士运河和巴拿马运河交通流量的 2 倍和 3 倍。据国际能源署（IEA）预测，2020 年中国 80% 以上的进口石油运输将途经南沙群岛海域。此外，南海上空也是世界重要的航空通道，中国、日本、韩国与东南亚各地的航线，以及菲律宾与中南半岛各地来往的航线都要经过南海上空。

（二）地缘政治敏感

如前所述，南海问题的根本在南沙群岛及其海域。一方面，南沙群岛及其海域是世界岛礁主权和海域划界争端比较复杂的区域。南沙群岛是中国的固有领土。二战期间，南沙部分岛礁被日本侵占。1946 年民国政府接收了南沙全部岛礁并进驻太平岛。但出于不可告人的目的，《旧金山对日和平条约》并未言明南沙群岛等领土的归属，这对中国的南沙岛礁主权埋下了隐患。从 20 世纪 70 年代开始，在巨大资源前景的诱导下，越南侵占南威岛等岛礁，菲律宾侵占了中业岛等岛礁，马来西亚侵占了弹丸岛等岛礁。据调查，南沙群岛拥有 230 多个岛（礁、沙、洲），其中，目前被实际控制的有 50 多个，而中国实际控制的岛礁只有 8 个，越南、菲律宾、马来西亚和文莱等国家非法侵占了中国南沙群岛的部分岛礁（表 3.4），他们试图通过在所侵占的岛礁上非法修建相关设施、国内立法、推动南海问题东盟化、提起"南海仲裁"将南海问题推向国际化等举措，达到永久侵占中国的这些岛礁的目的。更为复杂的是，这些国家不仅与中国之间，彼此之间也有岛礁主权和海域划界的争端。

表 3.4　南海周边国家对南沙群岛岛礁的实际控制情况

国家	实际控制的岛礁名称	数量
中国	太平岛（1946）、永暑礁（1988）、赤瓜礁（1988）、东门礁（1988）、南薰礁（1988）、渚碧礁（1988）、华阳礁（1988）、美济礁（1995）	8
越南	南子岛（1975）、敦谦沙洲（1975）、鸿庥岛（1975）、景宏岛（1975）、中礁（1975）、南威岛（1975）、安波沙洲（1975）、染青沙洲（1978）、毕生礁（1987）、柏礁（1987）、西礁（1987）、无乜礁（1987）、日积礁（1988）、大现礁（1988）、东礁（1988）、六门礁（1988）、南华礁（1988）、船兰礁（1988）、奈罗礁（1988）、鬼喊礁（1988）、琼礁（1988）、蓬勃堡礁（1989）、广雅滩（1989）、万安滩（1989）、西卫滩（1990）、李准滩（1991）、人骏滩（1993）、金盾暗沙（1998）、奥南暗沙（1998）	29
菲律宾	马欢岛（1970）、费信岛（1970）、中业岛（1971）、北子岛（1971）、南钥岛（1971）、西月岛（1971）、双黄沙洲（1978）、司令礁（1980）、仁爱礁（1990）	9

续表

国家	实际控制的岛礁名称	数量
马来西亚	弹丸礁（1983）、光星仔礁（1986）、南海礁（1986）、榆亚暗沙（1999）、簸箕礁（1999）	5
文莱	南通礁（2009）	1

注：括号内数字为中国进驻和相关国家侵占的年份。

资料来源：海南省旅游发展委员会，中国科学院地理科学与资源研究所. 南海（三沙）旅游开放开发规划基础资料（内部资料）.

另一方面，以美国为首的域外大国对南海问题横加干预。美国以南海争端为抓手，快速实现其南海政策从"不持立场"到"积极介入"的转变。美国国务院通过发布技术文件等方式，公开支持菲律宾和越南，歪曲和攻击中国南海权利主张的合法性。近年来，美国在南海问题上更是直接站在舞台最前端，以维护南海航行自由为借口，先后派出舰队和航母编队远赴南海航行。

（三）资源丰富多彩

南沙拥有丰富的旅游资源，主要有以岛（礁、沙、洲、滩）为代表的海岛资源，以广阔海域为基础的海水资源，以海鸟和海龟为代表的海洋生物资源，以珊瑚礁及其生态系统为典型的独特生态旅游资源，以鱿鱼和金枪鱼等为代表的海洋休闲渔业旅游资源，以日出和日落为代表的天象旅游资源，以台风和热带气旋为代表的气象旅游资源，以古代沉船、岛上建筑和寺庙、岛上水井以及深海养殖为典型的人文旅游资源。南沙旅游资源具有以下几个特征：（1）神秘性。至今为止，去过南沙岛礁和海域的人寥寥无几，对于绝大多数人而言，南沙神秘的面纱还没有揭开。（2）爱国情结性。如前所述，南海问题的根本在于南沙的部分岛礁被侵占，由此引发了海域被瓜分和资源被掠夺，中国对南沙岛礁及其周边海域拥有历史性权利，南海是我们的"祖宗海"，一点也不能少，每位公民都有去南沙宣示主权、维护主权的义务。（3）国际关注度高。南沙争端是世界上最敏感最复杂的岛礁主权和海域划界争端之一，不仅在中国与越南、菲律宾等国之间存在争端，在越南、菲律宾和马来西亚等国家之间也存在岛礁主权和海域划界的争端，以南沙为核心的南海问题曾多次成为东盟会议的议题，同时，以美国为代表的域外大国以"航行自由"为噱头，不断在我南沙海域滋事生非。（4）体量大。南沙拥有 230 多个岛（礁、沙、洲），有 88 万多平方千米的海域，而且，资源单体也具有体量大的特点，如珊瑚礁地貌，礁体相依，或出或没，台礁、塔礁独成一体，环礁为单环或环中有环；礁湖中点礁遍布，出露海面的岛礁虽只弹丸之地，但水下礁盘却达几十乃至几千平方千米；巨大的礁体颇似中流砥柱，将岛礁托出海面，十分壮观。

南沙海域油气资源非常丰富，被称为"第二个波斯湾"。20 世纪 70 年代，科学考察发现南海拥有丰富的油气资源。据不完全统计，8 个盆地内石油资源共有 349.7 亿吨，已探明可采储量为 11.82 亿吨；天然气 8 万亿立方米[①]。

此外，南沙海域拥有丰富的渔业资源、空间资源和海洋能源资源等。

四、南沙周边国家概况

南沙周边共有 9 个国家，分别为中国、越南、柬埔寨、泰国、马来西亚、新加坡、印度尼西亚、文莱和菲律宾，除中国外，其余 8 个国家都是东南亚国家联盟（Association of Southeast Asian Nations，ASEAN）的成员国。这 9 个国家在世界上占有重要地位，土地总面积 1317.3 万平方千米，分别占世界和亚洲的 9.7% 和 41.3%；2018 年人口规模达 20.1 亿人，中国、印尼和菲律宾的人口规模都超过 1 亿人，越南也接近 1 亿人，该地区人口分别占世界和亚洲总人口的 26.3% 和 44.2%；创造国民生产总值 13.7 万亿美元，分别占世界和亚洲的 18.1% 和 49.7%，而且经济增速快，除文莱和新加坡的增速慢于世界水平外，其余国家都高于世界水平，其中中国、越南、柬埔寨、印尼和菲律宾的增速还高于亚洲平均水平；实现进出口总值 6.6 万亿美元，分别占世界和亚洲的 19.0% 和 48.8%；接待国际旅游者 1.64 亿人次，分别占世界和亚洲的 11.7% 和 47.8%，尤其是中国是世界第一大出境旅游客源国和第四大入境旅游目的地国家，泰国的国际游客接待量也位居世界前十位。

---

①马英杰，郑佳超，何伟宏. 南沙群岛海域油气资源共同开发法律问题研究 ［J］. 中国海洋大学学报（社会科学版），2018（4）：36-41.

表 3.5　2018 年南海周边国家主要经济社会指标比较

国家	中国	越南	柬埔寨	泰国	马来西亚	新加坡	印度尼西亚	文莱	菲律宾
人口（万人）	141505	9649	1625	6918	3204	579	26680	43	10651
面积（万平方千米）	960	33.1	18.1	51.3	33.0	0.07	191.1	0.6	30
GDP（亿美元）	112182.8	2052.8	200.2	4070.3	2965.3	2969.5	9322.6	114.0	3049.1
GDP 增速（%）	7.3	6.2	6.9	4.3	4.3	2	5	−2.5	6.9
人均 GDP（美元）	7993	2171	1270	5911	9508	52814	3570	26939	2951
农业 GDP 占比（%）	8.9	18.1	26.3	8.3	8.9	0.1	14	1.2	9.7
三产 GDP 占比（%）	51.3	45.6	42.4	55.9	50.1	73.9	45.4	42.5	59.6
三产就业占比（%）	57.3	35.2	47.4	45.6	62.2	83.8	48.3	81.1	56.9
农业就业占比（%）	16.4	39.6	25.7	32	10.7	0.1	30.2	0.5	25.3
消费价格指数（%）	104	156	125	111	120	113	142	99	112
出口值（亿美元）	22386.7	2035.3	124.4	2337.0	2164.3	3732.6	1688.1	55.7	687.1
进口值（亿美元）	18441.8	2183.4	131.6	2256.8	1935.7	3277.1	1573.9	30.9	1018.9
城市人口比重（%）	59.2	35.9	23.4	49.9	76	100	55.3	77.6	46.9
生育率	1.6	2	2.7	1.5	2.1	1.2	2.4	1.9	2.1
女性预期寿命（岁）	77.2	80.3	69.6	78.4	77.1	84.5	70.7	78.4	72.1
男性预期寿命（岁）	74.3	70.8	65.5	70.9	72.7	80.2	66.7	75.2	65.5
高教毛入学率（%）	53.3	31.3	11.8	54.2	48.3	—	29.5	38.3	40.3

续表

国家	中国	越南	柬埔寨	泰国	马来西亚	新加坡	印度尼西亚	文莱	菲律宾
互联网普及率（%）	53.2	46.5	25.6	47.5	78.8	81	25.4	75	55.5
入境游客（万人次）	5927	1001	501	3253	2676	1291	11512	22	587

资料来源：UN Data. A Word of Information ［EB/OL］. ［2019-8-31］. http: //data. un.org/en/reg/g142.html.

　　当然，该地区除新加坡的社会经济发展水平较高外，包括中国在内的其余国家都是发展中国家，尤以柬埔寨的社会经济发展相对落后，2018年人均GDP仅为1270美元，仅分别相当于世界和亚洲平均水平的12.5%和20.6%。（表3.5）

　　中国与南海周边国家保持密切交往。首先，中国与南海周边国家互为旅游目的地和旅游客源国。2018年，中国是泰国、新加坡、越南、菲律宾、印度尼西亚、马来西亚等国家的第一大客源国；同时，马来西亚、菲律宾、新加坡、泰国和印度尼西亚也是中国主要客源国之一，中国统计年鉴数据显示，2017年这5个国家的来华旅游者480.3万人次，占来华外国旅游者总量的16.5%。

　　其次，中国与南海周边国家保持密切经贸往来。2017年，中国从南海周边国家进口和出口货物分别为2298.2亿美元和2691.3亿美元，分别占中国进口和出口总额的12.1%和11.9%，占进出口总额的12.5%。（表3.6）

表3.6　2017年中国与南海周边国家海关货物进出口总额（万美元）

国家或地区	进出口总额	出口总额	进口总额	出口与进口之差
文莱	98940	63759	35181	28578
柬埔寨	579078	478320	100758	377562
印度尼西亚	6333169	3475739	2857431	618308
马来西亚	9613842	4171228	5442614	−1271386
菲律宾	5130511	3206593	1923918	1282676

续表

国家或地区	进出口总额	出口总额	进口总额	出口与进口之差
新加坡	7926892	4501930	3424962	1076968
泰国	8013781	3854173	4159608	−305436
越南	12199187	7161725	5037462	2124263
南海周边国家总额小计	49895400	26913466	22981934	3931532

资料来源：国家统计局. 中国统计年鉴 2018［M］. 北京：中国统计出版社，2018.

再次，中国与东盟共建自由贸易区。2002 年中国与东盟各国签署《南海各方行为宣言》《中国与东盟全面经济合作框架协议》，中国—东盟自贸区建设正式启动；2009 年签署《中国—东盟自由贸易区投资协议》，标志主要内容达成一致；2010 年中国—东盟自由贸易区正式建立。2003 年，中国与东盟建立了战略伙伴关系，当年双边贸易额 782.5 亿美元；2010 年，中国—东盟自贸区建成，中国与东盟相互开放市场，当年双边贸易额提升至 2927.8 亿美元。2003—2010 年，中国—东盟双边贸易额年均增长 20.7%。自 2009 年以来，中国已连续 10 年成为东盟第一大贸易伙伴，东盟连续 8 年成为继欧盟、美国之后的中国第三大贸易伙伴。根据海关数据统计，2018 年，中国与东盟贸易额高达 5878.7 亿美元，实现历史新高，同比增长 14.1%，增速超过中国对外贸易平均增速。

最后，中国与东盟积极推进"南海行为准则"的磋商，并于 2017 年在马尼拉召开的第 50 届东盟外长会上正式通过了"南海行为准则"框架。

第四节　南海问题

南海问题是世界上比较复杂、敏感和尖锐的海权争夺问题之一。所谓南海问题是由东南亚一些国家否认中国南海 U 形断续疆界线内领土主权，非法占据部分岛礁并开发海洋资源而引起的相关国家之间的主权争议问题①。由于是一个涉及 6 个国家的纠纷，并且受美日等国亚太政策的影响，因此南海问题一度成为亚太地区乃至世界的热点问题。其中，南沙争端是指越南、菲律宾、马来西亚、文莱、印度尼西亚和中国（包括中国大陆和中国台湾地区）六国七方围绕南沙岛礁及其相关水域的主权归属问题而形成的纷争②。经过近百年的发展演变，南海问题已呈复杂化、多边化和国际化的趋势③。

一、南海问题研究综述

2020 年 1 月 10 日在中国知网上分别以"南海问题""南海争端"和"南海争议"为篇名对"CSSCI"和"核心期刊"进行检索，共获得 280 篇文献，通过逐一查看，删除知识介绍、书评、新闻、会议简讯等非研究类文献，共获得有效文献 258 篇，它们的时间序列分布如图 3.6 所示。从中可见，南海问题从 2004 年起引起国内学术界关注，2012 年"南海仲裁案"被菲律宾单方面挑起以来，南海问题成为焦点问题。

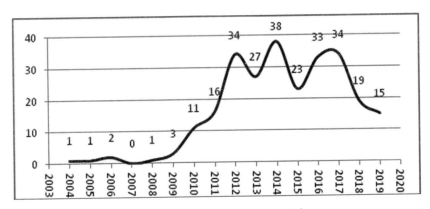

图 3.6　南海问题的文献的时间分布

资料来源：根据中国知网相关数据整理。

①鞠海龙. 和平解决南海问题的现实思考 [J]. 东南亚研究，2006（5）：58-61.

②李张兵. 对称性与非对称性冲突结构视角下的南沙争端 [J]. 太平洋学报，2016，24（5）：32-40.

③庞卫东. 南海争端：阶段、特点及成因 [J]. 史学月刊，2019（4）：133-136.

中国对南沙群岛的主权拥有完整的证据链，包括历史文献、《开罗宣言》和《波茨坦公告》等①，中国通过先占方式取得对南沙群岛的主权②，因为只有长年在西沙、南沙群岛生活、劳动的海南岛渔民，才真正是西沙、南沙群岛的最先发现者与开发者③。但是，自 20 世纪 70 年代起，越南和菲律宾等国家开始对中国南沙群岛的部分岛礁进行非法占领，并对南中国海提出领土主张④，尤其是 2009—2015 年，南海问题迅速升温、摩擦不断，越南、菲律宾等国家不断挑战中国的底线⑤，美国在南海问题上对中国的施压也在升级⑥。为应对复杂的国际局面和严峻的海洋维权形势，2012 年以来中国的海洋维权政策发生重要变化，进入积极作为期⑦，其重要标志之一就是黄岩岛对峙。与之相适应，2012 年以来也是新中国成立以来南海局势最为复杂多变的时期⑧，不仅针对"南海仲裁"发表立场文件，严正声明中国对于南海诸岛及附近海域享有无可争辩的主权，而且于2014—2015 年间对南沙群岛的 7 个岛礁相继进行岛礁建设⑨，2019 年中国首艘国产航母山东舰入列海军南海舰队。当然，为更好地维护南沙权益，要强化包括油气资源开发在内的相关开发活动⑩。

---

①张卫彬. 中国拥有南沙群岛主权证据链的构造 [J]. 社会科学，2019（9）：85-96.

②冯江峰. 中国南沙群岛主权的国际法论证 [J]. 江西社会科学，2016，36（3）：13-20.

③李金明. 中国是西沙、南沙群岛的最先发现者与开发者：评黎蜗藤《被扭曲的南海史：20 世纪前的南中国海》[J]. 云南社会科学，2018（4）：1-8，186.

④赵心. 从国际法角度解读中国南沙岛礁建设的法律性质问题 [J]. 理论与改革，2015（6）：158-161.

⑤张洁. 黄岩岛模式与中国海洋维权政策的转向 [J]. 东南亚研究，2013（4）：25-31.

⑥李明泽. 美国对华在南海问题上施压升级 [J]. 国际政治科学，2019，4（1）：145-150.

⑦张洁. 黄岩岛模式与中国海洋维权政策的转向 [J]. 东南亚研究，2013（4）：25-31.

⑧曾勇. 2012 年来三次南海维权斗争研究 [J]. 太平洋学报，2019，27（5）：40-57.

⑨赵心. 从国际法角度解读中国南沙岛礁建设的法律性质问题 [J]. 理论与改革，2015（6）：158-161.

⑩马英杰，郑佳超，何伟宏. 南沙群岛海域油气资源共同开发法律问题研究 [J]. 中国海洋大学学报（社会科学版），2018（4）：36-41.

二、南海问题的实质

南海争端开始于 20 世纪 70 年代，从那时起，越南、菲律宾和马来西亚等先后侵占中国南海的部分岛礁。

（一）南沙问题是南海问题的根本所在

曹云华和鞠海龙在《南海地区形势报告》中指出，南海问题包含 4 个层次：一是南海的水道安全和自由通航问题；二是中国与印度尼西亚及文莱之间在专属经济区的划界纠纷；三是中国与菲律宾之间围绕黄岩岛及其附近海域归属问题的争执；四是南沙群岛及周边海域的纠纷。然而，从实际情况看，南海的水道安全和自由通航从来都不是问题，只不过是以美国为首的部分域外大国的故意找茬，事实上，南海是中国、日本、韩国等国家最主要的货物运输通道，也是世界上货物运输最为繁忙的海洋运输大动脉；中国与印度尼西亚及文莱之间的争议在双方可控范围之内；中国与菲律宾围绕黄岩岛主权及其附属海洋权益的争执，自 2012 年"黄岩岛事件"之后，中国综合运用行政、外交和经济等手段，并以军事力量为后援，实现了对黄岩岛的完全控制。可见，当前，对于中国而言，南海问题主要表现为南沙群岛及其附属海域权益归属问题；对于越南而言，则还有西沙群岛主权及其附属海洋权益问题；对于菲律宾而言，还有黄岩岛主权及其附属海洋权益问题。

（二）岛礁主权和海域划界争端是南沙问题的本质所在

南沙问题突出表现在两个方面：一是周边国家侵占中国南沙群岛部分岛礁而引起的岛礁主权争端；二是南海周边国家之间，以及他们与中国之间存在主张海域重叠问题而引发的海域划界争端。至于南海所存在的渔业资源和油气资源等自然资源开发利用等的争端，根源于各国管辖海域尚未划界，一旦完成划界，或各国愿意在海域划界前做出临时安排，这些自然资源的开发利用争端也就随之解决。可见，自然资源的开发利用争端是由主权争端引发的，并非独立存在的争端。

中国对南沙群岛的认识最早可追溯至汉代。1946 年民国政府接收了南沙全部岛礁并进驻太平岛。1947 年民国政府宣示，南海不存在公海。出于不可告人的目的，1951 年 9 月签署、1952 年 4 月生效的《旧金山对日和平条约》规定"日本放弃对南沙群岛与西沙群岛之所有权利、名誉与请求权",但未言明南沙群岛等领土的归属。对此,时任中国外交部部长周恩来于 1951 年 8 月发表《关于美英对日和约草案及旧金山会议的声明》,宣布包括南沙群岛在内的南海诸岛"向为中国领土"。1962 年,南越陆续侵占了南子岛、南威岛等南沙岛礁;20 世纪七八十年代,出现了更大规模的侵占活动——在巨大资源前景的诱导下,菲律宾侵占了中业岛等岛礁,马来西亚侵占了弹丸岛等岛礁。中国直至 20 世纪 80 年代才实际控制了南沙群岛的几个岛礁。

三、南海问题的表现

(一)中国角度的南海问题

从中国角度看,南海问题主要表现为:岛礁被侵占、海域被瓜分和资源被掠夺。

1. 岛礁被侵占

南海四大群岛的实际控制情况是:东沙群岛及其唯一的岛屿东沙岛及其周边海域由中国台湾实际控制;西沙群岛所有岛礁及其周边海域由中国大陆实际控制;中沙群岛及其唯一的岛屿黄岩岛及其周边海域由中国大陆实际控制。因此,从岛礁争端看,东沙群岛、中沙群岛和西沙群岛不在南海问题之列。

南沙群岛高于高潮线的岛、礁、滩众多,在九段线范围内的这些岛礁是中国的固有领土,中国对这些岛礁周边的海域也拥有历史性权益,这是具有历史依据和法理基础的。然而,自 20 世纪 70 年代以来,越南、菲律宾、马来西亚等南海沿岸国家一改过去承认南沙群岛是中国领土的立场,纷纷侵占中国南沙群岛的岛礁,声称对这些岛礁拥有主权。其中,越南侵占了 29 个岛礁、菲律宾侵占了 9 个、马来西亚侵占了 5 个、文莱侵占了 1 个,与之形成对照,中国台湾实际控制太平岛,中国大陆实际控制永暑礁、渚碧礁、美济礁、南薰礁、东门礁、赤瓜礁、华阳礁等 7 个岛礁[1]。

---

①李金明. 南海争议现状与区域外大国的介入 [J]. 现代国际关系,2011 (7):1-8,38.

因此，从岛礁被侵占的角度看，南海问题的实质是南沙问题。

2. 海域被瓜分

中国政府于 1947 年标绘了 11 条段续线，随着北部湾海域划界的明确，变为"九段线"，九段线内的海域面积约为 200 万平方千米。其中，约 150 万平方千米与相关国家主张权利的海域重叠，包括与越南存在争议的海域约 117 万平方千米，与菲律宾存在争议的海域约 62 万平方千米，与马来西亚存在争议的海域约 17 万平方千米，与文莱存在争议的海域约 5 万平方千米，与印度尼西亚存在争议的海域约 3.5 万平方千米。

3. 资源被掠夺

自 20 世纪 80 年代开始，马来西亚、越南、菲律宾和文莱等纷纷与美国、俄罗斯、澳大利亚等国家油气企业合作，勘探和开采中国南沙群岛周边海域的油气资源。据相关资料，目前在中国九段线内已打油井 1380 多口，每年产油气超过 5000 万吨，相当于中国大庆油田高产期一年的产油量。例如，油气开采已成为越南最主要的经济部门，其所创造的增加值约占越南 GDP 的 30%。然而，至今为止，中国还没有在南沙海域开采油气。2014 年 5 月 2 日至 8 月 15 日，中国海洋石油 981 钻井平台在西沙群岛中建岛附近进行钻井作业，遭到越南数十艘政府船只的骚扰。此外，菲律宾等国家多次在争议海域干扰、袭击、抓扣中国渔船，甚至撞沉中国渔船和打死打伤中国渔民。仅 2004 年至 2010 年，中国在西沙海域发现的越南侵渔船舶就有近 2000 艘。

(二) 国际角度的南海问题

从国际关系的角度看，南海问题主要表现在以下几个方面。

1. 南海周边国家之间的岛礁主权和海域划界争端

不仅越南、菲律宾、马来西亚等国家与中国之间存在岛礁主权和海域划界争端，而且，越南与菲律宾、马来西亚等国家彼此之间也存在岛礁主权和海域划界争端。可以说，南海问题是世界上比较复杂的岛礁主权和海域划界的争端。

2. 南海问题的国际化趋势明显

一方面，菲律宾和越南等国家努力推动南海问题的东盟化，试图将中国与相关国家国家双边之间的岛礁主权和海域划界争端上升为中国与东盟之间的问题。实际上，在东盟十国中，只有少数国家与中国之间存在岛礁主权与海域划界争端。这种将南海问题推向东盟的做法显然是不可取的，有损中国与东盟之间友好合作的深化。中国始终坚持以双边之间友好协商的方式解决这些争端，中国与越南在北部湾之间海域划界的成功实践为南海岛礁主权和海域划界争端的友好解决提供了很好的范式。另一方面，菲律宾单方面提起"南海仲裁"，将南海问题推向国际化。2013 年 1 月 22 日，菲律宾时任政府单方面就中菲在南海的有关争议提起仲裁；2016 年 7 月 12 日，海牙国际仲裁法庭对南海仲裁案做出"最终裁决"，判菲律宾"胜诉"，并否定了"九段线"，还宣称中国对南海海域没有"历史性所有权"。2016 年 7 月 12 日，中国外交部发布《中华人民共和国外交部关于应菲律宾共和国请求建立的南海仲裁案仲裁庭所作裁决的声明》指出，"该裁决是无效的，没有拘束力，中国不接受、不承认"。同日发布的《中华人民共和国政府关于在南海的领土主权和海洋权益的声明》进一步明确了中国对南海岛礁及其周边海域的历史性权利，并指出"坚定维护中国在南海的领土主权和海洋权益"。此外，日本在 2016 年 G7 外长会上，别有用心地将南海问题作为议题提出。

3. 以美国为核心的域外大国对南海问题的态度明显转变

1995 年美国参议院通过决议，决定美国对于南海问题的立场从"不表态"改变为开始"表态"。进入 21 世纪以来，美国在国际体系中的相对实力下降，美国为维护其全球霸权地位，更加重视外交等"巧实力"，而南海争端被美国视为其遏制中国所能使用的"巧实力"的重要抓手。美国以南海争端为抓手，快速实现其南海政策从"不持立场"到"积极介入"的转变。美国国务院通过发布技术文件等方式，公开支持菲律宾和越南，歪曲和攻击中国南海权利主张的合法性。近年来，美国在南海问题上更是直接站在舞台最前端，以维护南海航行自由为借口，先后派出舰队和航母编队远赴南海航行，尤其是在"南海仲裁案"宣判前夕，美国更是派出双航母编队来南海"秀肌肉"，试图武力威胁中国。

4. 越南、菲律宾等国家强化控制所侵占的岛礁

越南、菲律宾和马来西亚等南海周边与中国在岛礁主权和海域划界上有争端的国家，通过在所侵占的岛礁修建基础设施、驻扎军队、安置居

民、开发旅游、举办活动、官员登岛等系列活动，强化对所侵占的中国岛礁的控制。此外，越南还通过颁布海洋法，从国内法角度确立对所侵占的中国岛礁的法理依据。越南甚至通过舆论煽动民众、游行示威、包围我使领馆进行抗议活动、打砸抢烧中国在越南的企业等系列激进行为，来激化民粹主义情怀，达到强化对所侵占的中国岛礁的控制。

四、南海问题的解决

尽管中国对南海岛礁主权和对南海海域的历史性权利具有充分的历史基础和法理依据，但越南、菲律宾等国家对中国南海岛礁及其周边海域肆无忌惮地侵占，并不断强化对所侵占的岛礁的控制，持续对中国南海油气资源、渔业资源等进行掠夺式开发，同时，美国和日本等域外大国更是台前幕后地挑唆和操作。这些使得南海成为目前世界上最为敏感、最受关注的海域。我们必须不断努力，在维护南海岛礁及其周边海域主权的前提下，将南海建设成为和平之海、友好之海、合作之海，使南海成为世界重要的海洋旅游目的地和海洋旅游开发的国际合作高地。

实现南海诸岛主权及其附属海洋权益的收复一直是中国政府矢志不移的政治诉求，也是一个在实践中不断努力实现的过程①。

（一）深刻领会习近平的南海方针

中国对南海岛礁和海域拥有历史性权利，这具有历史依据和国际法理依据，某些国家试图通过"仲裁"这种政治闹剧来否认这种事实，中国政府和人民是绝对不会答应的。解决南海问题，要深刻领会习近平总书记的南海方针。习近平总书记的南海方针可概括为以下几个方面：

1. 坚决维护南海的主权

2015 年 9 月习近平接受《华尔街日报》书面采访表示："南沙群岛自古以来就是中国的领土，我们对此有着充足的历史和法理依据。""我们有权维护自己的领土主权和合法、正当的海洋权益。"2015 年 10 月习近平接受路透社专访时表示，"南海诸岛自古以来就是中国领土，这是老祖宗

---

①曾勇. 2012 年来三次南海维权斗争研究［J］. 太平洋学报，2019，27（5）：40-57.

留下的。任何人要侵犯中国的主权和相关权益，中国人民都不会答应。中国在南海采取的有关行动，是维护自身领土主权的正当反应"①。

2. 为维护航行自由与安全，在南海进行必要的岛礁建设

2015 年 9 月 22 日习近平在接受《华尔街日报》书面采访时指出："中国对南沙部分驻守岛礁进行了相关建设和设施维护，不影响也不针对任何国家，不应过度解读。中方岛礁建设主要是为了改善岛上人员工作生活条件，并提供相应国际公共产品服务，也有助于进一步维护南海航行自由和安全。"在中国和南海沿岸国共同努力下，南海局势总体是和平的，航行和飞越自由从来没有问题，将来也不会有问题，因为首先中国最需要南海航行通畅②。

3. 积极与周边国家沟通

2014 年 11 月，习近平在同菲律宾总统阿基诺交谈时指出，中菲建交以来，两国关系发展一直很好，双方在处理分歧问题上也形成了一些共识，近年来，两国关系因南海问题面临严重困难，希望菲方回到过去共识的基础上，同中方相向而行，建设性地处理好有关问题，为中菲关系健康发展创造条件。2015 年 11 月，习近平在与越共总书记阮富仲会面时表示，双方应该以中越友好的基本方向推动南海问题政治解决，防止干扰两国关系。2015 年 11 月 7 日，习近平在新加坡国立大学发表演讲时指出，中国将坚持同直接当事国在尊重历史事实的基础上，根据国际法，通过谈判和协商解决有关争议，中国完全有能力，也有信心同东盟国家一道，维护好南海地区的和平稳定③。

4. 欢迎域外国家发挥积极作用

习近平在新加坡国立大学的演讲指出，我们欢迎域外国家参与亚洲和

---

①共同开启中英全面战略伙伴关系的"黄金时代"　为中欧关系全面推进注入新动力［N］. 人民日报，2015-10-19.

②坚持构建中美新型大国关系正确方向　促进亚太地区和世界和平稳定发展［N］. 人民日报，2015-09-23.

③杜尚泽. 习近平在新加坡国立大学发表重要演讲［N］. 人民日报，2015-11-08（1）.

平与发展事业，为此发挥积极作用。当前，亚洲各国政府面临的最重要课题是如何实现持续快速发展，这需要一个和平稳定的环境，这是地区国家的最大公约数，域外国家也应该理解和尊重这一点并发挥建设性作用①。

5. 管控争议，解决争议，互利共赢

习近平在 2015 年 9 月访美时谈到，坚持通过对话管控争议，坚持通过谈判协商和平解决争议，积极探索通过合作实现互利共赢②。2016 年 4 月，习近平在亚信会议第五次外长会开幕式上提出：“我们要坚持通过对话协商，依据国际法，坚持以和平方式解决争议问题，以对话增互信，以对话解纷争，以对话促安全。针对复杂的地区热点问题，有关各方要保持冷静、坚守和平，避免采取使局势升级的行动。通过建立规则机制管控危机，通过增进互信缓和紧张，通过政治手段化解危机，逐步推动问题的解决。”③并提出了具体措施：当前，中国正积极努力同东盟国家在全面有效落实《南海各方行为宣言》的框架下，积极推进“南海行为准则”的磋商；中国将继续同南海周边邻国一道，通过机制对话管控争议，通过谈判协商和平解决争议，积极探索通过合作和共同开发实现互利共赢，维护各国依据国际法享有的南海航行和飞越自由，努力将南海建设成和平、友好、合作之海。有关方面也应尊重地区国家维护南海和平稳定的努力④。

6. 摆明中国立场：“强不执弱，富不侮贫”

习近平在新加坡国立大学发表演讲时提到，中国南海政策的出发点和落脚点都是维护南海地区和平稳定。“中国繁荣昌盛是趋势所在，但国强必霸不是历史定律。”“中国自古倡导‘强不执弱，富不侮贫’，深知‘国虽大，好战必亡’的道理。”在路透社的采访中习近平谈到：“在各方共

---

①杜尚泽. 习近平在新加坡国立大学发表重要演讲 [N]. 人民日报，2015-11-08（1）.

②坚持构建中美新型大国关系正确方向　促进亚太地区和世界和平稳定发展 [N]. 人民日报，2015-09-23.

③习近平. 凝聚共识　促进对话　共创亚洲和平与繁荣的美好未来 [N]. 人民日报，2016-04-29.

④习近平. 凝聚共识　促进对话　共创亚洲和平与繁荣的美好未来 [N]. 人民日报，2016-04-29.

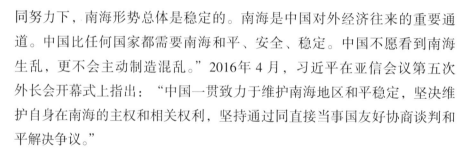

同努力下，南海形势总体是稳定的。南海是中国对外经济往来的重要通道。中国比任何国家都需要南海和平、安全、稳定。中国不愿看到南海生乱，更不会主动制造混乱。"2016年4月，习近平在亚信会议第五次外长会开幕式上指出："中国一贯致力于维护南海地区和平稳定，坚决维护自身在南海的主权和相关权利，坚持通过同直接当事国友好协商谈判和平解决争议。"

（二）和平解决南海争端，合作开发南海资源

南海争端可能会出现4种可能性：（1）相关声索国间擦枪走火，卷入的国家越来越多，最终引发地区冲突和战争，相关大国随后相继加入，导致大规模的战争。（2）个别声索国间发生小规模战斗，相关国家持克制态度，呼吁和平解决冲突，武装冲突得到控制，只局限在相关国家对个别岛屿的争夺上。（3）相关声索国从大局出发，暂时搁置冲突，维持现状。（4）通过和平谈判的方式解决各种纠纷，合作开发南沙群岛及其周边海域，保证海上通道的自由和安全航行。

南海诸岛及其周边海域是中国固有领土和领海。越南和菲律宾等国家在提出关于南海岛礁主权时，主要基于占领规则，也提到最先发现。然而，中国远早于越南和菲律宾发现南海诸岛，相关的证据不胜枚举。而占领的法律效果必须是以发现该领土为无主地为前提的，而且占领一旦开始，必须是和平和持续的。但是，无论是法国于1933年对南沙群岛中的九小岛的侵占，还是越南、菲律宾等国家对中国南海岛礁的侵占，中国政府都及时提出了抗议，是属于以虚假的无主地为借口而实施的武力侵占行为，是无效的。而且，中国对南海诸岛的历史性所有权是唯一堪称历史悠久或符合"自古以来"这一表述的，任何其他国家的主张均无法与之匹配。

既然是中国的领土和领海，那么，我们就一定要把被越南、菲律宾和马来西亚等国家侵占的岛礁和所瓜分的海域夺回来。可供选择的方案主要有：一是采用军事手段，打一场小规模反击战，收复被侵占的岛礁；二是韬光养晦，等国家综合实力强大后，再去收复被侵占的岛礁；三是尊重历史，考虑现实，依法依规、合理合情地采用"主权属我、搁置争议、共同开发"方式。显然，从目前国际国内形势来看，第三种选择是最合适的。

"主权属我、搁置争议、共同开发"是邓小平同志1980年提出的关于

钓鱼岛问题的处理方针，此后在南海岛礁的处理上，中国也一直坚持这种处理问题的方针，保持克制态度。然而，这种克制仅仅是中国单方面的克制，越南和菲律宾等国家大肆侵占中国南海岛礁，并不断强化对所侵占岛礁的控制，掠夺侵占岛礁及其周边海域的资源，尤其是掠夺油气资源，所谓的"共同开发"，实际上在某种程度上只是越南和菲律宾等国家的掠夺性开发，中国在南海资源开发利用上处于比较尴尬和相对不利地位。

中国在南海进行单方面开发，往往受到周边国家甚至是域外国家的抗议甚至抵制，"共同开发"从提出以来至今效果不理想。因此，中国需要转变观念，即从"共同开发"转为"合作开发"，实现南海岛礁及其周边海域资源的"为我所用"。"为我所用"应该成为中国处理南海问题的基本取向。

第四章 南沙旅游发展动力系统

物体之所以能够从静止到运动或者从匀速运动到加速运动，是因为所受到的合力大于0。事物总在变化发展之中，其原因在于内因与外因的辩证关系，其中，内因是事物变化发展的根本原因，外因是事物变化发展的条件，外因通过内因而起作用，有时外因会发挥重大作用。南沙群岛地理位置独特、岛屿面积狭小、地缘政治敏感、国际关注度高，在这里开展旅游活动和发展旅游产业，具有相当大的难度，必须动员一切可以动员的力量，凝聚合力。为此，首先要厘清影响南沙旅游发展的动力究竟有哪些，彼此间构成一种什么样的关系，组合成一个具有何种结构和发挥哪些功能的动力系统。

本章的研究方法主要是德尔菲法，目标在于构建南沙旅游发展动力系统。

第一节 动力指标甄选

动力指标的甄选主要有两步。一是课题组通过文献阅读和研判构建初步指标体系；二是在初步指标体系的基础上，通过德尔菲法，借助专家的智慧，确定南沙旅游发展的动力系统和指标体系。

一、动力指标的框架构建与甄选原则

(一) 动力指标的框架构建

指标体系框架是指研究对象的整体概念模型，通过科学的梳理和表达，按照特定分类依据，将目标问题细分为若干子问题，再根据相应标准进一步分解子问题，旨在使复杂问题简单化、抽象问题具体化，从而尽可能降低人们主观判断的随意性，增强可遵循性。

本研究最初的、最朴素的构想，可用图 4.1 来直观地表达。南沙群岛的特殊性决定了南沙旅游发展的艰难性，可以毫不夸张地说，南沙旅游发展困难重重，至今没有起步甚至几乎没有旅游痕迹即是这种困难的有力佐证，在各地政府和企业都高度重视旅游开发的有利背景下，条件基本适宜的区域都已经进行旅游开发。可以将"困难重重的南沙旅游发展"比喻为上陡坡的"车"。这辆"车"在爬陡坡的过程中，要受到自身重力（或地球引力）、与地面的摩擦力等多方面的阻力的作用，要想顺利地爬上这个陡坡，首先需要启动发动机，松开手刹，加大油门，即"车"自带的驱动系统是第一位的，是基本动力；如果依靠自带的驱动系统还不能顺利爬上陡坡，就需要有人在后面推和/或在前面拉，只有向前上方的合力大于向后下方的合力，才能顺利爬上这个陡坡。正是基于这种考虑，萌生了"驱推拉阻"旅游发展动力模型的构想。

按照马克思的内因与外因辩证关系原理，内因是事物运动变化的根本原因，外因必须通过内因起作用。无论是早期的推拉理论，还是在此基础上改进的推拉阻理论，都没有充分考虑内生的驱力，或者是将驱力与推力和拉力混淆在一起，混为一谈，而没有将它们区分开来。至少从字面上来理解，推力、拉力和阻力都是外生的，来自物体外部，属于外生作用力。推拉理论和推拉

图 4.1　南沙旅游发展动力的朴素思想

阻理论适用于板车时代和马车时代，板车和马车只有推力、拉力和阻力，推力和拉力之和克服了阻力，板车和马车即可前行，否则，将无法前行。但是，在汽车、高铁、飞机和火箭时代，或者说，在发动机技术相当成熟的时代，"车"前行的首要动力是自带的"驱力"系统，是车内部的发动机产生的驱动力，而推力和拉力只是辅助力，而且在大多数情况下，只有内生驱动力和外生阻力，基本上没有推力和拉力。

区域旅游发展的内生驱力，毫无疑问，是产生于区域内部。例如，对于旅游扶贫而言，最为重要的内生驱力是"发展"，包括贫困地区人的发展、经济发展、社会发展和环境发展等多个维度，没有"发展"这一内生驱动力，缺少了"发展"这一内因，无论是政府的、企业的还是其他社会组织的扶贫行为，都只是外部的、被动的和不可持续的。对于南沙旅游发展而言，首要的内生驱力是维护主权，然后是区域发展与国际合作，这是比较容易识别的。同样，南沙旅游发展的阻力也比较容易识别，主要是来自外国对中国发展南沙旅游的异议和比较敏感的地缘政治环境，当然，基础差也是不可忽视的不利因素。但是，究竟如何区分推力和拉力？或者说推力包括哪些，拉力包括哪些？这是调研中个别专家提出的质疑，也就是说，要区分推力和拉力，还需要做些解释。要回答这个问题，首先要确定参照系。本研究的主题是南沙旅游发展，因此"南沙旅游"就是那辆"车"，就是参照系。有了参照系，就可以进一步分析推力是什么、拉力是什么。从经济学的观点看，需求决定供给，供给引导消费。消费市场是产品和服务的消费者，供给市场向消费者提供产品和服务。由此看来，消费市场对旅游产品和服务来说是拉动力，而供给侧则是旅游产品和服务的推动力。与之相类似，美国旅游规划专家克莱尔·冈恩认为，需求和供给是旅游发展的两大动力。市场需要的是旅游产品，是获得旅游体验和旅游消费的满足，而旅游供应商为满足旅游消费需求向市场提供优质旅游产品和服务。这里的供应商包括企业部门、政府部门和非营利组织，而技术进步使供应商能够更高效更好地为市场提供旅游服务。

南沙群岛及其周边海域对于绝大多数国民而言，是神秘的，也是令人向往的，即便不将南沙旅游上升到维护国家领土和领海主权以及爱国主义的高度，单从追求新奇、体验邮轮生活等角度而言，旅游消费市场对南沙旅游的需求也会很旺盛。早在 2016 年，中国邮轮旅游市场规模达到 210 万人次，超越德国成为仅次于美国的世界第二大邮轮旅游市场，2017 年达到 248 万人次，约占世界邮轮旅游市场的 10%，预测 2035 年中国邮轮旅游市场规模将达到 1400 万人次，将超越美国成为全球最大的邮轮旅游目的地国家。而南海具有与地中海和加勒比海相类似的条件，具有发展成为世界邮轮旅游第三极的基础和潜力。有了强大的市场需求，旅游供应商，即企业部门、政府部门和非营利组织，就会从满足市场需求、追求利益和拓展发展空间的方面出发，积极推动南沙旅游发展。当然，以政府部门为主导的供给侧，为维护南沙群岛岛礁和海域权益，也会推动南沙旅游发展。总之，市场需求是南沙旅游发展的拉力，而供给侧则是南沙旅游发展的推力。这种关系可用图 4.2 大致表述，其中，上方为旅游产品的运动轨迹，下方为旅游收入（支出）的运动轨迹。

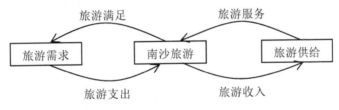

图 4.2　南沙旅游供需循环

　　进一步，用图 4.3 来更加直观地展示南沙旅游发展动力的框架。其中，驱力是内生的，主要源于维权驱动力、发展驱动力和合作驱动力，是南沙旅游发展的基本动力，决定着南沙旅游发展的速度、规模乃至方向；推力和拉力是外生的，包括政府推动力、技术推动力、企业推动力、市场拉动力等，对南沙旅游发展起着积极作用，特别是政府部门，是南沙旅游获得初速度的源泉；阻力既有内生的，如南沙群岛生态环境脆弱等，也有外生的，如对南沙群岛岛礁提出主权声索的国家的异议等，对南沙旅游发展产生阻碍作用。理论上，如果这四个力的合力大于 0，就会推进南沙旅游发展，反之，南沙旅游发展就不可能推进。

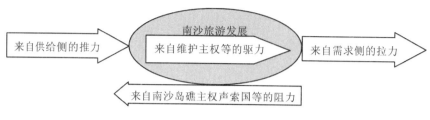

图 4.3　南沙旅游发展动力框架

（二）动力指标的甄选原则

1. 继承性与创新性相结合原则

尽管国外对旅游发展动力机制的专题研究相对较少（吴必虎，2001），且一般包含于对旅游资源及其评价、旅游开发、旅游发展、旅游规划等问题的研究中（范业正等，1998），但是，20 世纪晚期以来，旅游发展动力研究一直是国内学术界、政府和旅游企业关注的重点和热点（年四峰，2011）。归纳起来，国内外关于区域旅游发展动力的理论主要有推拉理论（推拉阻理论）、供求理论、系统论、矛盾论、内外因理论等，这些理论为本研究提供了很好的研究基础。在学习和借鉴这些理论的同时，我们发现了一些可以改进的方面，于是，综合这些理论，并将这些理论放在新的社会经济背景下来重新审视，提出了"驱推拉阻"旅游发展动力模型。显然，来自区域自身发展需要的驱力在区域旅游发展中起着决定性作用，而推力、拉力是外因，与驱力叠加，共同推动和促进区域旅游发展。

2. 普适性与特殊性相结合原则

区域旅游发展要遵循相应的规律，例如，旅游地生命周期理论，旅游地形象传播的马太效应，旅游者行为二元论，旅游发展社会、经济、生态效益相统一规律，等等。同样，任何区域的旅游发展都会受到一些共性因素的影响，例如旅游通达性、旅游者需求的规模和特征、旅游地形象，等等。但是，不同区域，因其所处的地理环境不同、所具有的历史文化和社会经济条件的差异等，影响旅游发展的因素也具有特殊性。南沙群岛是一个非常特殊的区域，表现为地理位置独特、地缘政治敏感和国际关注度高等方面，因此，南沙旅游发展的动力（因素）也具有非常显著的特殊性。例如，从旅游发展的目的和目标来看，在南沙群岛发展旅游业，首要目的是通过增强民事存在来更好地维护中国对南沙群岛及其海域的主权，而以旅游收入和旅游税收为主要指标的经济效益是次要的，社会效益则主要体现在培养公民的海洋意识和爱国主义精神，而增加就业机会的意义相对而言就不是十分重要。所以，本研究在阅读大量文献的基础上，吸收相关研究所提出的普适性的旅游发展动力（因素），同时，充分考虑南沙群岛的特殊性，设计了维护岛礁主权、维护海域主权等一些具有鲜明南沙旅游发展特色的动力（因素）。

3. 系统性与重要性相结合原则

系统论是区域旅游发展动力研究的重要理论。从动力性质看，有驱力、推力、拉力和阻力；从动力主体看，有旅游者、目的地政府、目的地社区、目的地资源环境等；从动力的内外关系看，有内生动力和外生动力；从动力的作用方向看，有自上而下的动力和自下而上的动力；从动力强度看，有主要动力（因素）和次要动力（因素）。在分析南沙旅游发展动力系统和构建动力指标体系时，要以系统论为指导，全面分析，尽可能避免遗漏动力（因素）。而且，为了避免动力指标的交叉，所有动力（因素）都应该在同一个分类体系之下。在系统分析的同时，也要突出重点和特色动力（因素）。南沙群岛及其海域的最基本特性在于其地缘政治的敏感性，既有域内部分国家之间岛礁主权和海域划界的争端，也有域外大国所谓"航行自由"的诉求，这是其他区域所不具备的，也是旅游开发中必须充分考量的，因此，这一特性是梳理南沙旅游发展动力指标体系的出发点和归宿点，在构建动力指标体系时，无疑要将地缘政治敏感性摆在十分突出的地位。

4. 可识别性与可比较性相结合原则

如果研究的区域是已有一定发展基础的，则可以获得类似于旅游者数量、旅游收入、社区居民的获得感、旅游者满意度等方面的数据。但至今为止，中国在南沙群岛及其海域几乎没有任何形式的旅游痕迹，南沙旅游发展没有起步，南沙旅游仍是空白。因此，如何给相关指标赋值进而开展定量研究，是本研究遇到的一个难题，应对措施是德尔菲法和针对专业人士的市场调查法。这就要求每个指标简洁明了，既有高度概括性，又有很强的可识别性，也就是说，能够用少数几个字概括需要表达的意思，而且不至于发生理解上的偏误。例如，维权驱动力对于南沙旅游发展而言，是比较容易被理解和被接受的，但是，维权驱动力又用哪些指标来反映呢？这就需要做深入研究和分析。根据联合国海洋法公约，每个拥有主权的岛礁可以拥有从领海基线向外延伸 12 海里的领海、24 海里的毗连区和 200 海里的专属经济区。可见，主权包含了岛礁主权和海域主权，一旦岛礁主权被确立，也就有了相应的海域主权，而资源勘探与开发权等则从属于岛礁和海域主权，无需单独列出。然而，仅有主权还不够，还要守护好主权，这就需要培养公民的海洋意识，对公民开展爱国主义教育。中国早在秦汉时期就在包括南沙群岛在内的南海海域开展捕捞活动，中国对南沙岛礁和海域拥有历史性权利。但清朝开始"禁海"，对南海的岛礁疏于管理，只有渔民的个体捕捞行为，这才给了越南等少数别有用心的国家侵占中国南沙岛礁的"空隙"。可见，培育海洋意识和开展爱国主义教育是维护主权的重要内容。无论是使用德尔菲法还是市场调查法，都需要对相关动力指标进行两两比较，因而，可比较性也就成为指标体系构建不可或缺的原则。

二、动力指标甄选过程

动力指标甄选分为 3 个彼此相联系的步骤：构建初始动力指标体系、第一轮动力指标甄选和第二轮动力指标甄选。

（一）初始动力指标体系的构建

在文献分析的基础上，根据上述甄选原则，充分考虑到南沙旅游发展的特殊性，经过课题组反复讨论，形成南沙旅游发展动力系统的初始方案（图 4.4）。该方案由目标层、准则层、因素层和指标层 4 个层次构成。其中，目标层是南沙旅游发展动力，准则层分为驱力、推力、拉力和阻力 4 个。驱力细分为维权驱动力、合作驱动力和发展驱动力 3 个因素；推力细分为政府推动力、企业推动力、外国推动力和技术推动力 4 个因素；拉力细分为闲暇增多、收入提高、旅游动机和信息刺激 4 个因素；阻力细分为外部异议、环境敏感和基础差 3 个因素。每个因素下又进一步用若干个具体指标来衡量，例如，合作驱动力用军民融合、国际合作和企业协作 3 个指标来表述；共有 47 个动力指标。

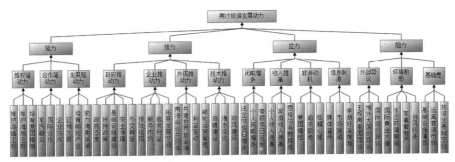

图 4.4 南沙旅游发展动力系统的初始方案

（二）动力指标的第一轮专家咨询

第一轮动力指标专家咨询的目标在于，请专家对南沙旅游发展动力指标设置的合理性作出评判，其过程如下：

首先，构建动力指标的第一轮专家咨询表（X_1）。根据图 4.4 构建如附录 1 所示的南沙旅游发展动力指标的专家咨询表（X_1）。为发现可能存在的表述不清或者明显不合适的情况，课题组成员先预填写咨询表 X_1，然后，根据各成员的意见进一步修改和完善 X_1。第一轮专家咨询表由四部分构成，第一部分是调查说明，包含问候语、课题说明、调查意图、问卷填写说明、信息使用承诺、致谢等内容；第二部分是指标说明，即对每个指标进行必要的解释和说明；第三部分是专家评判表，请专家按照很合理、合理、较合理、不太合理、很不合理五级对每个指标进行评判；第四部分是开放性问题，询问专家是否有建议增加的指标。

其次，邀请专家填写 X_1。2019 年 8 月 4 日至 6 日，课题组通过电子邮件或者微信方式发送 Excel 表格形式的专家咨询表 X_1，共邀请 30 位专家参与第一轮指标甄选的专家咨询，共收回专家咨询表 27 份，回收率 90%，有效咨询表 27 份，问卷有效率 100%。有效问卷的专家来自中国科学院、中国海洋大学、海南大学、海南师范大学、海南热带海洋学院、岭南学院、中国（海南）改革发展研究院、海南海洋规划设计研究院、海南省旅游和文化广电体育厅、三沙市政府、海南省旅游协会、中国太平洋学会海岛旅游分会、"南海之梦号"、"长乐公主号"等。这些专家的学科背景涉及旅游管理、环境保护、邮轮经营与管理、旅游开发、海洋开发与规划、区域经济等领域。

最后，对专家意见进行统计分析。按照很合理 9 分、合理 7 分、较合理 5 分、不太合理 3 分和很不合理 1 分进行赋值和录入，再利用 SPSS23.0 对专家意见进行统计。先要检验数据的有效性，统计结果显示，共计 47 个题项，克隆巴赫 a 系数为 0.923，说明调查数据非常可靠。为判断指标设置的合理性，需要统计两个指标——平均值和变异系数。

平均值的计算公式为：

$$\overline{X}_j = \frac{1}{n}\sum_{i=1}^{n} x_{ij}$$ 4.1

变异系数也称为标准离差率，其计算公式为：

$$CV_j = \frac{\sigma_j}{X_j}, \ \sigma_j = \sqrt{\frac{1}{n-1}\sum_{i=1}^{n}(x_{ij}-\overline{X}_j)^2}$$ 4.2

4.1 式和 4.2 式中，$\overline{X}_j$ 为第 j 个指标的平均值，通常，如果 $\overline{X}_j < 6$，表明专家不认可该指标，应该删除，如果 $6 \leq \overline{X}_j < 7$，属于可接受范围，如果 $7 \leq \overline{X}_j < 8$，属于合理范围，如果 $\overline{X}_j \geq 8$，则属于非常合理范围；x_{ij} 为第 i 位专家对第 j 个指标的打分值，σ_j 为第 j 个指标的标准差；CV_j 为第 j 个指标的变异系数，反映专家意见的一致性，通常，如果 $CV_j > 0.4$，表明专家的意见很不一致，应该删除该指标，如果 $0.3 < CV_j < 0.4$，属于可接受范围，如果 $0.2 < CV_j < 0.3$，属于合理范围，如果 $CV_j < 0.2$，则属于非常理想范围。

统计分析结果见表 4.1。从中可见：（1）"个人闲暇增多"和"国际黄金水道"这两个指标的平均值都低于 6，而且，二者的变异系数分别达到了 0.485 和 0.331，说明专家认为这两个指标的设置不合理，应该将它们删除；（2）其他 45 项指标的平均值都在 6 以上，其中，得分大于等于 8 分的 8 项，占 17.78%，得分 $\in [7, 8)$ 的有 18 项，占 40.0%，得分 $\in [6, 7)$ 的有 19 项，占 42.2%，而且变异系数都在 0.34 以下，都在可接受范围之内，因此，这 45 个指标的设置是合理的，可以作为南沙旅游发展动力系统中的指标。

表 4.1　南沙旅游发展动力系统第一轮甄选结果

指标层	个案数	最小值	最大值	平均值	标准差	变异系数
维护岛礁主权	27	7	9	8.704	0.724	0.083
维护海域权益	27	7	9	8.556	0.847	0.099
培育爱国精神	27	5	9	7.963	1.400	0.176
军民融合	27	3	9	7.370	1.925	0.261
国际合作	27	3	9	7.593	1.738	0.229
企业协作	27	1	9	6.926	2.252	0.325
区域发展	27	5	9	7.889	1.396	0.177
培育邮轮产业	27	3	9	7.074	1.960	0.277
助力海南旅游	27	5	9	7.593	1.551	0.204
政府态度	27	7	9	8.852	0.534	0.060
扶持政策	27	5	9	8.556	1.155	0.135
建设基础设施	27	5	9	8.111	1.396	0.172
安全保障	27	7	9	8.556	0.847	0.099
外交斡旋	27	5	9	7.296	1.636	0.224
报效祖国	27	1	9	6.481	2.045	0.316
服务市场	27	1	9	7.222	2.025	0.280
追求利益	27	5	9	6.852	1.562	0.228
拓展发展空间	27	5	9	7.296	1.540	0.211
邮轮运营管理	27	3	9	6.556	1.695	0.259
岛礁建设	27	3	9	7.370	1.925	0.261
海水淡化	27	3	9	7.444	1.867	0.251
防风建筑	27	3	9	7.074	2.037	0.288
南海命运共同体	27	5	9	6.926	1.615	0.233
共建旅游之海	27	5	9	6.852	1.460	0.213

续表

指标层	个案数	最小值	最大值	平均值	标准差	变异系数
利益驱动	27	5	9	6.630	1.363	0.206
法定节假日增多	27	1	9	6.333	2.075	0.328
带薪假期延长	27	3	9	6.407	1.986	0.310
个人闲暇增多	27	1	9	5.741	2.782	0.485
个人收入增加	27	3	9	7.074	1.615	0.228
家庭收入增加	27	3	9	7.000	1.754	0.251
恩格尔系数降低	27	1	9	6.481	2.190	0.338
爱国情结	27	3	9	7.444	1.601	0.215
追求新奇	27	5	9	8.111	1.155	0.142
炫耀心理	27	1	9	6.926	1.796	0.259
媒体宣传	27	1	9	6.778	2.172	0.320
市场营销	27	5	9	6.704	1.436	0.214
亲朋好友推荐	27	5	9	6.852	1.657	0.242
主权声索国的异议	27	3	9	7.222	1.695	0.235
域外大国的异议	27	1	9	6.556	2.100	0.320
国际组织的异议	27	3	9	6.481	1.626	0.251
生态环境脆弱	27	5	9	7.963	1.506	0.189
台风较多	27	1	9	6.556	2.025	0.309
军事管制严	27	5	9	8.111	1.155	0.142
国际黄金水道	27	3	9	5.889	1.948	0.331
基础设施薄弱	27	3	9	6.778	1.867	0.276
远离客源市场	27	3	9	7.000	1.840	0.263
旅游业基础空白	27	3	9	6.556	1.948	0.297

在第一轮专家咨询中，专家共建议增加 5 个指标："企业开发力""资源的丰富性""产品的差异化""海上浮式设施建筑技术""气象监测预报报警"。考虑到"企业开发力"已经在拓展发展空间、追求利益等指标中有所体现和反映，因而不再考虑；"资源的丰富性"是"区域发展"和"国际合作"等的基础和优势，如果将其纳入动力指标中有重复之嫌，因而也不考虑；而"产品的差异化"的建议之所以没有被采纳，是因为中国在南沙群岛及其周边海域至今还没有开展任何形式的旅游活动，还谈不上"产品的差异化"；"海上浮式设施建筑技术"已经包含在了"防风建筑"之中。在 5 个建议的指标中，被采纳的是"气象监测预报预警"，但为简化题项名称，又表达基本意思，将其调整为"气象预报"，并将其作为技术推动力的 1 个指标。

（三）动力指标的第二轮专家咨询

第二轮专家咨询主要有两个目标，一是请专家对准则层和因素层的设置的合理性进行评判，二是请专家对经过第一轮专家咨询后的新指标系统的合理性进行评判。

在第一轮指标甄选调查中，个别专家表示因出差在外不能填写问卷，也有个别专家表示在手机上操作难度较大。为了便于被访专家可以直接在手机上进行问卷填写，提高专家咨询的应答率，第二轮动力指标的专家咨询使用"问卷星"。具体问卷见附录 2。

第二轮专家咨询时间为 2019 年 8 月 8 日至 9 日。将问卷通过电子邮件和微信形式定向发送给 30 位专家，第二轮咨询专家与第一轮基本一致。也许是因为设置了红包的原因，出现了同一个 IP（该 IP 并非课题组定向发送中的 1 个）填写了多份问卷的情况，经过课题组的认真仔细审核，剔除了存在非正常答题嫌疑的问卷，共收回有效问卷 25 份。

按照第一轮专家咨询一样的方法对专家的评判进行赋分，并利用 SPSS23.0 对调查数据进行分析。先分析数据的信度，结果显示，共计 64 个题项，克隆巴赫 a 系数为 0.975，说明调查数据的信度非常高。从平均值和变异系数看，"外国推动力"的平均分仅为 5，且变异系数高达 0.49，说明专家们认为该指标设置不合理，应该将其删除。由于删除了"外国推动力"这个因素，因此该因素下属的 3 个指标——共建南海命运共同体、共建世界旅游之海和利益驱动，也应该被删除——尽管它们的平均值都高于6。在其余60个因素和指标中，平均得分大于8分的有12项，占20.00%，得分 $\in$ [7，8) 的有34项，占56.67%，得分 $\in$ [6，7) 的有14项，占23.33%；最高得分是8.52分，包括"政府推动力""维护海域主权""政府态度""追求新奇"4项指标，得分最低的是企业推动力中的"报效祖国"，只有6.04分（表4.2）。

表4.2　南沙旅游发展动力系统甄选结果

指标	个案数	最小值	最大值	平均值	标准差	变异系数
驱力	25	5	9	7.80	1.528	0.196
推力	25	5	9	7.64	1.604	0.210
拉力	25	5	9	7.64	1.705	0.223
阻力	25	5	9	8.04	1.306	0.162
维权驱动力	25	5	9	8.36	1.114	0.133
合作驱动力	25	3	9	7.00	1.732	0.247
发展驱动力	25	3	9	7.56	1.685	0.223
政府推动力	25	5	9	8.52	1.046	0.123
企业推动力	25	5	9	7.32	1.492	0.204
技术推动力	25	3	9	6.68	2.056	0.308
外国推动力	25	1	9	5.00	2.449	0.490
闲暇增多	25	3	9	6.68	2.212	0.331
收入提高	25	3	9	7.32	1.796	0.245
旅游动机	25	5	9	8.04	1.306	0.162
信息刺激	25	3	9	6.92	1.869	0.270
外部异议	25	5	9	7.96	1.428	0.179
环境敏感	25	5	9	8.20	1.414	0.172
基础差	25	3	9	7.00	1.915	0.274
维护岛礁主权	25	5	9	8.36	1.114	0.133

续表 1

指标	个案数	最小值	最大值	平均值	标准差	变异系数
维护海域主权	25	7	9	8.52	0.872	0.102
培育爱国精神	25	5	9	7.48	1.558	0.208
军民融合	25	5	9	7.88	1.301	0.165
国际合作	25	1	9	6.76	2.603	0.385
企业协作	25	5	9	7.16	1.519	0.212
区域发展	25	5	9	7.48	1.327	0.177
培育邮轮产业	25	3	9	7.00	1.826	0.261
助力海南旅游	25	3	9	7.64	1.705	0.223
政府态度	25	5	9	8.52	1.046	0.123
扶持政策	25	5	9	8.28	1.137	0.137
基础设施建设	25	5	9	7.88	1.301	0.165
安全保障	25	5	9	8.28	1.275	0.154
外交斡旋	25	3	9	7.16	1.908	0.266
报效祖国	25	3	9	6.04	1.925	0.319
服务市场	25	5	9	7.24	1.763	0.243
追求利益	25	5	9	7.24	1.763	0.243
拓展发展空间	25	3	9	7.00	1.732	0.247
邮轮运营管理	25	3	9	6.76	1.763	0.261
岛礁建设	25	5	9	7.80	1.414	0.181
海水淡化	25	5	9	7.24	1.562	0.216
防风建筑	25	5	9	6.84	1.625	0.238
气象预报	25	3	9	7.24	1.763	0.243
南海命运共同体	25	3	9	6.60	2.236	0.339
共建世界旅游之海	25	3	9	6.28	2.151	0.343

续表 2

指标	个案数	最小值	最大值	平均值	标准差	变异系数
利益驱动	25	3	9	6.68	1.796	0.269
法定节假日增多	25	1	9	6.36	1.977	0.311
带薪假期延长	25	1	9	6.44	2.043	0.317
个人收入增加	25	1	9	7.24	2.107	0.291
家庭收入增加	25	1	9	7.16	2.154	0.301
恩格尔系数降低	25	1	9	6.60	2.236	0.339
爱国情结	25	3	9	7.40	1.915	0.259
追求新奇	25	5	9	8.52	1.046	0.123
炫耀心理	25	3	9	6.68	2.135	0.320
媒体宣传	25	3	9	7.16	1.724	0.241
市场营销	25	3	9	7.40	1.732	0.234
亲朋好友推荐	25	3	9	6.84	1.724	0.252
主权声索国的异议	25	1	9	7.32	2.135	0.292
域外大国的异议	25	1	9	6.68	2.212	0.331
国际组织的异议	25	1	9	6.20	2.449	0.395
生态环境脆弱	25	5	9	8.20	1.291	0.157
台风较多	25	3	9	7.32	1.973	0.270
军事管制严	25	3	9	7.96	1.925	0.242
基础设施薄弱	25	5	9	7.56	1.781	0.236
远离客源市场	25	5	9	7.64	1.604	0.210
旅游业基础空白	25	3	9	7.16	1.993	0.278

三、动力指标甄选结果

经过两轮的专家咨询后，构建一个由 4 个准则、13 个因素和 43 个指标所构成的南沙旅游发展动力指标体系（表 4.3）。其中，准则层包括驱力、推力、拉力和阻力，专家对这 4 个"准则"的合理性评判的平均值都超过了 7.6 分，且变异系数都在 0.23 以下，单个专家的打分最低为 5 分（较合理），最高为 9 分（很合理），说明"驱推拉阻"模型的构想得到了专家的认可，具有较高的合理性。

表 4.3 南沙旅游发展动力指标体系

目标层 A	准则层 B	因素层 C	指标层 D	指标代码
南沙旅游发展动力 A	驱力 B_1	维权驱动力 C_1	维护岛礁主权	D_1
			维护海域权益	D_2
			培育爱国精神	D_3
		合作驱动力 C_2	军民融合	D_4
			国际合作	D_5
			企业协作	D_6
		发展驱动力 C_3	区域发展	D_7
			培育邮轮产业	D_8
			助力海南旅游	D_9
	推力 B_2	政府推动力 C_4	政府态度	D_{10}
			扶持政策	D_{11}
			建设基础设施	D_{12}
			安全保障	D_{13}
			外交斡旋	D_{14}
		企业推动力 C_5	报效祖国	D_{15}
			服务市场	D_{16}
			追求利益	D_{17}
			拓展发展空间	D_{18}

续表

目标层 A	准则层 B	因素层 C	指标层 D	指标代码
南沙旅游发展动力 A	推力 B$_2$	技术推动力 C$_6$	邮轮运营管理	D$_{19}$
			岛礁建设	D$_{20}$
			海水淡化	D$_{21}$
			防风建筑	D$_{22}$
			气象预报	D$_{23}$
	拉力 B$_3$	闲暇增多 C$_7$	法定节假日增多	D$_{24}$
			带薪假期延长	D$_{25}$
		收入提高 C$_8$	个人收入增加	D$_{26}$
			家庭收入增加	D$_{27}$
			恩格尔系数降低	D$_{28}$
		旅游动机 C$_9$	爱国情结	D$_{29}$
			追求新奇	D$_{30}$
			炫耀心理	D$_{31}$
		信息刺激 C$_{10}$	媒体宣传	D$_{32}$
			市场营销	D$_{33}$
			亲朋好友推荐	D$_{34}$
	阻力 B$_4$	外部异议 C$_{11}$	主权声索国的异议	D$_{35}$
			域外大国的异议	D$_{36}$
			国际组织的异议	D$_{37}$
		环境敏感 C$_{12}$	生态环境脆弱	D$_{38}$
			台风较多	D$_{39}$
			军事管制严	D$_{40}$
		基础差 C$_{13}$	基础设施薄弱	D$_{41}$
			远离客源市场	D$_{42}$
			旅游业基础空白	D$_{43}$

13 个因素的合理性评判的平均值都在 6.6 分以上，其中，$\overline{X}_j \geq 8$ 即非常合理的有 4 个因素，占 30.77%，$7 \leq \overline{X}_j < 8$ 即合理范围的有 6 个因素，占 46.15%，$6 \leq \overline{X}_j < 7$ 即可接受范围的有 3 个因素，占 23.08%。从变异系数看，只有技术推动力和闲暇增多 2 个因素的变异系数大于 0.3，分别为 0.308 和 0.331，属于可接受范围；发展驱动力、企业推动力、收入提高、基础差、合作驱动力和信息刺激 6 个因素的变异系数在 0.22～0.27 之间，属于合理范围，占 46.15%；政府推动力、维权驱动力、环境敏感、旅游动机和外部异议 5 个因素的变异系数则在 0.12～0.18 之间，属于非常理想范围，占 38.46%。无论从哪个角度出发，合理和非常合理的比例之和都超过了 76%，说明指标体系的因素层具有较高的合理性。

43 个指标的专家合理性评判的平均得分在 6.04～8.52 之间，其中，$6 \leq \overline{X}_j < 7$ 即可接受范围的 11 项，占 25.58%，$7 \leq \overline{X}_j < 8$ 即合理范围的 25 项，占 58.14%，$\overline{X}_j \geq 8$ 即非常合理的 7 项，占 16.28%。从变异系数看，$0.3 < CV_j < 0.4$ 即可接受的有 9 个，占 20.93%，$0.2 < CV_j < 0.3$ 即合理的有 23 个，占 53.49%，$CV_j < 0.2$ 即非常理想的 11 个，占 25.58%。无论从哪个角度出发，合理和非常合理的比例之和都超过了 74%，说明指标体系的指标层也具有较高的合理性。

以上分析表明，构建的衡量南沙旅游发展动力的指标体系具有较高的合理性，后续研究将以此为基础展开。

第二节 动力指标解释

推拉理论是旅游发展动力研究中的经典理论，也是最早出现的旅游发展动力分析的基本框架。国内学者将推拉理论改良为推拉阻理论[①]。以此为基础，根据内因外因辩证关系原理，本研究将南沙旅游发展动力区分为

---

①高军，吴必虎，马耀峰. 旅华英国游客 O→D 旅游客流动力机制研究 [J]. 旅游学刊，2011，26（2）：35-40.

4个准则——驱力、推力、拉力和阻力，进而提出"驱推拉阻"旅游发展动力机制模型。

一、驱力

驱力源于系统内部，类似于汽车的发动机，属于内生动力，是具有一定结构和功能的系统内部各元素相互联系、相互依存、相互作用、相互影响而产生的，对事物发展变化起决定性作用，决定系统自身性质和发展方向。

（一）维权驱动力

南沙旅游发展的维权驱动力有维护岛礁主权、维护海域主权和培养爱国精神。

1. 维护岛礁和海域主权

南沙群岛及其海域是中国领土和领海的重要组成部分，必须坚决捍卫和维护其主权及其附属的一切权益。然而，部分南海周边国家非法侵占中国南沙群岛的一些岛礁，并试图通过在岛礁上修建民用设施和国内立法等手段和方式，合理化和固化他们对非法侵占的岛礁及其海域的权益，中国政府和人民必须坚决抵制和反制。包括建设强大的人民海军、发达的海洋经济、先进的海洋科技等在内的海洋强国建设无疑是捍卫和维护南沙岛礁及其海域主权和权益的基础性和关键性路径，与此同时，加强行政管理、增强民事存在、发展以旅游业为代表的低敏感性产业，也是捍卫和维护南沙岛礁及其海域主权和权益的重要手段。《联合国海洋法公约》规定："不能维持人类居住或其本身的经济生活的岩礁，不应有专属经济区或大陆架。"为了更好地捍卫和维护中国在南沙群岛及其海域的主权和权益，不仅要进行必要的岛礁建设，更需要在岛礁上建立居住区，开展经济活动。而发展旅游业可以同时满足这两方面的要求，对于更好地捍卫和维护中国对南沙群岛及其海域的主权和权益具有重要意义。

2. 培育爱国精神

通过发展旅游业，让更多的公民前往南沙旅游，可以培养公民的海洋意识；通过领略南沙的神秘与美丽，可以更好地激发公民热爱祖国美好河山的爱国热情；通过旅游了解越南等部分南海周边国家对中国南沙岛礁的非法侵占、对中国南沙海域的非法瓜分和对中国南沙资源的非法掠夺，激起中国公民奋发图强、自强不息、勇于斗争的危机意识。

（二）发展驱动力

南沙旅游发展的发展驱动力包括区域发展、培育邮轮产业和助力海南旅游。

1. 区域发展

2012 年 6 月 21 日国务院批准设立三沙市，管辖西沙群岛、中沙群岛、南沙群岛的岛礁及其海域。三沙建市具有两方面重要意义：一是通过具体的行政管理彰显中国对南海相关岛屿及海域的主权和管辖权；二是标志中国对南海的开发、管理和保护步入正轨。作为中国最年轻的地级市，三沙市社会经济发展水平还有待进一步提高。鉴于三沙市拥有发展海洋旅游的所有要素，再加之旅游业的低敏感性，旅游业无疑应该成为三沙市产业结构中的先导产业和优先发展的产业，即发展旅游业是三沙市区域经济发展的客观要求、必然选择和应然模式。

2. 培育邮轮产业

一方面，南沙群岛地理位置比较偏远，孤悬大海，岛屿面积较小，岛礁生态环境比较脆弱，在客观上需要以发展邮轮旅游为主导；另一方面，南沙海域面积宽阔、海水较深、气候舒适、适航时间长、周边有众多国家、具有强大的市场腹地，与加勒比海海域具有很多相似之处，是中国发展邮轮旅游条件最好的海域。可以将包括南沙海域在内的南海打造成世界邮轮旅游高地、世界邮轮旅游国际合作标杆和中国邮轮旅游发展创新实验区。尤其可以通过发展"公海游航线试点"来培育中国邮轮旅游市场、打造中国邮轮船队、发展中国邮轮旅游产业，进而为发展中国邮轮经济探索和积累可复制可推广的经验。

3. 助力海南旅游

热带海岛属性决定了海南旅游的最突出特色在于海洋旅游。截至 2019 年 11 月 7 日，海南省共有 A 级旅游景区 58 家，其中，位于沿海市县的 49 家，占 84.48%，位于东线市县的 44 家，占 75.86%，直接临海的 35 家，占 60.34%；在 6 家 5A 级和 19 家 4A 级旅游景区中，位于东线的 21 家，占 84.0%。统计资料显示，2018 年，全省过夜游客的 92.48%分布在沿海市县，其中，分布在沿海县市的过夜入境游客占全省的 97.70%，三亚和海口分别接待全省过夜游客的 26.31% 和 33.17%，接待全省过夜入境游客的 20.68% 和 56.68%①。沿海市县创造的旅游收入占全省的 96.04%，其中海口和三亚的旅游收入占全省的比重分别为 28.75% 和 49.64%②。然而，海南的海洋旅游还只是局限在滨海地区和近岸海岛，远海旅游所占份额非常低，其中 2018 年三亚—西沙邮轮旅游航线游客接待量仅为 3.33 万人次，包括南沙在内的南海丰富的旅游资源和旅游空间没有得到应有的开发利用。资料表明，近年来，尽管海南旅游发展取得了可喜的成绩，但与国际旅游岛建设和国际旅游消费中心建设的要求相比，甚至与全国的发展态势相比，还存在一定的差距。为拓展旅游消费发展空间、提升旅游消费质量和推进旅游消费国际化，将海南建成具有较强世界影响力和国际竞争力的国际旅游消费中心，必须把目光瞄准 350 万平方千米的南海，发展以邮轮旅游和海岛度假为核心的海洋旅游，将南海打造成可以媲美加勒比海和地中海的世界旅游之海。

（三）合作驱动力

南沙旅游发展的合作驱动力有军民融合、国际合作和企业协作。

1. 军民融合

南沙群岛及其海域是中国的南大门，是中国的军事前哨和军事重地，肩负着维护祖国领土和领海主权的重任，在这里发展旅游业和开展旅游活动，必须以祖国的领土安全为前提，需要经得军事部门的同意和允许，必须走"军民融合"之路。正如《中共中央国务院关于支持海南全面深化改革开放的指导意见》所要求的，海南要"深度融入海洋强国、'一带一路'建设、军民融合发展等重大战略"。

2. 国际合作

中国对"断续线"范围内的南沙群岛及其海域拥有历史性权利，不仅是历史事实，也有足够的法理依据和广泛的国际共识。但受利益驱使，自

---

①根据海南省旅游和文化广电体育厅阳光海南网的旅游统计资料整理。

②根据 2018 年相关市县国民经济和社会发展统计公报、2019 年相关市县政府工作报告有关数据整理，其中文昌市的旅游收入为作者根据相关数据所做的估计值。

20 世纪 70 年代以来，越南和菲律宾等国家非法侵占了中国南沙群岛的部分岛礁，并对所侵占岛礁的周边海域提出了主权声索，也非法掠夺这里的油气等资源，使得南沙群岛及其海域成为当前世界上地缘政治相当敏感和复杂的区域。因此，在南沙群岛及其海域发展旅游业，要在"主权属我、搁置争议、共同开发"的总体方针下，不断探索海洋旅游开发的国际合作机制和模式，充分利用周边国家的旅游产品和服务、旅游设施、旅游客源市场、基础设施、救援系统、通信系统，践行"共享"发展理念，将南沙海域打造成世界海洋旅游开发国际合作的高地。

3. 企业协作

由于远离海南岛，基础设施建设的成本高、难度大，加之基础设施建设的起步较晚，南沙群岛的基础设施非常薄弱，表现为数量少、协调性不强，加强邮轮码头、游艇码头、淡水供给系统、废水处理系统等基础设施的建设，无疑是发展南沙旅游的客观要求。如果不同的企业各自为政地建设基础设施，就会造成重复建设和过度建设，不利于提高基础设施的利用率，也无益于南沙区域的生态环境保护。这就要求不同企业发挥各自优势，在统一规划和统筹协调的基础上，各自承担部分基础设施建设的任务，之后再实现基础设施使用上的共享。

二、推力

推力是从事物或物体后方所施的、推动事物或物体运动发展的作用力。推力源于系统外部，属于外生动力，对事物运动发展具有重要作用，但只有在内生动力的基础和前提下才能有效发挥作用。南沙旅游发展的推力是指推动南沙旅游发展的作用力，主要包括政府推动力、企业推动力和技术推动力。不管推力有多大，如果没有内生驱力，都无法有效推进南沙旅游发展，但在一定的条件下，推力发挥着重要作用。

（一）政府推动力

此处的政府是指中央政府和省政府，尤指中央政府，这是至关重要的外部力量，在中国特色社会主义制度体系下，政府有时具有"一票否决权"。政府对南沙旅游发展的推动力表现为政府态度、扶持政策、建设基础设施、提供安全保障和外交斡旋等方面。

1. 政府态度

南沙群岛及其海域是军事敏感区、外交敏感区、地缘政治敏感区和生态敏感区，可不可以在这里发展旅游业和开展旅游活动，在很大程度上取决于政府尤其是中央政府的态度——准许或者限制甚至禁止、支持或者反对。如果政府的态度是积极的，南沙旅游发展将是水到渠成之事，反之，在中国特色社会主义制度体系下和做到"两个维护"的前提下，如果没有中央政府的准许和授权，几乎不可能在如此敏感区发展旅游业和开展旅游活动。可见政府态度对南沙旅游发展具有"一票否决权"。

2. 扶持政策

扶持政策是指政府部门为推进南沙旅游发展而推出的海域使用、岛礁建设、土地供给、融资、税收、船舶登记、产业基金和产业补贴等方面的优惠。显然，扶持政策的扶持力度越大，越有利于推进南沙旅游发展。南沙群岛及其海域是中国最特殊的区域之一——敏感、偏远、待开发，在这里发展旅游业的成本高、不确定性强、盈利能力较弱，需要政府的优惠政策给予扶持。毋庸置疑，南沙旅游发展水平和推进速度与政府扶持政策的力度呈显著正相关。

3. 建设基础设施

南沙群岛的基础设施非常薄弱，在 2015 年以来扩建的永暑礁、美济礁和渚碧礁等岛礁上，建有机场和港口等基础设施，目前以军事用途为主，为满足民事用途需要，还需要建设污水处理系统、海水淡化系统、通信设施等基础设施。基础设施是典型的公共物品，部分属于纯公共物品，如开放性公园，部分属于准公共物品，如游艇码头，如果由市场供给，必然会出现短缺现象；同时，基础设施又具有很强的正外部性，由企业供给容易出现资源闲置现象，也不利于基础设施利用效率的提高，尤其不利于公共设施的共享。再加之在南沙群岛建设基础设施，建设成本高、投资规模大、技术难度大、投资回收期长。为推进南沙旅游发展，政府部门要在南沙群岛进行必要的基础设施建设。

4. 提供安全保障

在南沙群岛及其海域发展旅游业和开展旅游活动，需要政府部门至少提供两方面的安全保障：一是军事安全保障。目前在南沙海域活动的军事力量包括中国大陆（例如，在永暑岛上有中国的驻军）、中国台湾（中国台湾从 1947 年起就一直在太平岛上驻军）、越南（例如，在南威岛上有越南的驻军）、菲律宾（例如，在中业岛上有菲律宾的驻军）、马来西亚（例如，在弹丸岛上有马来西亚的驻军）等，同时，以美国为首的域外大国也时不时派遣军舰来南沙海域巡航。从越南和菲律宾等国家的武装军事力量多次在南海"驱赶"和"抓捕"在自己的"祖宗海"上作业的中国渔民的事实可以推断，如果中国在南沙海域发展旅游业和开展旅游活动，有可能遭受外国军事力量的威胁，这在客观上要求政府部门尤其是军事部门提供安全保障，确保游客的生命和财产安全。二是灾害救援保障。一方面，南沙群岛及其海域最可能出现的自然灾害是台风，这里既是台风的发源地，又是发源于西太平洋的台风的途经地，平均每年约受到 14 个台风的影响；另一方面，这里位于亚欧板块和太平洋板块的交汇地带，可能出现地震和火山灾害以及由此引发的海啸。这在客观上需要利用政府部门已有的相关资源，在南沙海域建立包括卫星通信系统、海上救助系统等在内的灾害救援系统，以保障南沙旅游的安全开展。

5. 外交斡旋

南沙是当今世界岛礁主权争端和海域划界争端比较复杂的海域，涉及中国（包括中国台湾地区）、越南、菲律宾、马来西亚和文莱等国家和地区。菲律宾阿基诺政府试图通过"仲裁""国际化""东盟化"等手段来"合法化"其对中国南沙群岛部分岛礁的侵占；2014 年 5 月越南发生大规模"打砸中资企业"事件，就南海部分岛礁主权归属和海域划界煽动"民粹主义"和仇华情绪；越南和菲律宾等国家也曾多次倡导将南海问题作为东盟会议的主要议题。中国一以贯之"主权属我、搁置争议、共同开发"的方针，对南海问题始终保持克制态度。但是，无论是从有序和科学开发南沙资源还是从有效维护南沙主权及其附属权益，中国都需要增强在南沙岛礁及其海域的民事存在，无疑，旅游开发因其低敏感性和国际性等特征而成为首选项。为得到南海周边国家支持和积极参与南沙旅游开发的国际合作，将外国对中国在南沙发展旅游业的阻力转化为推力，需要政府部门尤其是外交部门秉持"亲、诚、惠、容"的外交理念以及和平共处五项原则，动之以情、晓之以理，动员南海周边国家积极参与和大力支持南沙旅游开发，共同致力于将包括南沙在内的南海打造成世界旅游之海，建设成为世界邮轮旅游的第三极。

（二）企业推动力

旅游企业是旅游产业或行业的细胞，是设计和开发并向旅游者提供旅游产品和服务的基本单元，是区域旅游开发的重要主体。毫无疑问，企业将对南沙旅游发展起到重要的推动作用，其动力主要包括报效祖国、服务市场、追求利益和拓展发展空间等方面。

1. 报效祖国

国家是企业成长的坚强后盾，国家通过对企业实行资助、保护、价格规制、金融和投资的进入限制等手段[①]，影响价格结构和产业结构，进而促进企业成长。企业是创造财富的部门，也是创造和分配财富的主体[②]，是国家繁荣富强的重要力量。企业在追求利润最大化的同时，也要积极主动承担社会责任，报效祖国和人民。南沙群岛是待开发地区，发展是硬道理。作为待开发地区，南沙群岛的基础设施非常薄弱，旅游开发与发展需要大量的资金、技术和人才等生产要素的投入，而且投资回收期较长，投入产出比较高，利润空间较小。这就需要企业尤其是国有企业，从维护南沙群岛主权的国家利益出发，组合各种生产要素积极参与到南沙旅游开发中来。

2. 服务市场

市场对南沙旅游的需求旺盛。随着社会经济的发展和进步，人们生活水平日益提高，对美好生活的追求不断增强，旅游消费越来越成为人们生活方式的基本构成部分，旅游消费支出占消费总支出的比重也持续提高。富裕起来的民众，消费重点将不再拘泥于购买商品以弥补"匮乏感"，更将扩展到服务享受和文化体验从而获得增强的"幸福感"[③]。南沙群岛因

①郑海容. 韩国的国家与企业关系及当今的金融危机［J］. 中国行政管理，1998（7）：42-45.

②刘尚希. 居民收入倍增主脉：重构国家、企业、居民关系［J］. 改革，2012（11）：12-18.

③李少华. 新技术与互联网创新推动新时代旅游产业发展［J］. 旅游学刊，2018，33（2）：8-11.

其独特的地理区位和待开发状况，至今依然没有揭开神秘面纱，在公民心目中依然是神秘的、神圣的、神奇的和令人向往的。西沙旅游需求情况可以映射南沙旅游需求潜力。2018年，三亚—西沙旅游航线共接待旅游者3.3万多人次，比上年增长74.9%，而且，这种良好态势是建立在三亚—西沙旅游航线的条件有较大改进空间的基础上的。例如，执行该航线的船舶的规格不高，分别是总排水量为1.5万吨和2.5万吨的客货滚装船，而非真正意义上的邮轮，船上可供游客消费体验的项目较少且谈不上特色，可登临的3个岛礁（鸭公岛、全富岛和银屿岛）的基础设施和服务设施也非常简陋。然而，从游客的现场反应来看，游客对三亚—西沙旅游航线的满意度很高，很多游客都发自内心地向船上的"管家"表达深深谢意。在把旅游业建设成为国民经济战略性支柱产业和人民群众更加满意的现代服务业的宏观背景下，企业要根据市场的需求特征和需求趋势，设计、开发和提供旅游产品和服务。服务市场和满足市场需求是企业实现自身价值的起点和归宿，也是企业获得经济利润的基本前提。从市场出发，以游客为中心是旅游企业根本出发点①。

3. 追求利益

营利是企业的天职，是企业赖以存在和发展的根本，是企业承担社会责任的基础。这是资本的逐利本性所决定的。南沙群岛的旅游资源具有数量上的丰富性、类型上的多样性、地域上的组合性、气候上的优越性、品质上的独特性、市场上的垄断性，可以发展观光旅游、邮轮旅游、游艇旅游、度假旅游、休闲渔业等多种旅游业态。中国在南沙群岛进行了部分岛礁建设和基础设施建设，为发展南沙旅游提供了用地和基础设施的基础。南沙群岛与加勒比海以及地中海的群岛和岛礁在气候适宜性上以及所背靠的市场规模和经济腹地等方面具有相似性，具有大力发展海洋旅游并建成世界旅游之海的优越条件。只要政府部门允许，发展南沙旅游业是有利可图的。

①姚军. 以游客为中心以技术为抓手：新时代中国旅游景区发展之路探讨［J］. 旅游学刊，2018，33（1）：5-7.

4. 拓展发展空间

这里所谓的拓展发展空间，主要体现在两个方面。一是拓展投资领域，即企业从其他产业或行业进入旅游业。旅游业的高增长率、显著的经济效应及突出的产业关联性，使其成为投资的热点领域①。近年来，恒大集团、中远海运集团、中国交通建设集团等大型企业纷纷进入旅游业，大手笔推动各区域旅游业发展。二是拓展地理空间，即开发新区域和开发新项目。南沙群岛是一个全新的旅游发展空间，市场潜力大；而独特的地理位置又决定了只能由个别企业来开发南沙旅游，实行的开发模式很可能是特许经营甚至是独家经营。

（三）技术推动力

科学技术的进步不仅快速改变着游客的消费行为，也在加速渗透并改变旅游业的创新和竞争格局②。从南沙群岛的特殊性出发，推动南沙旅游发展的技术力量主要包括邮轮运营管理、岛礁建设、海水淡化、防风建筑和气象预报等方面。

1. 邮轮运营管理

邮轮运营管理技术的进步和经验的积累为南海旅游发展提供了技术保障。邮轮旅游是旅游业一个重要的增长点，根据中央电视台财经频道消息，近年来，全球邮轮业快速增长，其中邮轮旅游度假市场增幅最大③。2018 年全球邮轮旅游市场规模达到 460 亿美元，约合 3255 亿元人民币；选择邮轮度假的游客超过 2600 万人次，比 2017 年增长 3%。预测 2019 年邮轮度假旅游者将达到 3000 万人次。

中国邮轮旅游起步较晚，但发展速度快，潜力巨大。资料显示，2016年中国邮轮游客规模为 210 万人次，超过德国成为仅次于美国的世界第二大邮轮旅游市场。2018 年中国母港邮轮 876 航次，母港邮轮游客吞吐量

①苏建军，孙根年. 中国旅游投资与旅游经济发展的时空演变与差异分析 [J]. 干旱区资源与环境，2017，31（01）：185-191.

②姚军. 以游客为中心以技术为抓手：新时代中国旅游景区发展之路探讨 [J]. 旅游学刊，2018，33（1）：5-7.

③中央电视台财经频道. 邮轮旅游度假市场增幅明显 [EB/OL].（2019-10-18）[2019-12-15]. http://finance.sina.com.cn/chanjing/2019-10-18/doc-iicezuev3096754.shtml.

469.6 万人次，另有访问港邮轮 75 航次和游客 17.2 万人次①。在邮轮运营管理方面，中国也迈出了稳健的步伐。2014 年 8 月 16 日，中国第一艘全资（公司注册地在香港）悬挂利比里亚旗的豪华邮轮 2.45 万吨级的"中华泰山号"从烟台起航，首航韩国首尔和济州岛；2018 年 7 月 10 日，4.5 万吨级、悬挂巴哈马旗的"钻石辉煌号"首次从中国起航访问日本；2019 年 9 月 27 日，7 万吨级、悬挂中国国旗的"鼓浪屿号"首航中国，成为真正意义上的中国首艘全资、自主运营的五星红旗豪华邮轮。

海南邮轮旅游起步较早，创新较多。海南邮轮旅游的历史最早可以追溯到 1989 年 12 月 6 日巴拿马籍邮轮"海洋珍珠宝号"停靠三亚港。2000—2005 年，海南探索邮轮出境旅游，与香港邮轮公司合作，开通海口—越南下龙湾的始发港航线，游客不需要办理护照，仅凭通行证即可登轮。2004—2008 年，海南与香港合作，创新邮轮旅游的一程多站模式，到 2008 年全省接待邮轮 80 艘，位居全国第一，比位居第二位的上海多出 24 艘，其中，海口接待 16 艘，三亚接待 64 艘。2013 年 4 月 28 日，海南创造性地开通了海口—西沙的邮轮旅游航线，实现了南海邮轮旅游的历史性突破。2018 年"南海之梦号"和"长乐公主号"两艘船舶在运营，共运行 106 个航次，接待游客 33256 人次。

2. 岛礁建设技术

南沙群岛中岛的数量少、面积小，自然面积最大的太平岛也仅 0.432 平方千米。中国（大陆）在南沙群岛实际控制的只有永暑礁、渚碧礁和美济礁等 7 个礁，在高潮时露出海面的面积都少于 500 平方米。同时，南沙群岛的设施建设也非常薄弱。为建设必要的基础设施和服务设施，非常有必要进行岛礁建设，岛礁建设技术的进步为南沙旅游发展提供了技术支撑。

中国在南沙地区的岛礁建设过程大致经历了 3 个阶段，3 个阶段的时间起点分别是 1988 年中国在南沙群岛中的永暑礁上建立海洋气象观测站、1994 年中国人民解放军海军进驻美济礁、2012 年之后中国在南沙进行大规模填海造陆，3 个阶段分别以高脚屋、钢筋混凝土建筑、大规模填海造

---

①邮轮志. 2019 年 1 月刊.

岛作为重要体现和标志①。2015 年 6 月 30 日，中国外交部发言人在新闻发布会上宣布，中国已完成在南沙群岛部分驻守岛礁上的陆域吹填工程建设，此后中国将开展相关功能设施建设，其主要目的是满足两个方面的需求：一是必要的军事防卫需求，二是南海地区的各类民事服务需求，包括海上搜救、防灾减灾、海洋科研、气象观察、生态环境保护、航行安全、渔业生产服务等，而中国将在这些方面更好地履行国际责任和义务②。其中，最为成熟的是灯塔建设，中国在华阳礁、渚碧礁、永暑礁、赤瓜礁、美济礁修建了 5 座灯塔，建成的灯塔规模宏大，功能多样，配备了船舶自动识别系统和高频通信基站，可以提供综合性导航服务③。到 2016 年 12 月，永暑礁、渚碧礁和美济礁等 3 个大型人工岛礁军民设施的土建工程建设基本完成，住房、医院、运动场、灯塔、港口、机场航站楼和机库、海洋观测站、海水淡化站等，均基本建成并投入使用④。

3. 海水淡化技术

南沙群岛的岛礁中，只有太平岛等个别自然面积比较大的岛礁有淡水，中国（大陆）在南沙群岛实际控制的岛礁上都没有淡水，海水淡化自然成为南沙群岛旅游开发的关键技术问题。国际水资源协会（IWRA）2013 年的统计资料表明，已有 150 多个国家不同程度地实施海水淡化技术，将海水淡化后当作饮用水或工农业用水⑤。目前，国外海水淡化技术比较成熟，主流技术有反渗透、多级闪蒸及低温多效 3 项，而且成本不断降低，规模日益扩大，例如，以色列 80% 的民众饮用水来于海水淡化。1999 年中国掌握了反渗透的膜技术，此后海水淡化快速发展，目前中国掌握了万吨级海

---

①周桂银. 中国南沙岛礁建设的战略战术博弈［J］. 世界经济与政治论坛，2017（4）：48-63.

②2015 年 6 月 30 日外交部发言人华春莹主持例行记者会，http：//www.fmprc.gov.cn/ web/ wjdt _674879/fyrbt_674889/t1277205.shtml.

③李国选，严双伍. "21 世纪海上丝绸之路"倡议推进下的中国南海岛礁建设［J］. 当代世界与社会主义，2018（2）：156-162.

④周桂银. 中国南沙岛礁建设的战略战术博弈［J］. 世界经济与政治论坛，2017（4）：48-63.

⑤裴绍峰，刘海月，叶思源，等. 海水淡化：国际经验与未来前景［J］. 生态经济，2014，30（11）：2-5.

水淡化装置成套制造技术，建成了具有自主知识产权的单套 1.25 万立方米/日低温多效和 1 万立方米/日反渗透海水淡化装置。

4. 防风建筑技术

马尔代夫的"一岛一村"（One Island One Resort）模式非常成功，对南沙旅游开发具有较好的借鉴作用。但是，与马尔代夫位于赤道无风带不同，南沙群岛位于台风多发区域，既是南海台风发源地，也是西太平洋台风向西的主要途经地。因此，在南沙群岛发展旅游业，防风建筑技术也是关键技术问题，超大型海上浮式平台即是理想方式。国际上超大型海上浮式平台主要有两种——箱式浮体和半潜式浮体，其中，箱式浮体是由日本 Mega-Float 技术研究中心发起，旨在实现公里级尺度的、使用寿命数百年的超大型浮箱式结构物；半潜式浮体由美国海军设施工程服务中心发起，旨在设计一种可移动的、适用于各种海况条件的海上基地。超大型海上浮体结构是国家重大战略基础设施，在中国也开展了大量研究，并取得了重要进展。

5. 气象预报

天气预报是一项很复杂的系统工程，由全球气象观测系统、全球气象通信系统、计算机与资料加工处理系统、数值预报产品制作系统和综合预报制作系统 5 个子系统组成。可以说，天气预报是名副其实的高科技产品，是预报人员集体智慧的结晶。现代科学技术的广泛应用使得天气预报越来越准，未来 24 小时和 72 小时内的天气预报准确率分别达到 90% 和 80% 左右，日本的季度天气预报准确率达到 50% 左右[1]。

三、拉力

南沙群岛及其海域因其与祖国大陆和海南岛的距离远、通达性差、地缘政治敏感等原因，至今为止，了解南沙群岛的人并不多，去过的人更是凤毛麟角，"到自己的土地上去走一走，看一看"是每一位中国公民的理想和愿望。随着闲暇增多、收入提高、旅游动机增强和旅游信息的刺激，将会有更多的公民期望去南沙旅游，这将拉动南沙旅游发展。

---

[1]肖祥. 气象预报越来越准 [J]. 城市与减灾，2012（2）：19-20.

（一）闲暇增多

足够的可自由支配的闲暇是旅游的必要条件。闲暇增多主要表现在法定节假日增多和带薪假期的延长。现行制度下的法定节假日、周末休息日和职工带薪年休假累计超过全年的 1/3，休假安排与中国目前的经济社会发展水平基本适应①。2000 年开始，国务院调整安排法定节假日放假时间，将分别与春节、"五一"、国庆紧邻的两个周末时间进行调整，使法定节假日与周末连在一起，形成"黄金周"假期，"假日旅游"起到了很好的促进作用。

1. 法定节假日增多

1949 年 12 月 23 日，政务院发布了《全国年节及纪念日放假办法》（简称《放假办法》），建立了全国节假日制度，规定了全体公民、部分公民节日放假，少数民族假日和不予放假的纪念节日及其补假规定，其中，全体公民假日为 7 天，包括新年 1 天、春节 3 天、劳动节 1 天和国庆节 2 天，另有妇女节、青年节、儿童节、建军节、少数民族习惯之节日和其他各种纪念节日。1999 年 9 月，国务院修订了《放假办法》，全体公民法定节日放假时间由 7 天增加到 10 天，包括新年 1 天，春节、劳动节和国庆节各 3 天。2007 年 12 月国务院第二次修订《放假办法》，全体公民法定节假日增加到 11 天，即新年、清明节、劳动节、端午节和中秋节各 1 天，春节和国庆节各 3 天，由 3 个长假期调整为 2 个长假期。2013 年 12 月又进行了第三次修订。现行的《国务院关于职工工作时间的规定》明确，"职工每日工作 8 小时，每周工作 40 小时"。这样，全体公民 1 年的"非工作时间"达到 115.3 天，约占全年的 31.5%。

2. 带薪假期延长

从 2008 年 1 月开始，中国实施《职工带薪年休假条例》（中华人民共和国国务院令〔第 514 号〕），规定："职工在年休假期间享受与正常工作期间相同的工资收入。""职工累计工作已满 1 年不到 10 年的，年休假 5 天；已满 10 年不满 20 年的，年休假 10 天；已满 20 年的，年休假 15 天。

①谢维雁，段鸿斌. 中国现行节假日制度研究［J］. 四川师范大学学报（社会科学版），2013，40（4）：49-57.

国家法定休假日、休息日不计入年休假的假期。" "年休假在 1 个年度内可以集中安排，也可以分段安排，一般不跨年度安排。"

(二) 收入提高

足够的可自由支配收入是旅游不可或缺的客观必要条件，决定着旅游消费能力、出行方式、停留时间、旅游目的地和产品选择等方面。收入提高表现为个人收入提高、家庭财富增加和恩格尔系数降低等 3 个方面。

1. 个人收入增加

世界经济持续增长，按照 2010 年不变价计算，世界人均 GDP 从 1985 年的 6535 美元增加到 2010 年的 9508 美元和 2017 年的 10605 美元，年均增速保持在 3% 左右。其中，中国对世界经济增长贡献突出，占世界国民经济的份额逐年提高。按照 2010 年不变价计算，中国 GDP 占世界总量的比重从 1985 年的 1.78% 提高到 2010 年的 9.22% 和 2017 年的 12.69%。相应地，按 2010 年不变价计算，1985 年中国仅相当于世界人均 GDP 的 8.08%，2010 年和 2017 年则分别提高 47.19% 和 67.96%[1]。随着社会经济发展，城乡居民收入水平快速提升。《中国统计年鉴 2019》的数据显示，全国居民人均可支配收入从 1978 年的 171.2 元增加到 28228 元，提高了 163.88 倍，扣除物价因素，实际提高 24.32 倍，年均提高 8.41%，其中，城镇居民从 343.4 元提高到 39250.8 元，实际提高 15.28 倍，年均提高 7.22 个百分点，农村居民从 133.6 元提高到 14617 元，实际提高 18.45 倍，年均提高 7.70 个百分点。

2. 家庭财富增加

旅游消费具有高层次性，只有当家庭财富增加到一定量时才能产生旅游消费。中国统计年鉴数据显示，按人口平均的个人存款从 1995 年的 2449 元增加到 2018 年的 51720 元，扣除物价因素 (即按照 1995 年不变价核算)，2018 年的人均个人存款为 31533 元，年均增加 11.75%，明显快于人均 GDP 年均增速的 9.37%。家庭财富的增加也表现在耐用消费品的增加，例如，全国居民平均每百户年末拥有家用汽车从 2013 年的 16.9 辆增

_____

①UN Data. http://data.un.org/_Docs/SYB/PDFs/SYB62_230_201904_GDP%20and%20GDP%20Per%20Capita.pdf.

加到 2015 年的 22.7 辆和 2018 年的 33.0 辆。

3. 恩格尔系数降低

德国统计学家恩格尔提出，在一个家庭或一个国家中，食品支出占总支出的比例随着总收入的增加而降低，相应地，一个国家平均恩格尔系数大于 60% 为贫穷，60%～50% 为温饱，50%～40% 为小康，40%～30% 为相对富裕，30%～20% 为富裕，20% 以下极其富裕。1978 年中国城镇和农村居民恩格尔系数分别为 57.5% 和 67.7%，总体上属于贫穷状况；2000 年分别为 39.4% 和 49.1%，基本步入小康；2018 年已分别下降到 27.7% 和 30.1%，整体进入富裕行列。而且，按照 2010 年标准，农村地区贫困发生率从 2010 年的 17.2% 下降到 2018 年的 1.7%，截至 2019 年底，全国仅有 1660 万人处于贫困线以下。

（三）旅游动机

旅游动机是产生旅游活动的主观因素，具有不可或缺性。一个人如果没有旅游动机，即便有足够的闲暇和可自由支配收入，也不可能成为旅游者。结合南沙旅游的特殊性，本研究认为，游客前往南沙旅游的动机主要表现在以下 3 个方面。

1. 爱国情结

中国对南沙群岛的历史性权利具有法理依据和历史基础，但在有关国际组织于 20 世纪 60 年代发布南海资源调查报告后，越南和菲律宾等个别南海周边国家开始觊觎中国的南沙岛礁和海域，加之在这一时期，由于各种原因，中国疏于对南海岛礁与海域进行有效管理，越南和菲律宾等个别国家于 1970 年开始陆续非法侵占中国的南沙岛礁和海域，并非法在这里掠夺中国的油气和渔业等资源。这对于中国而言，是一种"国耻"与"国恨"。到南沙群岛"自己的土地"上走一走，看一看，去宣示中国对这些岛礁和海域的神圣主权，是每一位爱国公民的强烈愿望和期许。这一点可以从西沙游客的情感得到验证。执行三亚—西沙旅游航线的企业组织游客在鸭公岛、全富岛和银屿岛上开展巡岛活动，并举行升国旗、唱国歌等爱国主义教育。课题组成员曾亲自体验这类活动，同行的游客都对这类活动给予很高的满意度、美誉度和认可度。

2. 追求新奇

三沙市现有户籍人口 630 人①，2013—2018 年，西沙旅游航线共接待游客 7.9 万人次。这意味着，如果不考虑军事人员，去过西沙的中国公民约 8 万人，仅占中国总人口的 1.7 万分之一。南沙群岛至今没有任何旅游开发，去过南沙群岛的中国公民更少，仅限于少量的渔民、公务员、工程人员、科技人员和军事人员等。因此，南沙群岛及其海域对于绝大多数中国公民而言，是神秘的，是新奇的，是令人向往的。即便南沙旅游发展起来了，限于生态环境和接待能力等方面的约束，每年的游客数量也是很有限的，能去南沙群岛旅游的人是幸运儿。

3. 炫耀心理

正因为只有极少数人曾经去过南沙群岛，将来能够去的人也非常有限，所以，前往南沙群岛旅游是一种"稀缺资源"，是一项奢侈活动，需求价格弹性系数小但收入弹性系数大，在一定程度上代表着较多的财富和较好的运气，甚至与身份和地位有一定的联系。类似于在 20 世纪 80 年代晚期拥有一台"大哥大"，彰显着财富和身份。

（四）信息刺激

1990 年，Neil Leiper 在 *Tourist Attraction Systems* 一文中构建了"人的需求＋吸引物＋信息"的旅游吸引系统，认为不仅要重视需求的推力作用，而且要强调信息在旅游吸引系统的地位②。旅游者在游前、游中和游后都对食住行游购娱等信息有需求，其旅游决策、旅游行为、旅游体验、旅游感知和旅游满意度等也都受相关信息的影响。研究显示，现代旅游业很大程度上依赖于电子网络，目的地声誉、消费者意见、信息传播以及口头宣传等③。在移动信息技术时代和旅游自由行时代，多样性、动态性、针对性、及时性和全面性的信息对激发人们的旅游动机具有重要影响，尤其是媒体的正面宣传、现代营销技术和手段的创新发展与应用、包含亲朋

---

①海南省统计局. 海南统计年鉴 2019［M］. 北京：中国统计出版社，2019.

②Neil Leiper. Tourist Attraction Systems［J］. Annals of Tourism Research，1990，17（3）：367-384.

③Williams P W，Stewart K，Larsen D. Toward an agenda of high-priority tourism research［J］. Journal of Travel Research，2011，11（4）：219-226.

好友推荐在内的口碑效应等，对旅游动机产生直接影响，进而影响旅游消费决策和旅游目的地发展。在全媒体时代要充分发挥新媒体与人工智能、传统出版物、影视媒体以及事件营销等在城市（目的地）旅游形象传播与推广中的综合作用，尤其要发挥新媒体与人工智能的中坚力量①。

1. 媒体宣传

由于南沙群岛基本处于"待开发"状态，社会大众目前几乎没有适当途径前往那里实地考察和领略美丽风景，人们对它的了解和认知基本来源于媒体宣传，而且主要来源是书刊报纸、电视广播等传统媒体。例如，2013 年 1 月至 2016 年 7 月，在不顾中国强烈反对的情况下，菲律宾单方面提起"中菲南海仲裁案"。在此过程中，党中央、国务院及外交部等有关部委通过中央电视台等媒体表明了中国的态度。这一事件让南沙群岛及其海域成为世界的焦点，也让更多的中国公民了解了包括南沙群岛在内的南海问题的渊源、现状以及中国政府的态度，更激起了中国公民的爱国热情和维护南沙群岛主权的决心与信心，增强了中国公民的海洋意识。

2. 市场营销

旅游目的地宣传和市场营销是城市旅游主管部门的核心职能②。旅游营销具有公共产品性质和很高的外部性，这决定了政府在旅游市场营销中的主导地位；旅游需求的多样性和旅游产品的综合性决定了要将目的地作为一个整体推向旅游市场，即旅游目的地要实行公共营销，以整体形象和整体实力参与旅游市场竞争；在全媒体时代，要充分利用节庆营销、事件营销、娱乐营销和影视营销等新兴营销方式，综合运用电视、报刊、微信、微博、Facebook、Twitter 和 YouTube 等全媒体进行精准营销和前瞻性营销。通过市场营销，向市场发布目的地的信息从而激发旅游动机和增强旅游需求，发现和了解旅游者的需求从而更好地满足旅游需求。由于外交上的敏感性和供过于求的市场特征，三亚—西沙航线旅游并没有开展相应

①孙旭，吴赟. 全媒体情境下城市旅游形象传播的理念、路径与策略 [J]. 传媒，2018（12）：75–78.

②樊志勇，张希. 韩国旅游目的地营销模式研究及对中国的启示 [J]. 经济与管理，2018，32（2）：89–92.

的市场营销活动。但从该航线的提质增效和转型升级的目标出发，适量和特定范围的市场营销是十分必要的。事实上，该航线无疑既是从资源禀赋出发的"阳光沙滩、椰风海韵"的重要构件，也是从市场需求出发的"阳光海南、度假天堂"的特色产品。通过这些营销口号，市场对前往南沙群岛旅游和休闲也产生了强烈欲望。

3. 口碑效应

早在20世纪70年代早期，国外学者就开始研究旅游业中的口碑效应[1]。口碑（Word of Mouth）是消费者关于商家、品牌、产品或服务的口头和非商业性的评价、交流与沟通的总和[2]，可分为正面口碑和负面口碑。正面口碑对消费者的购买决策具有较强的影响力和说服力，对维持忠诚顾客也有一定贡献[3]，负面口碑不仅会减少潜在顾客，降低企业利润，还会损害企业形象，阻碍长远发展[4]。从西沙旅游的良好口碑可以映射南沙旅游需求潜力。目前有两艘船执行西沙旅游航线，一是海南海峡航运公司运营的"长乐公主号"（总吨位1.4万吨，长度129米，宽度22.5米，满载客数499人），二是三沙南海之梦邮轮公司运营的"南海之梦号"（总吨位2.5万吨，长度167.5米，宽度25.2米，满载客数893人）。根据携程旅游网的"用户点评"〔采用5分制，4分（不含）以上为满意，3~4分为一般，3分（含）以下为不满意〕，总体来说，游客对西沙旅游航线的满意度较高，无论是总评还是各单项的感知，都超过了4分，即都达到了满意的水平（表4.4）。也就是说，尽管西沙旅游航线还有较大的提升空间和潜力，但游客满意度相当高，总体满意度达到了90%，尤其是对邮轮服务的满意度很高，达到96%，单项的满意度最低也达到了82%。

①Cohen E. Toward a sociology of international tourism［J］. Social Research，1972，39（1）：164–182.

②Rosen E. The anatomy of buzz: How to create word–of–mouth marketing［J］. Marketing Management，2000，9（4）：62–63.

③刘卫梅，林德荣. 基于信任的旅游目的地口碑推荐机制研究［J］. 旅游学刊，2018，33（10）：63–74.

④Mitchell V W，Walsh G.，Yamin M. Towards aconceptual model of consumer confusion［J］. Advances in Consumer Research，2005，32（1）：143–150.

表 4.4　三亚—西沙航线的游客满意度

邮轮和航线	样本数	总评	邮轮住宿	邮轮餐饮	邮轮服务	邮轮玩乐
长乐公主号邮轮	113	4.7	4.6	4.6	4.9	4.6
南海之梦号邮轮	100	4.3	4.2	4.1	4.7	4.1
西沙旅游航线	213	4.5	4.4	4.4	4.8	4.4

注：最高得分为 5 分。

资料来源：根据 http：//cruise.ctrip.com/有关数据整理，访问日期为 2020-01-09。

四、阻力

阻力的本意是妨碍物体运动的作用力。据此，南沙旅游发展阻力是指妨碍南沙旅游开发与运营的作用力。目前对旅游发展机制中的阻力研究较少，因而对于旅游动力机制的认识不够全面。亢雄和马耀峰认为，从哲学高度、力学角度和现实出发，旅游发展中的阻力都是客观存在的，并从彭华提出的区域旅游发展系统的四个维度出发，分析了旅游发展中的阻力因素[1]；高军等从游客的微观层面提出了"推拉阻"旅游动力机制[2]。也有少量文献以"旅游"和"阻力"为篇名，但实际上研究的是旅游发展存在的问题与不足[3][4]。从其特殊性出发，妨碍南沙旅游发展的作用力主要有外部异议、环境敏感和基础差等。

（一）外部异议

中国对南沙群岛及其海域拥有不可辩驳的主权，并且具有极其充分有效的历史和国际法依据，也得到了国际社会和国外学者的广泛支持和认可。例如，1974 年 2 月 10 日，美国《前卫》周刊就越南西贡政府非法侵占中

---

①亢雄，马耀峰. 旅游动力机制中阻力探析 [J]. 社会科学家，2009（7）：82-85.

②高军，吴必虎，马耀峰. 旅华英国游客 O→D 旅游客流动力机制研究 [J]. 旅游学刊，2011，26（2）：35-40.

③罗许伍. 拉萨周边地区乡村旅游发展的阻力问题分析 [J]. 资源开发与市场，2009，25（7）：662-664.

④周永广，王微波，陈怡平. 黄山市旅游发展阻力的问题构造 [J]. 浙江大学学报（理学版），2004（3）：354-360.

国西沙和南沙群岛发表时评指出："西沙、南沙、中沙、东沙自古以来就是中国领土的一部分""中国对这些岛屿的主权在国际参考书中得到了普遍的承认"[①]。除越南西贡政府曾于 1956 年对南沙和西沙群岛提出主权要求外，任何国家在 20 世纪 60 年代中期之前都没有正式对南海诸岛和南海海域提出过主权要求。

然而，1968 年联合国暨远东经济委员会对南海海域、南沙群岛东部和南部海域油气资源勘察报告公布后[②]，加之国际海洋法的酝酿引发各国争夺海洋权益，南海周边个别国家开始非法侵占中国南沙群岛的部分岛礁，并提出岛礁主权和海域划界诉求。例如，越南先后于 1975 年与 1977 年提出对南沙群岛和西沙群岛的主权要求，菲律宾于 1978 年对南沙群岛部分岛礁和海域提出主权和管辖权主张。中国从海洋权益层面提出了"搁置争议、共同开发"的主张，但并没有得到有关方面的积极回应。相反，这些国家推行固守既得利益的政策，在非法侵占的岛礁修建军事和民事设施，同时将南海问题纳入东盟会议议程，使得南海问题东盟化。

同时，冷战结束后，美、日等国亚太政策的调整使解决南海问题的国际环境发生了重大变化，特别是，美国的南海政策从"不表态"发展到"选边站"，甚至将南海"航行自由"纳入美国的核心利益，使得南海周边一些国家获得了相对有利的应对南海问题的环境。这样，原本通过双边谈判即可解决的问题演变为涉及地区安全形势的相对复杂的国际问题。

在这样的地缘政治背景下，中国在南沙群岛发展旅游业和开展旅游活动，很可能遭遇越南和菲律宾等主权声索国的异议，并且有可能将这种异议带进东盟相关会议议程，同时，美国为主的域外大国也有可能以影响"航行自由"为名提出异议。

（二）环境敏感

这里所说的环境是一个综合概念，包括生态和气候等自然环境，也包

---

①Mark J. Valencia, The Spratly Islands: Dangerous Ground in the South China Sea [J]. The Pacific Review, 1974, 1 (4): 38-43.

②吴士存. 南沙争端的由来与发展 [M]. 北京：海洋出版社，1999：101.

括军事管制和地缘政治等人文环境。所谓的环境敏感又主要表现在以下 3 个方面。

1. 生态环境脆弱

南沙群岛岛礁众多，但单个岛屿的面积狭小，其中，自然面积最大的太平岛仅有 0.432 平方千米。同时，绝大多数岛礁由珊瑚礁（沙）组成，具有一定的流动性。正因为如此，南沙群岛大部分岛礁淡水缺乏，植被稀少，野生动物以鸟类和龟类为主。尽管南沙群岛是世界上珊瑚生长条件最好的海域，但由于南海周边国家渔民的非法掠夺性挖掘和开采，这里的珊瑚礁生态系统被破坏得比较严重，其死亡率和白化率都比较高。所以，在这里发展旅游业比在任何地方都需要将生态环境保护放在更加重要的位置。

2. 台风较多

马尔代夫的旅游业取得了举世瞩目的成效，有人认为三沙市可以效仿。但他们在比较三沙市与马尔代夫的异同时，忽略了一个非常关键的差异，即马尔代夫因靠近赤道，处于赤道无风带，而三沙市是台风发源地和途经地，受台风影响大，每年受到 14 个左右的台风的影响。因此，在南沙群岛发展旅游业，防风技术和台风预警成为关键技术之一。

3. 军事管制严

如前所述，从中国的角度看，所谓南海问题，根本上是南沙问题，其实质是中国南沙群岛的部分岛礁被个别国家非法侵占，并提出主权声索。领土和领海是国家核心权益，神圣不可侵犯。派遣必要的军事力量驻守是宣示和维护领土和领海权益的基本象征。中国在永暑礁和美济礁等南沙岛礁进行必要的岛礁扩建和军事部署，是中国的内政，不容许任何外国势力说三道四。毫无疑问，在南沙群岛发展旅游业和开展旅游活动，既需要国家安全的保障，也必须以国家安全为前提，严格服从军事管制。

（三）基础差

1. 基础设施薄弱

2015—2016 年，中国在南沙群岛的部分岛礁进行了必要的人工岛礁建设，使中国实际控制的岛礁的陆地面积达到 13 平方千米左右，同时开展了相应的基础设施建设，使基础设施基本上能满足需要。例如，先后在南沙群岛建设了永暑岛（礁）机场①、渚碧岛（礁）机场②和美济岛（礁）机场③，且每个机场都已成功试飞了民航客机。又如，中国在南沙群岛有关岛礁建设了码头，安装了海水淡化装置。尽管这些基础设施目前基本上是满足军事需要，但从一开始就考虑到了居民共用。然而，为满足游客需求，还需要进行邮轮码头、邮轮锚地、游艇码头、度假基地等基础设施建设。

2. 远离客源市场

使用百度地图进行测量可知，渚碧岛、永暑岛和美济岛至三亚榆林港的直线距离分别约为 935 千米、1020 千米和 1100 千米，按照邮轮航速每小时 40 千米计算，从三亚乘坐邮轮至渚碧岛、永暑岛和美济岛的时间分别为 23.5 小时、25.5 小时和 27.5 小时。尤其是，海南本地客源量非常有限，南海旅游的主要客源市场在大陆，占到 90% 左右，从而进一步扩大了南沙旅游的时间距离、空间距离和经济距离。

3. 旅游业基础空白

2013 年 4 月海南省开通了海口（三亚）—西沙的邮轮旅游航线，该航线自运营以来，得到了社会各界的认可，取得了良好业绩。2015 年 6 月三沙市成立了三沙市旅游发展有限公司，致力于旅游资源开发和经营管理、旅游宣传促销和策划、旅游产品开发和销售、旅游景区配套设施建设和游览服务、旅游项目投资和运营、旅游文化传播和推广，对推进三沙市旅游发展发挥重要作用。2016 年三沙市组织编制了《海南省三沙市旅游发展专项规划（2016—2030）》，提出了到 2020 年实现南沙邮轮定期游的目标，并提出在南沙群岛设立旅游综合服务基地、在条件允许的南沙旅游海岛配套建设邮轮停靠港或邮轮锚地、构建海南本岛至南沙群岛邮轮航线等一系列设想。然而，截至 2019 年底，南沙旅游发展还没有提上议事日程，更不用说在南沙形成旅游接待能力了。万事开头难，旅游业基础空白成为南沙旅游发展的阻力。

---

①百度百科. 永暑礁机场 [EB/OL]. [2020-1-28]. https：//baike.baidu.com/item/.
②百度百科. 渚碧岛机场 [EB/OL]. [2020-1-28]. https：//baike.baidu.com/item/.
③百度百科. 美济岛机场 [EB/OL]. [2020-1-28]. https：//baike.baidu.com/item/.

第五章 南沙旅游发展动力强度

本章旨在第四章的基础上，采用层次分析法、主成分分析法、德尔菲法和市场调查法等研究方法，确定南沙旅游发展动力系统中各因素、各指标的重要性，以及各自对南沙旅游发展的作用强度，从而找出在南沙旅游发展中需要重点考虑的因素和指标，并为后面的对策研究打下基础。

第一节 动力体系的主观权重

权重是指某一指标在整体评价中的相对重要性，权重越大，该指标在整体评价中就越重要，对整体的影响就越大。本研究在德尔菲法的基础上，采用层次分析法来确定动力体系的主观权重；在对专业人士进行调查的基础上，采用主成分分析法来确定动力体系的客观权重。

一、层次分析法（AHP）简介

层次分析法（Analytic Hierarchy Process，AHP）是美国匹茨堡大学运筹学家萨蒂教授在 20 世纪 70 年代初提出的一种多层次决策分析方法，是一种定性和定量相结合的确定权重的决策方法。该方法的基本思路是：构建层次结构模型→对准则层和因素层的元素进行两两之间的重要性比较→根据专家意见构建判断矩阵→计算权重矩阵并做一致性检验。

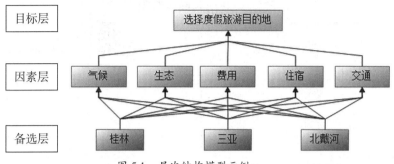

目标层

因素层

备选层

选择度假旅游目的地

气候   生态   费用   住宿   交通

桂林   三亚   北戴河

图 5.1   层次结构模型示例

（1）构建层次结构模型。将问题包含的因素分为目标层、准则层、约束层、备选层等若干个层次。假设所要做的决策是确定度假旅游目的地，所考虑的因素有气候、生态、费用、住宿、交通等，备选目的地有桂林、三亚和北戴河，于是可构建如图 5.1 所示的层次结构模型。

（2）构造两两对比矩阵。对层次结构模型中的准则层、约束层、因素层等介于目标层和备选层之间的每层中各元素，用成对比较法和 1～9 比较尺度（表 5.1）构造成对比较矩阵（表 5.2）。成对比较的特点是 $a_{ij}>0$，$a_{ij}=1/a_{ij}$。为降低专家评判的逻辑偏误，在对成对指标的重要性进行判断时，只需要专家判断某一个特定元素对同一因素层中的其他元素的重要性，该因素层中各元素的两两之间的重要性对比可根据专家的判断计算得出。计算公式为：

$$a_{ij}=\frac{a_{ik}}{a_{jk}}, \quad i, \ j, \ k=1, \ 2, \ 3 \cdots n$$

表 5.1   对专家评判结果的赋分标准

成对比较尺度	定义
$a_{ij}=1$	i 较 j 同等重要
$a_{ij}=3$	i 较 j 稍微重要
$a_{ij}=5$	i 较 j 明显重要
$a_{ij}=7$	i 较 j 十分重要
$a_{ij}=9$	i 较 j 绝对重要
2、4、6、8	用于上述标准的折中值

表 5.2　成对判断矩阵示例

指标 i	指标 j
	气候
生态	
费用	
住宿	
交通	

（3）构建判断矩阵。同样，有多少个准则层（约束层、因素层），就需要构建多少个判断矩阵，在上例中，只有 1 个因素层，只需要构建一个判断矩阵。在以下矩阵 A 中，a_{13} 表示第 1 个元素对第 3 个元素的重要性对比关系为 5，即第 1 个元素比第 3 个元素明显重要，其余类推。

$$A = \begin{pmatrix} 1 & 3 & 5 & 7 & 9 \\ 1/3 & 1 & 2 & 2 & 3 \\ 1/5 & 1/2 & 1 & 1 & 2 \\ 1/7 & 1/2 & 1 & 1 & 1 \\ 1/9 & 1/3 & 1/2 & 1 & 1 \end{pmatrix}$$

（4）计算权重矩阵。权重矩阵的计算方法有两种，一是"和"法，另一种是"积"法。"和"的计算步骤是：

首先将判断矩阵的每一列做归一化处理，公式为：

$$\overline{a_{ij}} = \frac{a_{ij}}{\sum_{i=1}^{n} a_{ij}}, \quad i, j=1, 2, 3 \cdots n$$

然后将归一化处理后的判断矩阵的每一行相加，公式为：

$$\overline{W_i} = \sum_{j=1}^{n} a_{ij}, \quad i, j=1, 2, 3 \cdots n$$

最后对 $\overline{W_i}$ 进行归一化处理，即可得到本层次各元素的权重 W_i，计算公式为：

$$W_i = \frac{\overline{W_i}}{\sum_{j=1}^{n} \overline{W_i}}, \quad i, j=1, 2, 3 \cdots n$$

上例按"和"法计算的权重矩阵为:

(0.5588　0.1877　0.1038　0.0850　0.0646)。

"积"法的计算步骤是:

先将判断矩阵的每一行元素相乘,公式为:

$$W_i^* = a_{i1} \times a_{i2} \cdots a_{ij} \cdots a_{in}, \quad j=1,2\cdots n$$

然后将乘积列做归一化处理,计算公式为:

$$W_i = \frac{W_i^*}{\sum_{i=1}^n a_i}, \quad i=1,2\cdots n$$

上例按"积"法计算的权重矩阵为:

(0.5607　0.1879　0.1032　0.0840　0.0641)。

"和"法与"积"法的计算结果非常接近。

(5) 判断矩阵的一致性。判断矩阵 A 应该满足前提条件:

$$a_{ij} = \frac{a_{ik}}{a_{jk}}, \quad i, \ j, \ k=1, \ 2\cdots n$$

否则就会出现逻辑错误。因此,需要对判断矩阵进行一致性检验。检验公式为:

$$C_I = \frac{\lambda_{max} - n}{n-1}$$

式中,λ_{max} 为 n 阶判断矩阵的最大特征值,计算公式为:

$$\lambda_{max} = \sum_{i=1}^n W_i A$$

当 $\lambda_{max} = n$ 时,即 $C_I = 0$ 时,矩阵 A 具有一致性,C_I 的值越大,则矩阵 A 的不一致性越严重。当 $C_I > 0$ 时,需要计算随机一致性比率 C_R:

$$C_R = \frac{C_I}{R_I}$$

其中,R_I 为平均随机一致性指标,其取值见表 5.3。

表 5.3　判断矩阵随机一致性指标 R_I 取值表

n	1	2	3	4	5	6	7	8	9
R_I	0	0	0.58	0.9	1.12	1.24	1.32	1.41	1.45

当 C_R<0.1 时，则认为判断矩阵的一致性较高，说明赋值合理；当 $C_R \geqslant$ 0.1 时，则需要调整判断矩阵的赋值，直至达到一致性，否则就含弃该矩阵。

在上例中，λ_{max} 为 5.019661，C_I=0.0049，说明矩阵不具有完全一致性，但 C_R=0.0044，小于 0.1，说明该矩阵是可以接受的。

二、使用 Yaahp 软件进行层次分析确定主观权重

Yaahp 是一种比较成熟也被广泛使用的层次分析法确定权重的软件，也是本研究计算主观权重时所使用的软件。使用该软件计算主观权重大致有以下几个步骤：

（1）明确研究任务和目标。本研究的任务和目标是判断南沙旅游发展的动力系统、动力作用强度以及动力作用机理。

（2）构建递阶层次结构模型。根据上述目标，在文献分析的基础上，结合南沙旅游发展的特殊性，构建南沙旅游发展动力系统层次结构模型（图 5.2）。通常分为目标层、准则层、因素层和指标层等。本研究的目标层是"南沙旅游发展动力"，准则层是"驱力""推力""拉力"和"阻力"，因素层是"维权驱动力"和"基础差"等 13 个因素，指标层包含 43 个。需要注意，层次结构图连线时，是从下一层的顶端连线至上一层的底端。只有通过结构模型检查，才可以进入下一阶段。

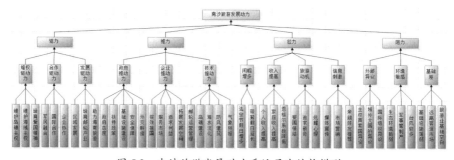

图 5.2 南沙旅游发展动力系统层次结构模型

（3）设计调查问卷。根据层次结构模型，本研究借用问卷星设计了与表 5.5 相类似的专家调查表（表 5.4），完整的调查问卷见附录 3。权重矩阵专家咨询问卷由三部分构成，一是调查说明和致谢等内容；二是打分说明，将指标 a 较指标 b 之间的关系设置了"同等重要""稍微重要""明

显重要""十分重要""绝对重要""稍微不重要""明显不重要""十分不重要""绝对不重要"9个选项，并以下拉菜单的形式供专家选择；三是对成对的指标的重要性作出判断。

表 5.4　指标的重要性比较调查问卷示例

基本指标	对比指标	同等重要	稍微重要	明显重要	十分重要	绝对重要	稍微不重要	明显不重要	十分不重要	绝对不重要
驱力	推力									
	拉力									
	阻力									

（4）开展专家调查。2019年8月10日至11日，通过微信向选定专家定向发送问卷链接的形式，邀请来自中科院、南开大学、海南大学、岭南学院、海南师范大学、海南热带海洋学院、海南省旅文厅、三沙市政府、海南省海洋规划设计院等的33位专家参与"南沙旅游发展动力权重矩阵专家咨询"，收回问卷30份，回收率90.91%。回收问卷的平均答题时间为641秒，其中，短于300秒的2人，最短175秒，长于800秒的7人，最长1682秒，因而从答题时间上保障了问卷的有效性。收回问卷后，需要对问卷的有效性进行评判，评判依据是判断的逻辑性。例如，如果a较b明显重要，b较c明显重要，则应该有a较c明显重要，如果出现了a较c不重要，则该判断出现了逻辑问题。在回收的30份问卷中，有18份问卷完全符合判断逻辑，是有效问卷，有5份问卷只需要调整1个判断，经与专家沟通，做了相应调整，使全部判断符合逻辑，另有7份问卷，至少出现了2处判断逻辑问题，调整难度较大，故做无效问卷处理。故共有有效问卷23份，问卷有效率为76.7%。

（5）对专家的判断结果进行赋分。为了直接导入专家数据，先从Yaahp软件中生成AHP调查表（图5.3），然后将专家调查数据录入该表

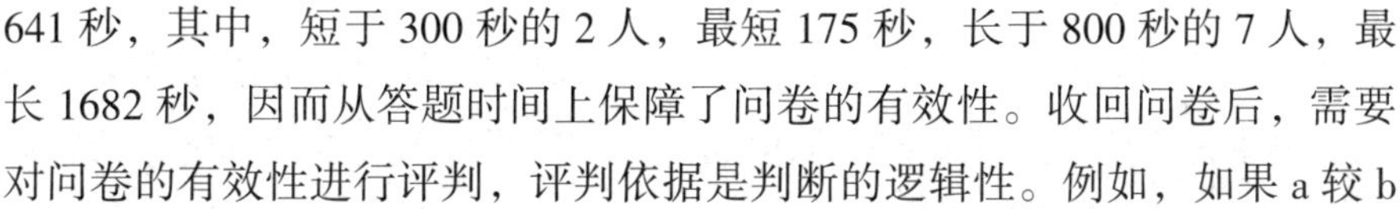

图 5.3　AHP 调查表

图 5.4　判断矩阵的一致性检验

格，且每位专家的数据单独保存一个文件。其中，深色部分表示左侧指标比右侧指标重要，且从 1 向左取值越高，左侧指标的重要性越强；浅色部分表示左侧指标没有右侧指标重要，从 1 向右取值越高，表示右侧的指标越重要。

（6）矩阵的一致性检验。把所有专家的数据录入之后，便可"导入专家数据"，完成后，点击"检查判断矩阵"，如果判断矩阵是一致的，"判断矩阵一致性"处就会出现图 5.4 所示"一致"，而且图界面的左下角框内出现绿色矩阵标志。

（7）输出计算结果。当输入了所有专家的判断矩阵并且通过一致性检验后，点击"计算结果"，就可输出各准则层、因素层和指标层的相应权重，而且有柱状图、条状图、饼图、Excel 表格等多种形式（图 5.5）。

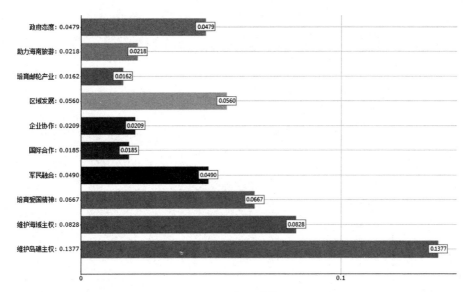

图 5.5 Yaahp 输出的计算结果示例

三、结果分析

南沙旅游发展动力系统的主观权重的计算结果见表 5.5。以下分别从 3 个层次对计算结果做简要分析。

表 5.5 南沙旅游发展动力系统的主观权重矩阵

目标层	准则层	权重	因素层	权重	指标层	权重
南沙旅游发展动力	驱力	0.4696	维权驱动力	0.2872	维护岛礁主权	0.1377
					维护海域主权	0.0828
					培育爱国精神	0.0667
			合作驱动力	0.0884	军民融合	0.0490
					国际合作	0.0185
					企业协作	0.0209
			发展驱动力	0.0940	区域发展	0.0560
					培育邮轮产业	0.0162
					助力海南旅游	0.0218

续表 1

目标层	准则层	权重	因素层	权重	指标层	权重
南沙旅游发展动力	推力	0.1905	政府推动力	0.1144	政府态度	0.0479
					扶持政策	0.0191
					基础设施建设	0.0111
					安全保障	0.0165
					外交斡旋	0.0198
			企业推动力	0.0375	报效祖国	0.0087
					服务市场	0.0052
					追求利益	0.0161
					拓展发展空间	0.0076
			技术推动力	0.0386	邮轮运营管理	0.0097
					岛礁建设	0.0128
					海水淡化	0.0062
					防风建筑	0.0054
					气象预报	0.0045
	拉力	0.1761	闲暇增多	0.0239	法定节假日增多	0.0138
					带薪假期延长	0.0101
			收入提高	0.0292	个人收入提高	0.0114
					家庭收入提高	0.0074
					恩格尔系数降低	0.0104
			旅游动机	0.0732	爱国情结	0.0190
					追求新奇	0.0319
					炫耀心理	0.0223
			信息刺激	0.0498	媒体宣传	0.0136
					市场营销	0.0260
					亲朋好友推荐	0.0102

续表 2

目标层	准则层	权重	因素层	权重	指标层	权重
南沙旅游 发展动力	阻力	0.1637	外部异议	0.1005	主权声索国异议	0.0524
					域外大国的异议	0.0262
					国际组织异议	0.0219
			环境敏感	0.0311	生态环境脆弱	0.0054
					台风较多	0.0077
					军事管制严	0.0180
			基础差	0.0321	基础设施薄弱	0.0137
					远离客源市场	0.0083
					旅游业基础空白	0.0101

（一）准则层分析

首先，驱—推—拉—阻的动力结构是成立的。驱力、推力、拉力和阻力在南沙旅游发展动力系统中都有较高的重要性，权重最低的是阻力，其权重也达到 0.1637，而且与推力和拉力的权重相差很小（图 5.6），这表明，驱—推—拉—阻的动力结构得到了专家们的认可，或者说，可以从驱—推—拉—阻 4 个维度来分析南沙旅游发展的动力。这进一步坚定了"驱推拉阻"动力模型研究的信心。

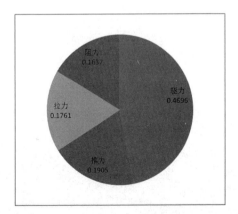

驱力	0.4696
推力	0.1905
拉力	0.1761
阻力	0.1637

图 5.6　南沙旅游发展动力——"驱推拉阻"模型

其次，驱力是最重要的。在驱力、推力、拉力和阻力这 4 个南沙旅游发展的动力中，重要性存在明显差异，其中，权重最高的是驱力，达0.4696，是位居第二位的推力的权重的 2.46 倍。这意味着，在专家们看来，驱力是南沙旅游发展中最重要的动力，要推进南沙旅游发展，最首要的就是要充分调动南沙群岛及其周边海域的旅游发展的驱力，这是南沙旅游发展的根本动力，决定着南沙旅游发展的方向、速度、规模等规定性。无论是推力还是拉力，都只是外生作用力，只有通过内力才能发挥作用，在事物运动中居于次要地位。

最后，阻力有限。专家们在认为阻力存在的同时，也认为阻力是有限的，其权重仅为 0.1637，在四类动力中是最小的。

（二）因素层分析

根据统计描述，将因素层的 13 个因素分为 3 类：权重>（平均值＋标准差）的有 1 个因素，即维权驱动力，权重达 0.2872，相当于权重第二高的因素（政府推动力）的 2.51 倍；（平均值＋标准差）>权重>平均值的有4 个因素，按权重从大到小排序，依次为政府推动力、外部异议、发展驱动力和合作驱动力，其中，发展驱动力和合作驱动力隶属于驱力，政府推动力隶属于推力，外部异议隶属于阻力；其余 8 个因素的权重都小于平均值。（图 5.7）

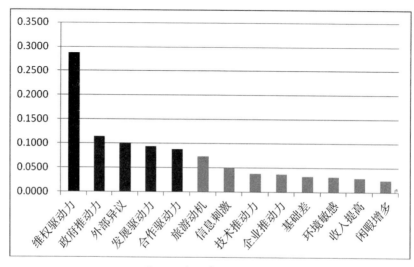

图 5.7 各因素的权重比较

附：图 5.7 数据

维权驱动力	0.2872
政府推动力	0.1144
外部异议	0.1005
发展驱动力	0.0940
合作驱动力	0.0884
旅游动机	0.0732
信息刺激	0.0498
技术推动力	0.0386
企业推动力	0.0375
基础差	0.0321
环境敏感	0.0311
收入提高	0.0292
闲暇增多	0.0239

在因素层的 13 个因素中，权重最高的是维权驱动力，达 0.2872，远高于其他因素，可见，在专家们看来，维权是南沙旅游发展最重要的动力。换言之，之所以要发展南沙旅游，最为重要的原因在于维护南沙群岛及其周边海域的主权；反过来说，为了维护南沙群岛及其周边海域的主权，应该而且需要发展南沙旅游。中国在南沙群岛进行了人工岛建设，甚至也部署了军事设施，但至今基本上没有民事存在，而根据相关国际公约和国际惯例，如果只有军事存在而没有民事存在，是难以得到普遍认同的。由此出发，维权驱动力毫无疑问是南沙旅游发展的第一动力。

权重第二高的因素是政府推动力，其权重为 0.1144，明显高于维权驱动力之外的其他因素，表明政府推动对于南沙旅游发展的意义重大。南沙群岛是世界上地缘政治关系最为复杂的区域之一，既有域内个别国家对中国的南沙岛礁及其周边海域提出了主权声索，也有域外大国以"航行自由"为名对中国在南沙群岛及其周边海域开展的正常活动提出质疑，因此，在南沙群岛开发旅游活动，首先需要政府尤其是党中央、国务院的批准，需要中央军委的允许，更需要政府相关部门为南沙旅游发展保驾护航。可以说，没有政府积极的态度和极力推动，南沙旅游发展一定是步履艰难，甚至是寸步难行。

权重位居第三位的是外部异议，也是权重大于0.1的3个因素之一。外部异议属于阻力，对南沙旅游发展起着抑制作用，是中国在发展南沙旅游过程中必须克服的障碍因素。正是因为越南和菲律宾等南沙群岛周边国家对中国的南沙岛礁和海域提出了主权声索，他们会对中国在南沙开发旅游提出异议甚至抗议和抵制，因而可能会出现与中国981钻井平台在西沙群岛海域勘探油气资源时一些越南渔船前来干扰甚至破坏相类似的事件。要发展南沙旅游，不仅要加强与越南、菲律宾等周边国家的交流与合作，尽可能争取得到他们的支持，还必须从最坏的方面做好思想准备，制定应对预案。

权重位于第四、第五位的分别是发展驱动力和合作驱动力，同属驱力范畴，权重值也都高于该层次各因素的平均水平，进一步反映内部驱力是南沙旅游发展关键。

其他因素的权重都低于该层次各因素的平均水平。其中，特别值得一提的是旅游动机，其权重达到了0.0732，显著高于"低于平均值"类别中的其他因素，又非常接近平均值，表明增强旅游者去南沙旅游的动机，是拉动南沙旅游发展的重要因素。动机增强了，在一定的社会经济条件下，市场需求会更加旺盛，必然提高南沙旅游开发的效益和效率。

在驱力中，以维权驱动力最为重要，占驱力的61.16%，发展驱动力和合作驱动力的权重基本相同；在推力中，权重最大的是政府推动力，占60.02%，技术推动力居次，而以企业推动力权重最小；在拉力中，旅游动机的权重最大，占41.57%，其次是信息刺激，占28.28%，而闲暇增多的权重最小，仅占13.57%；在阻力中，权重最大的是外部异议，占61.39%。

（三）指标层分析

从指标层看，权重最大的是维护岛礁主权，为0.1377，远远高于其他任何指标的权重。事实上，南沙问题最基本的问题是岛礁主权争端问题，一旦岛礁主权得以确立和维护，岛礁周边的海域的权益也就得以确立和维护，资源开发、生态保护、渔业生产等一系列活动和行为也就具有法理依据，就会得到国际社会的肯定。

维护岛礁主权在维权驱动力中的权重为47.95%，是维权的关键；在合作驱动力中，权重最高的是军民融合，为55.43%；在发展驱动力中，权重最高的是区域发展，占59.57%；在政府推动力中，最重要的是政府态度，占41.87%，其次是外交斡旋；在企业推动力中，最重要的是追求利益，占42.82%，符合企业逐利的一般经济现象；在技术推动力中，岛礁建设最为重要，占权重的33.16%；在闲暇增多中，法定节假日是关键，占57.74%，带薪假期并没有得到专家的充分认可；在收入提高中，主要在于个人收入的提高，占39.04%；在旅游动机中，最重要的动机是追求新奇，占43.58%；在信息刺激中，市场营销的意义显著，占52.21%；外部异议因素的关键在主权声索国的异议，占52.14%；在环境敏感方面，最显著的是军事管制，占57.88%，事实上，军事管制可能起到"一票否决"的作用；在基础差因素中，基础设施是大家最关心的，占42.68%。

第二节　动力体系的客观权重

本研究采用主成分分析法来确定指标体系的客观权重。

一、用主成分确定权重的方法

主成分分析（Principal Component Analysis），也称公因子分析，由K. 皮尔森最先提出，H. 霍特林对其进行完善。该方法主要用于降维，即通过正交转换，将一组线性相关的变量转换为一组不存在线性关系的变量，转换后的变量叫主成分或者公因子。该方法在人口统计学、数量地理学、旅游学等领域都得到了广泛应用。主成分分析法大致有以下几个步骤：

（1）对观察数据进行标准化处理。设 $X=(X_1, X_2, \cdots, X_p)$ 为观察变量矩阵，为了消除量纲的影响，通常要对原始数据做标准化处理，使每个指标的均值为 0，标准差为 1。标准化的公式为：

$$X_{sj}^* = \frac{X_{sj} - \overline{X}_J}{\sigma_j} \qquad 5.1$$

$$\overline{X}_J = \frac{1}{n}\sum_{s=1}^{n} X_{sj} , \quad \sigma_j = \sqrt{\frac{1}{n-1}\sum_{i=1}^{n}(X_{sj} - \overline{X}_J)^2}$$

5.1 式中，s 为样本个数，n 为样本总数，X_{sj} 为第 s 个样本第 j 个指标的观察值，由于阻力系统是逆向指标，因而需要做正向化处理，即在前面加负号，$\overline{X}_j$ 为第 j 个指标的平均值，σ_j 为第 j 个指标的标准差。

（2）计算相关系数矩阵。计算公式为：

$$r_{ij} = \frac{\frac{1}{n}\sum_{s=1}^{n}(X_{si} - \overline{X}_l)(X_{sj} - \overline{X}_J)}{\sqrt{\sum_{s=1}^{n}(X_{si} - \overline{X}_l)^2}\sqrt{\sum_{s=1}^{n}(X_{sj} - \overline{X}_J)^2}} \qquad 5.2$$

5.2 式中，X_{si} 为第 s 个样本第 i 个指标的值，X_{sj} 为第 s 个样本第 j 个指标的值，且 $i \neq j$，i，j=1，2，$\cdots$，p。

（3）计算特征值和特征向量。

根据特征方程 $|R-\lambda I|=0$ 计算特征值，即解

$$r_n\lambda^p + r_{n-1}\lambda^{p-1} + \cdots + r_1\lambda + \lambda_0 = 0$$

的特征多项式，求 λ_1，λ_2，$\cdots$，λ_P，并使特征值按从大到小排序，即

$$\lambda_1 \geqslant \lambda_2 \geqslant \cdots \geqslant \lambda_P \geqslant 0$$

（4）计算主成分贡献率和累计贡献率。其中：

$$贡献率：\theta_i = \frac{\lambda_k}{\sum_{i=1}^{p}\lambda_i} \qquad 5.3$$

$$累计贡献率 = \sum_{j=1}^{k}\left(\lambda_j \Big/ \sum_{i=1}^{P}\lambda_i\right) \qquad 5.4$$

5.3 式和 5.4 式中，λ_k 为第 k 个主成分的特征值，k=1，2，$\cdots$，m，且 $m \leqslant P$；λ_i 为第 i 个初始变量的特征值。在实际研究中，通常只需要选取前几个方差较大的主成分，从而简化系统结构，抓住问题的实质。确定主成

分数量的原则通常是特征值大于 1。但必须注意，主成分的累计贡献率应不低于 85%。于是，λ_1，λ_2，$\cdots$，λ_m 即为第一、第二……第 m 个主成分的特征值。

（5）计算主成分得分。设 $F = (F_1，F_2，\cdots，F_m)$ 为变换后的新变量矩阵，则变换后的新变量 F 可以用原始变量 X 的线性形式表示为：

$$\left[\begin{array}{l} F_1 = a_{11}X_1 + a_{21}X_2 + \cdots + a_{p1}X_p \\ F_2 = a_{12}X_1 + a_{22}X_2 + \cdots + a_{p2}X_p \\ \qquad\cdots\cdots \\ F_m = a_{1m}X_1 + a_{2m}X_2 + \cdots + a_{pm}X_p \end{array}\right. \qquad 5.5$$

显然，可以任意对原始变量进行上述线性变换，而且，不同的线性变换得到的新变量 F 的统计特征也各不相同。为获得理想效果，对线性变换约定以下原则：

①$á_i a_i = 1$，即 $a_{i1}^2 + a_{i2}^2 + \cdots + a_{im}^2 = 1$（$i = 1，2，\cdots，m$）；

②F_i 与 F_j 不相关（$i \neq j$；$i，j = 1，2，\cdots，m$）；

③F_1 是 X_1，X_2，$\cdots$，X_p 的一切满足原则①的线性组合中方差最大的；F_2 是与 F_1 不相关的 X_1，X_2，$\cdots$，X_p 的所有线性组合中方差最大的；……；F_m 是与 F_1，F_2，$\cdots$，F_{m-1} 不相关的 X_1，X_2，$\cdots$，X_p 的所有线性组合中方差最大的。

基于以上 3 个原则确定的新变量 F_1，F_2，$\cdots$，F_m 分别被称为原始变量的第一、第二……第 m 个主成分，它们具有唯一性。其中，F_1，F_2，$\cdots$，F_m 在总方差中所占比重依次递减。

5.5 式中，为主成分得分，$|a_{ij}| \leq 1$，且 $|a_{ij}|$ 越大，则 F_i 对 X_i 的依赖程度越高，或者说，则 X_i 对 F_i 的贡献率越大。a_{ij} 的计算公式为：

$$a_{ij} = \frac{f_{ij}}{\sqrt{\lambda_j}}，\quad \lambda = 1，2，\cdots，m \qquad 5.6$$

5.6 式中，λ_j 为第 j 个主成分的特征值；f_{ij} 为各指标在主成分中的载荷。

（6）计算指标权重。各指标在主成分累计方差贡献率中的份额为：

$$b_i = \frac{\sum_{j=1}^{m} a_{ij}\theta_j}{\sum_{j=1}^{m} \theta_j}，\quad j = 1，2，\cdots，m \qquad 5.7$$

5.7 式中，θ_j 为第 j 个主成分对应的方差贡献率。

进一步，可以计算出各指标的权重：

$$\delta_i = \frac{b_i}{\sum b_i} \qquad\qquad 5.8$$

二、利用 SPSS 软件进行主成分分析确定客观权重

利用 SPSS 软件进行主成分分析确定客观权重的步骤大致有：

（1）设计调查问卷。根据南沙旅游发展动力系统，利用问卷星，自主开发了南沙旅游发展动力调查问卷。该问卷包含 3 个部分：一是调查说明和致谢。二是量表题项，共 44 个，其中，第 44 个量表题项是第 36 个量表题项的反问题，是为了检验问卷的有效性而专门设计的。所有量表题项采用 9 级量表，并用下拉菜单式选项展现，可选项包括"绝对不同意""非常不同意""不同意""较不同意""保持中立""较同意""同意""非常同意""绝对同意"，在赋分时，按照该顺序，依次赋分 1～9 分。三是被调查者的个人信息，包括性别、年龄、常住地、学位、职称、专业、单位性质等内容。详见附录 4。

（2）问卷调查。本研究问卷调查分两个阶段。第一阶段为预调查，请课题组成员及课题组老师的历届研究生约 30 人填写问卷，其目的是纯化问卷，使问卷不至于出现容易误解、不容易理解、题干太长、难以判断等问题。第二阶段为正式调查。于 2019 年 8 月 13 日至 8 月 18 日，通过微信向特定专家定向发送调查问卷的形式开展问卷调查，共邀请了 500 多位在旅游管理、行政管理、海洋工程、环境科学、地理科学、经济学等领域的专业人士参与问卷填写，共收回问卷 325 份，问卷回收率为 65%。通过对问卷的初步分析发现，有 7 份问卷的量表题答案完全一样，故将其作为无效问卷，因此，收回有效问卷 318 份，问卷有效率为 97.85%。

表 5.6　问卷样本的人口学特征分析（%）

样本总量	样本量（个）		325				
性别	男性	55.3	女性	44.7			
年龄	35 岁及以下		37.7	36~49 岁	43.1	50 岁及以上	19.2
常住地	海南		49.7	非海南	50.3		
学位	博士	38.7	硕士	35.2	学士	16.0	其他	10.1
职称	正高级	23.9	副高级	20.1	中级	20.8	未定级	35.2
单位性质	政府机关	高等院校	科研院所	企业单位	行业协会	其他	
	13.21	53.77	5.98	13.21	1.57	12.26	
专业领域	旅游管理	企业管理	行政管理	环境科学	地理科学	海洋工程	经济学	其他
	33.3	6.9	6.9	2.2	12.3	1.9	10.1	26.4

（3）问卷的样本分析。表 5.6 样本分析显示，在全部 318 个有效样本中，男性占比略高，49 岁以下人口占绝对多数；常住地为海南和非海南的比例几乎相等。73.9%的被调查者具有硕士及以上学位，其中，具有博士学位的占 38.7%，没有学位的仅占 10.1%，表明样本的受教育程度很高，这在很大程度上保障了被调查者对调查问卷的理解程度，从而保障了调查结果的可靠性。被调查者中，具有正高级和副高级职称的分别占 23.9%和 20.1%，在高等院校工作和学习的占 53.8%，从事旅游管理专业工作的占 33.3%，这在相当大程度上保障了调查结果的专业性。

（4）问卷数据的可靠性检验。利用问卷星进行调查，可以直接下载 SPSS 格式的调查数据。被调查者的平均答题时间为 447.6 秒，其中，答题时间超过 500 秒的有 66 个样本，占 20.75%，300~499 秒的占 40.25%，200~299 秒的占 32.39%，200 秒以下的仅占 6.60%。这从答题时间上保障了调查数据的有效性和可靠性。为判断调查数据的可靠性和有效性，本研究从"全部指标"和"量表指标"两个维度，对调查数据进行克隆巴赫 a 系数检验和霍特林 T 方检验。克隆巴赫 a 系数的计算公式为：

$$a = \frac{P}{P-1} \times \left(1 + \frac{\sum \sigma_i^2}{\sigma^2}\right) \qquad 5.9$$

5.9 式中，P 为评价指标数量，σ_i 为第 i 个指标的标准差，σ 为所有指标的标准差。如果 $a>0.9$，则说明调查问卷的数据的信度很高；如果 $0.7<a<0.8$，则说明调查问卷的数据具有一定的参考意义；如果 $a<0.7$，则说明调查问卷的设计存在较大问题，调查问卷的数据不可信。

结果显示，调查数据的克隆巴赫 a 系数超过了 0.926，霍特林 T 方检验的显著性水平都为 0.000，表明调查数据具有很高的可靠性。（表 5.7）

表 5.7　调查数据的检验

统计范围	项数	可靠性检验		霍特林 T 方检验				
		克隆巴赫 Alpha	基于标准化项的克隆巴赫 Alpha	霍特林 T 方	F	自由度 1	自由度 2	显著性
全部指标	51	0.926	0.933	18253.367	308.637	50	268	0.000
量表指标	43	0.942	0.948	1754.44	36.37	42	276	0.000

（5）调查数据的标准化和有效性检验。在进行因子分析前，要对调查数据进行标准化处理，使数据的平均值为 0，标准差为 1，标准化处理的公式见 5.1 式。随后，为了验证标准化后的调查数据是否适合主成分分析，需要对数据进行有效性检验——KMO 检验和巴特利特检验。通常，KMO 在 0.9 以上，则非常合适做因子分析，0.8～0.9 之间为很适合，0.7～0.8 之间为适合，0.6～0.7 之间为尚可，0.5～0.6 表示很差，在 0.5 以下应该放弃。从表 5.8 可见，标准化后的调查数据的 KMO 值达 0.914，而且巴特利特球形度检验的显著性水平为 0.000，意味着数据非常适合做因子分析。

表 5.8　KMO 和巴特利特检验

KMO 检验	巴特利特球形度检验		
	近似卡方	自由度	显著性
0.914	9802.488	903	0.000

（6）进行主成分分析。利用 SPSS23.0 的执行主成分（公因子）分析，特征值大于 1 的主成分共有 8 个，但这 8 个主成分的累计贡献率仅为 67.341%，没有达到累计贡献率不低于 85% 的要求，因而指定提取 19 个主成分，使得主成分的累计贡献率超过 85%，采用凯撒正态化最大方差法进行旋转。（表 5.9）

表 5.9　旋转后的主成分的特征值与累计贡献率

主成分编号	旋转载荷平方和		
	旋转后特征值	方差百分比（%）	累积贡献率（%）
1	4.803	11.170	11.170
2	3.695	8.592	19.762
3	3.619	8.417	28.179
4	3.553	8.263	36.442
5	2.855	6.640	43.083
6	2.226	5.177	48.259
7	2.159	5.021	53.281
8	1.931	4.491	57.771
9	1.512	3.516	61.288
10	1.369	3.185	64.472
11	1.264	2.940	67.412
12	1.179	2.743	70.155
13	1.123	2.612	72.767

续表

主成分编号	旋转载荷平方和		
	旋转后特征值	方差百分比（%）	累积贡献率（%）
14	1.108	2.577	75.344
15	1.058	2.460	77.804
16	0.999	2.323	80.127
17	0.963	2.240	82.366
18	0.859	1.998	84.365
19	0.644	1.497	85.862

注：提取方法为主成分，旋转方法为最大方差法。

分析结果列出了旋转后的成分矩阵。需要注意，在利用主成分分析法确定权重时，如果各指标在主成分载荷中出现负值，则需要对主成分载荷进行平移，平移的具体方法是，将主成分载荷表中的所有数据加上一个略大于在原始载荷表中出现的最小负数的绝对值，从而使平移后的主成分载荷表中的全部数据都大于 0。研究表明，这种平移处理不影响分析结果[①]（徐永智等，2009）。本研究中，旋转后的成分矩阵中出现了负数，其中最小值为 −0.375，因而有必要进行平移，即在旋转后的成分矩阵中的每个数都加上 0.38，从而使平移后的成分矩阵中的每个数都大于 0。（表 5.10）

[①] 徐永智，华惠川. 对主成分分析三点不足的改进 [J]. 科技管理研究，2009，29（06）：128–130.

表 5.10 旋转与平移后的成分矩阵

指标代码	成分1	成分2	成分3	成分4	成分5	成分6	成分7	成分8	成分9	成分10	成分11	成分12	成分13	成分14	成分15	成分16	成分17	成分18	成分19
D_{11}	0.756	1.544	0.736	0.716	0.596	0.697	0.739	0.609	0.698	0.636	0.663	0.72	0.652	0.603	0.626	0.645	0.76	0.63	0.557
D_{12}	0.75	1.526	0.797	0.77	0.612	0.809	0.718	0.706	0.671	0.652	0.708	0.696	0.648	0.608	0.58	0.676	0.712	0.664	0.58
D_{13}	0.759	1.358	0.932	0.872	0.602	0.867	0.654	0.7	0.861	0.704	0.625	0.654	0.635	0.704	0.605	0.658	0.602	0.677	0.715
D_{21}	0.737	1.322	0.923	0.711	0.594	0.911	0.741	0.755	0.887	0.639	0.511	0.723	0.646	0.665	0.768	0.606	0.597	0.72	0.856
D_{22}	0.749	0.92	0.792	0.739	0.597	1.418	0.789	0.748	0.778	0.641	0.61	0.689	0.661	0.644	0.567	0.593	0.812	0.572	0.639
D_{23}	0.797	0.915	0.803	0.776	0.676	1.417	0.777	0.629	0.717	0.534	0.548	0.797	0.665	0.614	0.778	0.628	0.614	0.763	0.64
D_{31}	0.801	0.911	0.957	0.856	0.641	1.007	0.732	0.815	0.702	0.666	0.529	1.255	0.587	0.506	0.626	0.691	0.587	0.653	0.579
D_{32}	0.821	0.921	0.97	0.833	0.58	1.063	0.689	0.745	0.86	0.568	0.627	1.145	0.632	0.659	0.561	0.709	0.788	0.666	0.756
D_{33}	0.776	0.88	1.156	0.928	0.675	0.84	0.946	0.642	0.693	0.608	0.606	0.934	0.595	0.642	0.606	0.75	0.634	0.723	1.015
T_{11}	0.73	0.981	1.392	0.894	0.626	0.625	0.752	0.807	0.645	0.587	0.627	0.82	0.574	0.624	0.637	0.675	0.745	0.567	0.623
T_{12}	0.848	0.825	1.374	0.88	0.582	0.851	0.65	0.753	0.793	0.511	0.714	0.711	0.583	0.623	0.567	0.678	0.812	0.543	0.566
T_{13}	0.812	0.829	1.32	0.931	0.591	0.9	0.689	0.721	0.732	0.676	0.711	0.477	0.715	0.506	0.431	0.675	0.58	0.873	0.485
T_{14}	0.821	0.785	1.443	0.758	0.615	0.716	0.799	0.716	0.639	0.659	0.458	0.737	0.653	0.708	0.718	0.662	0.755	0.754	0.737
T_{15}	0.749	0.802	0.912	0.808	0.48	0.788	0.77	0.717	0.731	0.598	0.512	0.656	0.547	0.678	0.634	0.713	1.467	0.649	0.635

续表 1

指标代码	成分1	成分2	成分3	成分4	成分5	成分6	成分7	成分8	成分9	成分10	成分11	成分12	成分13	成分14	成分15	成分16	成分17	成分18	成分19
T_{21}	0.831	0.997	0.741	0.78	0.551	0.955	0.858	0.819	1.191	0.61	0.681	0.756	0.774	0.59	0.616	0.52	0.776	0.823	0.466
T_{22}	0.871	0.732	0.717	0.921	0.64	0.886	1.161	0.745	0.995	0.579	0.714	0.881	0.83	0.619	0.58	0.71	0.771	0.941	0.685
T_{23}	0.773	0.697	0.815	0.749	0.578	0.731	1.486	0.794	0.592	0.646	0.575	0.602	0.51	0.783	0.598	0.699	0.606	0.545	0.619
T_{24}	0.831	0.835	0.734	0.82	0.677	0.773	1.4	0.789	0.822	0.575	0.647	0.722	0.702	0.599	0.569	0.681	0.801	0.718	0.653
T_{31}	0.962	0.835	0.877	1.174	0.571	0.688	0.875	0.811	0.723	0.605	0.596	0.889	0.586	0.601	0.689	0.616	0.675	0.747	0.32
T_{32}	0.92	0.837	0.84	1.354	0.486	0.805	0.721	0.768	0.71	0.573	0.622	0.631	0.615	0.681	0.741	0.635	0.733	0.807	0.584
T_{33}	0.913	0.859	0.886	1.352	0.656	0.671	0.782	0.817	0.803	0.653	0.637	0.671	0.638	0.523	0.546	0.725	0.717	0.661	0.754
T_{34}	0.983	0.722	0.818	1.368	0.564	0.771	0.729	0.822	0.796	0.554	0.589	0.72	0.615	0.678	0.513	0.645	0.71	0.695	0.695
T_{35}	1.034	0.721	0.923	1.325	0.561	0.721	0.8	0.737	0.571	0.601	0.531	0.763	0.627	0.669	0.613	0.727	0.659	0.617	0.638
P_{11}	1.454	0.768	0.702	0.853	0.546	0.719	0.732	0.777	0.658	0.626	0.569	0.777	0.713	0.718	0.562	0.623	0.734	0.647	0.649
P_{12}	1.489	0.758	0.704	0.851	0.557	0.716	0.723	0.791	0.634	0.578	0.596	0.65	0.668	0.689	0.576	0.635	0.741	0.654	0.704
P_{21}	1.432	0.723	0.801	0.953	0.586	0.627	0.711	0.801	0.765	0.54	0.595	0.616	0.582	0.567	0.58	0.72	0.655	0.662	0.708
P_{22}	1.457	0.713	0.797	0.835	0.568	0.742	0.713	0.774	0.671	0.549	0.637	0.655	0.508	0.599	0.563	0.786	0.578	0.709	0.61
P_{23}	1.401	0.731	0.803	0.729	0.539	0.791	0.793	0.685	0.841	0.618	0.516	0.713	0.46	0.654	0.698	0.714	0.64	0.731	0.492
P_{31}	0.795	0.946	0.741	0.793	0.534	0.772	0.717	0.709	1.423	0.599	0.529	0.682	0.558	0.744	0.697	0.69	0.68	0.519	0.682

续表 2

指标代码	成分1	成分2	成分3	成分4	成分5	成分6	成分7	成分8	成分9	成分10	成分11	成分12	成分13	成分14	成分15	成分16	成分17	成分18	成分19
P_{32}	0.826	0.662	0.732	0.723	0.555	0.597	0.742	0.722	0.65	0.635	0.536	0.685	0.566	0.88	0.558	1.537	0.702	0.684	0.653
P_{33}	0.66	0.624	0.619	0.623	0.601	0.619	0.718	0.668	0.698	0.633	0.588	0.598	0.572	1.587	0.554	0.838	0.666	0.64	0.64
P_{41}	0.993	0.7	0.933	0.868	0.664	0.627	0.753	1.304	0.757	0.546	0.667	0.886	0.575	0.626	0.67	0.677	0.685	0.8	0.516
P_{42}	0.97	0.691	0.868	0.891	0.693	0.717	0.801	1.295	0.815	0.518	0.633	0.864	0.549	0.72	0.564	0.714	0.692	0.751	0.503
P_{43}	0.948	0.74	0.684	0.894	0.563	0.775	0.913	1.363	0.63	0.645	0.556	0.485	0.64	0.649	0.584	0.691	0.683	0.627	0.807
R_{11}	0.561	0.603	0.576	0.603	1.555	0.613	0.642	0.594	0.626	0.605	0.736	0.686	0.655	0.67	0.613	0.597	0.627	0.612	0.639
R_{12}	0.564	0.581	0.637	0.569	1.575	0.626	0.622	0.668	0.606	0.777	0.627	0.632	0.682	0.59	0.714	0.634	0.582	0.598	0.66
R_{13}	0.525	0.626	0.635	0.578	1.578	0.657	0.623	0.641	0.58	0.75	0.664	0.584	0.686	0.613	0.697	0.611	0.587	0.661	0.643
R_{21}	0.475	0.617	0.576	0.572	0.751	0.677	0.528	0.586	0.679	0.693	0.859	0.612	0.857	0.533	1.495	0.555	0.633	0.584	0.645
R_{22}	0.474	0.688	0.565	0.546	0.723	0.568	0.61	0.626	0.574	0.726	1.482	0.603	0.818	0.586	0.825	0.533	0.532	0.514	0.612
R_{23}	0.49	0.663	0.61	0.598	0.741	0.679	0.612	0.571	0.623	0.723	0.79	0.614	1.54	0.566	0.83	0.571	0.568	0.587	0.635
R_{31}	0.399	0.52	0.497	0.313	0.751	0.568	0.622	0.379	0.735	0.861	0.891	0.604	0.792	0.63	0.758	0.549	0.638	0.002	0.61
R_{32}	0.529	0.549	0.661	0.621	0.828	0.496	0.609	0.516	0.566	1.227	1.109	0.578	0.599	0.591	0.8	0.649	0.634	0.833	0.997
R_{33}	0.491	0.72	0.565	0.548	0.792	0.608	0.598	0.589	0.618	1.539	0.664	0.645	0.734	0.647	0.64	0.632	0.606	0.496	0.573

（7）计算权重。计算结果见表 5.11。从准则层看，推力的权重最大，约占三分之一，其次是拉力，约占四分之一，最小的是阻力，约占五分之一。从因素层看，权重最高的是技术推动力，为 0.1212，其次是政府推动力，为 0.1192，在所有 13 个因素中，只有这两个因素的权重超过 0.1，其他指标的权重都在 0.1 以下，而且各因素的权重大小基本相当。从指标层看，除设施薄弱为 0.0179，其他每个指标的权重都在 0.02 以上，彼此之间的差异都很小。

表 5.11　南沙旅游发展动力的客观权重

目标层	准则层	权重	因素层	权重	指标层	权重
南沙旅游发展动力	驱力	0.2176	维权驱动力	0.0718	维护岛礁主权	0.0234
					维护海域主权	0.0240
					培育爱国精神	0.0244
			合作驱动力	0.0721	军民融合	0.0244
					国际合作	0.0238
					企业协作	0.0240
			发展驱动力	0.0737	区域发展	0.0241
					培育邮轮产业	0.0247
					助力海南旅游	0.0249
	推力	0.3369	政府推动力	0.1192	政府态度	0.0241
					扶持政策	0.0240
					基础设施建设	0.0238
					安全保障	0.0242
					外交斡旋	0.0231
			企业推动力	0.0965	报效祖国	0.0243
					服务市场	0.0251
					追求利益	0.0228
					拓展发展空间	0.0243

续表

目标层	准则层	权重	因素层	权重	指标层	权重
南沙旅游发展动力	推力	0.3369	技术推动力	0.1212	邮轮运营管理	0.0241
					岛礁建设	0.0242
					海水淡化	0.0247
					防风建筑	0.0242
					气象预报	0.0241
	拉力	0.2582	闲暇时间	0.0478	法定节假日增多	0.0240
					带薪假期延长	0.0238
			收入提高	0.0709	个人收入提高	0.0238
					家庭收入提高	0.0235
					恩格尔系数降低	0.0235
			旅游动机	0.067	爱国情结	0.0233
					追求新奇	0.0225
					炫耀心理	0.0214
			信息刺激	0.072	媒体宣传	0.0244
					市场营销	0.0244
					亲朋推荐	0.0236
	阻力	0.1874	外部异议	0.0648	主权声索国异议	0.0214
					域外大国异议	0.0217
					国际组织异议	0.0217
			环境敏感	0.0624	生态压力	0.0208
					台风较多	0.0205
					军事管制严	0.0211
			基础差	0.0602	设施薄弱	0.0179
					远离客源	0.0215
					产业基础空白	0.0208

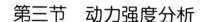
第三节　动力强度分析

一、复合权重

　　将运用层次分析法确定的主观权重与运用主成分分析法确定的客观权重进行综合处理，即得到各指标的复合权重 ω_i^*。计算公式为：

$$\omega_i^* = \frac{\omega\delta_i}{\sum_{i=1}^{p}\omega\delta_i} \qquad\qquad 5.10$$

　　5.10 式中，ω_i^* 为第 i 个指标的复合权重，ω_i 为第 i 个指标的主观权重，δ_i 为第 i 个指标的客观权重，p 为指标的数量。计算结果见表 5.12。从中可可以得出以下几点有启发性的现象：首先，从准则层看，复合权重最高的是驱力，达 0.482，显著高于推力、拉力和阻力的权重，表明驱力是南沙旅游发展最为重要的动力子系统；相应地，阻力的权重最小，仅为 0.148，仅相当于驱力权重的 30.7%。其次，从因素层看，权重最高的是维权驱动力，为 0.292，相当于位居第二位的政府推动力的权重的 2.5 倍，意味着在所有因素中，维护南沙群岛岛礁和海域的主权是最为重要的因素；除此之外，要推动南沙旅游发展，政府推动力至关重要，其权重也达到了 0.117；当然，合作驱动力和发展驱动力对南沙旅游发展的促进作用也是明显的；然而，也必须清楚地认识到，外部异议的权重也高达 0.093，位居 13 个因素中的第 4 位。再次，从指标层看，权重最高的是维护岛礁主权，为0.138。事实上，对于南沙群岛来说，最为重要的是维护岛礁主权，一旦确定了岛礁的合法主权，并得到国际社会的认可，则按照联合国海洋法公约的相关规定，就可以划定领海基点和领海基线，确定领海范围，同时，可以确定 24 海里的毗连区和 200 海里的专属经济区，换言之，岛礁主权得以确立，就可以以此为依据进行海域划界。而一旦岛礁主权和海域划界得以明确，那么资源勘探与开发、生态环境保护等一系列权利也就得到了确立。联想到南沙群岛的实际情况，最棘手的是，越南和菲律宾等国家非法侵占了中国南沙群岛的部分岛礁，并且不断强化对这些岛礁的侵占，甚至对所侵占的岛礁通过国内立法、引向国际化等手段来声索主权和宣示主权。

表 5.12　南沙旅游发展动力指标体系的复合权重

目标层	准则层	权重	因素层	权重	指标层	权重
南沙旅游发展动力	驱力	0.482	维权驱动力	0.292	维护岛礁主权	0.138
					维护海域主权	0.085
					培育爱国精神	0.07
			合作驱动力	0.091	军民融合	0.051
					国际合作	0.019
					企业协作	0.021
			发展驱动力	0.098	区域发展	0.058
					培育邮轮产业	0.017
					助力海南旅游	0.023
	推力	0.195	政府推动力	0.117	政府态度	0.049
					扶持政策	0.02
					基础设施建设	0.011
					安全保障	0.017
					外交斡旋	0.02
			企业推动力	0.038	报效祖国	0.009
					服务市场	0.006
					追求利益	0.016
					拓展发展空间	0.008

续表

目标层	准则层	权重	因素层	权重	指标层	权重
南沙旅游 发展动力	推力	0.195	技术推动力	0.040	邮轮运营管理	0.01
					岛礁建设	0.013
					海水淡化	0.007
					防风建筑	0.006
					气象预报	0.005
	拉力	0.176	闲暇时间	0.024	法定节假日增多	0.014
					带薪假期延长	0.01
			收入提高	0.030	个人收入提高	0.012
					家庭收入提高	0.007
					恩格尔系数降低	0.01
			旅游动机	0.070	爱国情结	0.019
					追求新奇	0.031
					炫耀心理	0.02
			信息刺激	0.052	媒体宣传	0.014
					市场营销	0.027
					亲朋好友推荐	0.01
	阻力	0.148	外部异议	0.093	主权声索国异议	0.048
					域外大国的异议	0.024
					国际组织异议	0.02
			环境敏感	0.028	生态环境脆弱	0.005
					台风较多	0.007
					军事管制严	0.016
			基础差	0.027	基础设施薄弱	0.011
					远离客源市场	0.008
					旅游业基础空白	0.009

二、动力强度的计算

本研究采用线性加权法测算南沙旅游发展动力指标的强度，计算公式为：

$$F_j=100\times\frac{1}{n}\sum_{i=1}^{n}\omega_j^{*}g_{ij},\ j=1,2,\cdots,P \qquad 5.11$$

$$F_k=\sum_{j=1}^{p}F_j \qquad 5.12$$

5.11 式和 5.12 式中，F_j 为第 j 个指标的动力强度，F_k 为第 k 个因素的动力强度，ω_j^{*} 为第 j 个指标的复合权重，n 为样本个数，g_{ij} 为第 i 个样本第 j 指标的归一化值。本研究采用极值法对标准化后的数据进行归一化处理，计算公式为：

$$对于正向指标：g_{ij}=\frac{X_{ij}-min_j}{max_j-min_j} \qquad 5.13$$

$$对于逆向指标：g_{ij}=\frac{max_j-X_{ij}}{max_j-min_j} \qquad 5.14$$

5.13 式和 5.14 式中，X_{ij} 为第 i 个样本第 j 项指标的实际值；min_j、max_j 分别为第 j 项指标的最小值和最大值。

根据上述公式，南沙旅游发展动力的强度指数介于 0～100 之间，越接近 100，表明动力强度越大，反之则表明动力强度越小。需要说明的是，由于对原始数据进行了归一化处理，因此，计算结果显示的是相对指数，而不是绝对指数。具体计算结果见表 5.13。

表 5.13　南沙旅游发展动力的强度指数

目标层	准则层	强度指数	因素层	强度指数	指标层	强度指数
南沙旅游发展动力	驱力	35.92	维权驱动力	21.97	维护岛礁主权	10.47
					维护海域主权	6.57
					培育爱国精神	4.93
			合作驱动力	6.42	军民融合	3.72
					国际合作	1.30
					企业协作	1.40

续表 1

目标层	准则层	强度指数	因素层	强度指数	指标层	强度指数
南沙旅游发展动力	驱力	35.92	发展驱动力	7.53	区域发展	4.55
					培育邮轮产业	1.31
					助力海南旅游	1.67
	推力	15.35	政府推动力	9.67	政府态度	4.21
					扶持政策	1.66
					基础设施建设	0.87
					安全保障	1.44
					外交斡旋	1.50
			企业推动力	2.50	报效祖国	0.61
					服务市场	0.38
					追求利益	0.97
					拓展发展空间	0.53
			技术推动力	3.18	邮轮运营管理	0.81
					岛礁建设	1.07
					海水淡化	0.46
					防风建筑	0.45
					气象预报	0.38
	拉力	11.94	闲暇时间	1.76	法定节假日增多	1.01
					带薪假期延长	0.75
			收入提高	2.25	个人收入提高	0.89
					家庭收入提高	0.58
					恩格尔系数降低	0.78
			旅游动机	4.03	爱国情结	1.17
					追求新奇	2.01
					炫耀心理	0.85

续表 2

目标层	准则层	强度指数	因素层	强度指数	指标层	强度指数
南沙旅游发展动力	拉力	11.94	信息刺激	3.90	媒体宣传	1.07
					市场营销	2.10
					亲朋好友推荐	0.73
	阻力	10.03	外部异议	5.89	主权声索国异议	3.11
					域外大国的异议	1.51
					国际组织异议	1.27
			环境敏感	1.95	生态环境脆弱	0.35
					台风较多	0.50
					军事管制严	1.10
			基础差	2.19	基础设施薄弱	1.08
					远离客源市场	0.49
					旅游业基础空白	0.62

三、动力强度的结论与讨论

第一，南沙旅游发展的动力强度有待提升。从 5.11 式和 5.12 式可以得出，动力强度指数的最大值为 100。测算结果表明，南沙旅游发展的驱力、推力和拉力分别为 35.92、15.35 和 11.94，这三个力对南沙旅游发展起到促进作用，强度指数合计为 63.21，但同时也受到强度指数为 10.03 的阻力的作用，这种阻力对南沙旅游发展的作用力方向与驱力、推力和拉力所形成的合力方向相反，对南沙旅游发展起到抑制和阻碍作用，因此，对南沙旅游发展的综合合力仅为 53.18，与习惯上 60 分的及格水平还有一定的差距。为了更加清晰地表达南沙旅游发展动力结构与强度指数，绘制图 5.8，在总量为 100 的动力强度指数标尺上，位于正向轴上的为 63.21，位于负向轴上的为 10.03，因而，正负相抵后的综合合力强度指数仅为 53.18，表明南沙旅游发展动力的提升空间很大。

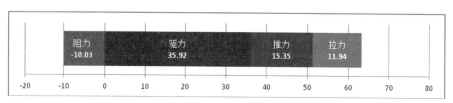

图 5.8　南沙旅游发展动力结构与强度指数

　　第二，南沙旅游发展的驱力强劲，但推力和拉力不足。驱力的强度指数为 35.92，占全部正向作用力的 56.83%，而推力和拉力占正向作用力的比重仅分别为 24.28% 和 18.89%。这意味着发展南沙旅游具有强劲的内生驱力，南沙旅游发展有了基本根据，规定了南沙旅游发展的客观必要性。然而，南沙旅游还没有起步，其发展需要外部的推力和拉力，正如自然辩证法关于内因与外因辩证关系的基本原理所指出的，外因通过内因而起作用，有时候对事物的发展起着重大的作用。可以用一个形象的比喻来加以说明：好比一台点不着火的汽车，尽管其发动机是正常的，也具有强劲的动力，但因蓄电池电能不足而无法正常启动，这时，要不就需要外部的推力与拉力给汽车一个初始动力，使汽车具有一定的行驶速度，进而启动发动机，要不就需要借助外部电池来启动发动机。南沙旅游发展这台"车"的内部驱力即"发动机"是强劲的，但问题是没有初速度，而且"电池"不足，无法正常启动发动机，必须借助"政府推动力"和"市场拉动力"等外力作用，使其得以启动，并形成自我"行驶"甚至是"加速行驶"的能力。

　　为了更加清晰地说明驱力、推力和拉力的对比关系，我们进行以下简要分析。假设每个作用力的最大值为 100 个单位，且驱力的实际值为 90 个单位（之所以将驱力设定为 90 个单位，一方面要表明南沙旅游发展的驱力是强劲的，另一方面要表明这种驱力还有提升潜力，例如，通过培育社会公众的海洋意识，可以进一步增强维护南沙群岛岛礁和海域权益的动力）。在上述假设条件下，计算推力和拉力的大小。因为在正向作用力中，驱力、推力和拉力的比例关系是 56.83∶24.28∶18.89，所以，很容易计算出推力和拉力分别为 38 个单位和 30 个单位。可见，按照 100 个单位为最大值进行测度，推力和拉力的强度都非常低，仅分别相当于最大值的不足

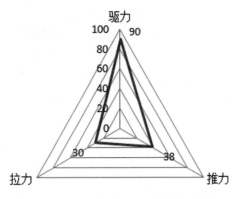

图 5.9 驱力、推力和拉力的对比关系

五分之二和不足三分之一。图 5.9 非常直观地表述了上述假设条件下的驱力、推力和拉力之间的对比关系。

第三，阻力不容忽视。计算表明，阻力的强度指数为 10.03，如果仅考虑力的大小，而不考虑力的作用方向，则阻力仅比拉力小 16.0%。但是，阻力与拉力的方向是相反的，也就是说，阻力几乎可以抵消掉拉力。如果不考虑力的作用方向，南沙旅游发展的动力强度指数为 73.24，按照百分制达到了中等强度的水平，但如果考虑阻力的阻碍作用，则动力强度指数仅为 53.18，按照百分制计算，强度指数未达到及格水平。要特别强调，尽管阻力的强度不是很大，但其所起的作用是反作用和负面影响，因而具有双重抵消之功效。正因为如此，消除阻力的反作用对于南沙旅游发展而言至关重要。

第四，维权是发展南沙旅游的根本动力。在全部 13 个因素中，维权驱动力的强度指数最高，为 21.97，占正向动力强度指数的 34.76%，超过三分之一，占驱力强度指数的 61.16%。中国先民最早发现、最早命名、最早开发利用南沙群岛的岛礁，根据联合国海洋法公约，中国对南沙群岛拥有无可争辩的主权，相应地，南沙群岛周边海域毫无疑问是中国的"祖宗海"，中国对其拥有历史性权利。然而，由于多方面的原因，南海周边的个别国家强行侵占了中国南沙群岛的部分岛礁，在所侵占的岛礁上修建军事设施的同时，也修建了一些民用设施，包括学校、医院、监狱等设施，试图永久侵占中国的岛礁，甚至试图通过国内立法等途径确立所侵占岛礁的法理地位，并在国际会议等场合对这些岛礁主权提出声索，使得中国南沙群岛的部分岛礁及其周边海域的主权受到了严重威胁。必须尽快行动起来，采取各种积极有效的措施，不仅仅是军事措施，甚至不主要是军事措施，应该更多地发挥民事功能和民事活动在维护南沙群岛岛礁及其周边海域的主权中的重要作用。毫无疑问，旅游业作为民生事业与和平产业，可以作为先行产业。

第五，政府推动是南沙旅游发展最重要的外部正向作用力。在 13 个因素中，政府推动力的强度指数仅次于维权驱动力，位居第二位，占正向作用力强度指数的 15.3%，占正向外力强度指数的 35.43%，占推力强度指数的 63.0%。如果把南沙旅游比喻为"点不着火的小车"，那么，政府尤其是中央政府就是外部"蓄电池"，有了政府的积极态度、扶持政策、安全保障和外交斡旋等推动南沙旅游发展的积极举措和行动，南沙旅游就会起步，就将获得初速度，就会激发内生驱力，点燃维护主权、合作开发和区域发展的"发动机"。在中国特色社会主义的政治制度和体制机制下，如果没有党中央、国务院的批准，如果没有各有关部委的支持，无论具有多么强大的内生驱力，要想在南沙群岛这一具有较高国际敏感性的区域开展旅游活动和发展旅游产业，几乎是不可能的。海口（三亚）—西沙群岛邮轮旅游航线的开通历程，从一个侧面证明了政府尤其是中央政府对于在敏感区域开发旅游的重大作用。海南省有关部门早在 20 世纪末就提出了开发西沙旅游的设想，并为此付出长久不懈的努力，但是，直到 2013 年国家有关部门才正式批准海南开通该邮轮旅游航线，可谓是"十年磨一剑"。

第六，外部异议是南沙旅游发展的最大阻力。外部异议的动力强度指数为 5.89，大于因素层的平均值（5.63），低于维权驱动力、政府推动力、发展驱动力和合作驱动力，位居因素层的第五位，占阻力强度指数的 58.72%，显著高于环境敏感和基础差两个阻力因素的强度指数。如第三章所述，南海问题，站在中国的角度，从根本上看是南沙问题，在本质上是岛礁主权和海域划界的争端。研究也表明，维权是中国发展南沙旅游的根本动力。然而，从国际视角出发，对南沙群岛的岛礁主权的声索也正是越南和菲律宾等南海周边个别国家的诉求。于是，中国通过发展旅游来维护南沙群岛岛礁主权的目标与个别国家的诉求形成了几乎完全对立、难以调

和的矛盾。当然，东盟等国际组织的干预以及以美国为主的域外大国的
"航行自由"的幌子，也是中国发展南沙旅游所不得不考虑的阻力。

　　第七，维护岛礁主权和海域主权是南沙旅游发展的基本动力，政府态
度是南沙旅游发展获得初速度的基础，主权声索国的异议则是南沙旅游发
展的关键阻力。根据动力指标强度指数 $F_j<\bar{F_j}$、$\bar{F_j}+\sigma_j>F_j>\bar{F_j}$、$F_j>\bar{F_j}+2\sigma_j$ 的
标准，可以将 43 个动力指标分为四类：$F_j>\bar{F_j}+2\sigma_j$ 的包括维护岛礁主权和
维护海域主权 2 个指标，$\bar{F_j}+2\sigma_j>F_j>\bar{F_j}+\sigma_j$ 的有培育爱国精神、区域发展、
政府态度和军民融合 4 个指标，$\bar{F_j}+\sigma_j>F_j>\bar{F_j}$ 的有主权声索国异议、市场营
销和追求新奇 3 个指标，其余 34 个指标的强度指数都小于平均值。在强度
指数大于平均值的这 9 个指标中，有 5 个属于驱力、1 个属于推力、2 个属
于拉力、1 个属于阻力。维护岛礁主权和维护海域主权 2 个指标的动力强
度指数分别为 10.47 和 6.57，分别位居第一位和第二位，小计占全部正向
作用力强度指数的 26.96%。正因为南沙群岛的岛礁和海域主权受到了严峻
威胁，中国迫切需要在南沙群岛增强民事存在，以便更好地维护这里的岛
礁和海域主权，而以邮轮旅游为主要内容的旅游业无疑是增强民事存在的
先导产业和优势产业。除属于驱力的几个指标外，政府态度是所有指标中
强度指数最高的，为 4.21，反映了政府对南沙旅游发展的态度的重要性，
显然，如果政府的态度是不确定、不支持、反对，那么南沙旅游发展就不
可能有任何进展。如果不考虑驱力的各项指标，主权声索国的异议的强度
指数仅次于政府态度，为 3.11，占阻力的 30.98%，为南沙旅游发展的第一
阻力，是第二阻力域外大国的异议的 2.05 倍，占外部异议强度指数的
52.73%。毋庸置疑，中国在南沙群岛发展海洋旅游，让更多的公民有机会
去领略南沙群岛的美好风光，去宣示中国对南沙群岛的主权，去接受海洋
意识教育和爱国主义教育，势必会引起越南和菲律宾等对南沙群岛部分
岛礁声索主权的国家的异议、抗议、抵制甚至反制。

第六章　南沙旅游发展的动力模型与作用机理

　　前两章分别阐述了南沙旅游发展的动力系统和动力强度，回答了推动南沙旅游发展的动力有哪些和各自的大小等问题。事物总在运动发展之中，在不同阶段，推动事物运动发展的动力系统及其结构和功能也存在差异，动力系统中各动力之间的相互关系也因发展阶段不同而有所区别。可以说，每一个区域的旅游发展都有一种独特的模型，以及引发这个模型的动力机制。因此，本章将讨论南沙旅游发展的动力模型和动力作用机理。

　　旅游发展动力模型和旅游发展动力机制是两个既相联系又有区别的概念。前者是指区域旅游发展中各种动力的强度及其比例关系，类似于动力强度结构，也称为动力模式，通常以主导动力来命名动力模型，例如，资源拉动型旅游发展模型表达的是资源在区域旅游发展中起到主导和关键作用，而需求推动型旅游发展模型反映的是市场需求对区域旅游发展发挥着主导作用。后者是指区域旅游发展动力的构成与作用原理或机理，阐述的是各种动力如何相互联系与相互作用，通过何种方式在多大程度上推动区域旅游发展，类似于解释汽车为什么可以行驶：汽车行驶过程就是不断克服各种阻力的过程，燃油在发动机汽缸内燃烧，使汽缸内的气体迅速膨胀，推动活塞运动产生动力，通过传动轴等给地面一个作用力，地面给汽车一个反作用力，进而驱动汽车行驶。

第一节　南沙旅游发展动力模型

研究旅游发展动力模型，就是解构区域旅游发展的影响因素，并找出重要因素，然后命名旅游发展动力模型，进一步，根据动力模型的演变规律，提出区域旅游发展的对策建议。显然，旅游发展动力模型因地而异，随时间演变。例如，根据旅游业发展的调节机制，可分为市场型和政府主导型旅游业发展模式，究竟采取何种发展模式，取决于社会经济发展水平、社会经济制度、旅游业发展阶段等。

一、旅游发展动力模型研究回顾

彭华是国内最早开始旅游发展动力模型研究的学者，他将旅游发展动力因素区分为主动因素和辅助因素，其中，主动因素是一个区域的旅游能否持续发展的决定性因素（主动因素与辅助因素在一定条件下可以相互转换）。他认为旅游发展动力模型是一种主导动力模型，并根据主动因素将旅游发展动力模型划分为资源吸引型、经济吸引型、市场推动型和综合驱动型等 4 种类型[1]，随后他将这种动力模型的划分应用到城市旅游研究[2]中。唐承财等在彭华的研究基础上进行了量化研究，判断出北京属都市综合驱动型旅游城市，广州属经济驱动型旅游城市，深圳属客源市场驱动型旅游城市，桂林属旅游资源驱动型城市[3]。李青和张伟[4]在彭华的研究基础上将小城镇旅游发展动力模型划分为资源吸引型、市场推动型和环境依托型 3 种。龙江智和保继刚运用"推拉"模型（Push-Pull Model）研究城市

①彭华. 旅游发展驱动机制及动力模型探析 [J]. 旅游学刊, 1999 (6)：39-44.

②彭华. 关于城市旅游发展驱动机制的初步思考 [J]. 人文地理, 2000 (1)：1-5.

③唐承财, 钟全林, 等. 城市旅游发展动力模型判别 [J]. 经济地理, 2007 (6)：1030-1033.

④李青, 张伟. 城市近郊小城镇旅游动力机制研究 [J]. 安徽农业科学, 2007 (32)：10423-10424.

旅游发展驱动力，认为城市旅游目的地的主导驱动机制因时因地而不同①。龚伟通过文献综述将国内城市旅游发展动力模型归纳为吸引物驱动模型、需求驱动模型、城市发展驱动模型、系统驱动模型等，并认为驱动模型具有阶段性特征②。年四锋等将区域旅游发展动力模型总结为资源驱动型、经济驱动型、市场推动型、项目带动型、政策主动型和区域联动型等6种模式③。

系统动力学思想在旅游发展动力模型研究中占有一席之地。袁国宏等的研究具有一定的创新性，他们从动力主体出发，认为旅游发展动力源自旅游者活动矛盾、旅游产业活动矛盾、旅游目的地居民活动矛盾、旅游目的地政府活动矛盾和客源发生地政府活动矛盾，而且，旅游矛盾是分等分层的，呈阶梯式逐级上升，不同旅游发展阶段的矛盾结构有异④，之后，他们对自己的观点进行了修正，形成如图6.1所示的"旅游动力级次发展模式"⑤。

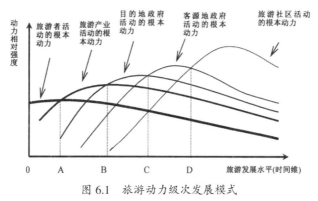

图 6.1　旅游动力级次发展模式

资料来源：袁国宏，郭强. 旅游动力系统结构研究 [J]. 商业研究，2011（3）：126-132.

---

①龙江智，保继刚. 城市旅游驱动力的转化及其实践意义 [J]. 地理研究，2005，24（2）：274-282.

②龚伟. 国内城市旅游驱动机制研究综述 [J]. 桂林旅游高等专科学校学报，2006，17（3）：375-379.

③年四锋，李东和. 区域旅游发展动力机制模式研究：以安徽省会经济圈为例 [J]. 资源开发与市场，2011，27（4）：382-384.

④袁国宏. 旅游业可持续发展的动力系统研究 [J]. 旅游科学，2004（1）：17-21.

⑤袁国宏，郭强. 旅游动力系统结构研究 [J]. 商业研究，2011（3）：126-132.

从国内已有的文献看，旅游发展动力模型的研究成果较少，尽管有些文献给出了"动力模型"的图示或表述，但实际上只是动力系统而已，而且，已有研究基本上是定性分析和模型构建，还没有通过实证和定量分析得出相关结论的研究成果。

二、南沙旅游发展动力模型的研究方法

旅游发展是一个复杂的系统工程，能否取得成功受经济、环境、资源、社会、人口等多个子系统的影响，而且每个子系统又包含若干要素。从矛盾论出发，一方面，区域旅游发展的根本原因在于区域的内部矛盾，即内因，外部矛盾即外因通过内因而起作用；另一方面，在南沙旅游发展过程中，存在许多矛盾，例如，维护岛礁和海域主权的矛盾、区域发展的矛盾、市场需求的矛盾，等等，其中，处于支配地位、对事物发展起决定作用的矛盾就是主要矛盾，它的存在和发展，决定或影响着其他矛盾的存在和发展，决定南沙旅游发展的方向、性质和规模。研究南沙旅游发展动力模型就是要找到决定南沙旅游发展方向、性质和规模等规定性的主要矛盾。

南沙旅游还没有起步，没有任何历史数据可资利用，也不可能通过观

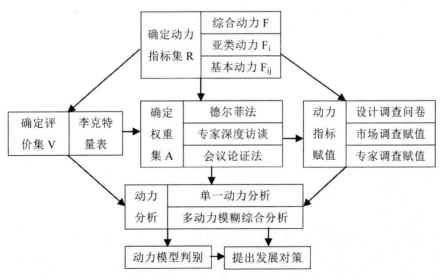

图 6.2　南沙旅游发展动力模型判别技术路线

察获取第一手资料。因此，本研究在逻辑推理的基础上，利用调查问卷获取的数据进行定量分析，进而确定南沙旅游发展初期的动力模型。具体研究过程如第四章和第五章所述，首先通过德尔菲法确定了影响南沙旅游发展的动力系统，然后通过层次分析法、主成分分析法和线性加权法确定了南沙旅游发展动力体系的综合权重，再利用所确定的综合权重和调查问卷所获取的数据计算出南沙旅游发展的动力强度，从而确定南沙旅游发展初期的动力模型。研究过程和相应的方法可用图 6.2 简要表述。具体调查方法和数据处理已在前两章进行了说明，在此不再赘述。

三、南沙旅游发展初期的动力模型

（一）"驱推拉阻"模型

第四章提出了本研究的基本模型——"驱推拉阻"动力模型，第五章利用调查问卷获得的数据计算了 4 种动力的强度或大小。作用力是矢量，既有大小之分，又有方向之别，所以，驱、推、拉、阻 4 个力就可能构成许多种组合。其中，特例之一是，正向作用力的主体的目的和目标完全一致，而阻力的主体与正向作用力的主体的目的与目标完全相反，这样，驱、推、拉 3 个力都在同一个方向和同一条直线上，而阻力则在同一条直线的相反方向上（图 6.3），此时总动力的大小为各种动力在水平方向上的矢量加总。总动力的计算公式为：

$$F = f_1 + f_2 + f_3 - f_4$$

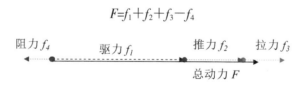

图 6.3 "驱推拉阻"动力模型特例

在这种特例和满分为 100 的情况下，南沙旅游发展的总动力为 53.18，表明目前南沙旅游发展的动力强度还有待进一步提高。其中，驱力 35.92，占总动力的 67.54%，占正向动力的 56.83%；推力 15.35，分别占总动力和正向动力的 28.86% 和 24.28%；拉力 11.94，分别占总动力和正向动力的 22.45% 和 18.89%；阻力 −10.03，占总动力的 −18.86%。从"驱推拉阻"动力结构看，南沙旅游发展以驱动力为主导动力，属于驱力型旅游发展动力模型。

　　事实上，各种正向作用力的主体的目的与目标通常有所不同。例如，同样是推力的主体，政府更多地关注就业、形象等社会效益，企业则更加注重投资回报率、超额利润等经济效益；而作为拉力的主体，市场（旅游消费者）更加关心旅游体验和满意度等消费者效用。因而，各种正向作用力的方向通常存在差异，也就是说，虽然正向作用力的总体方向一致，都对南沙旅游发展起到促进作用，但彼此间呈夹角关系，很难在同一条直线的同一个方向上。而作为反向作用力的阻力，也不完全是阻力，例如，尽管从维护岛礁和海域权益的角度出发，主权声索国对中国在南沙群岛发展旅游业几乎是绝对反对和坚决抵制的，但是，从通过发展旅游业带动环南海国家旅游业发展的角度考虑，主权声索国则可能欢迎中国在南沙群岛率先探索国际合作、开发旅游资源和发展旅游业，因而阻力与驱力、推力和拉力呈不同方向的夹角关系（图6.4）。当然，究竟是从哪个方向呈夹角关系，以及夹角的大小，取决于各种作用力主体的目的与目标及其一致性。在这种情况下，总动力的计算遵循"平行四边形法则"。驱推力 F_1 的计算公式为：

$$F_1 = f_1^2 + f_2^2 + f_1^2 \times f_2^2 \times \cos\partial$$

　　式中，F_1、f_1、f_2 分别表示驱推力、驱力、推力，∂ 为 f_1 和 f_2 之间的夹角，取决于二者之间目的与目标的一致性，一致性越强，夹角越小，反之亦然。同理可以计算出图6.4中的 F_2 和 F 的值，其中，F_2 是 F_1 与 f_3 的合力，F 是 F_2 与 f_4 的合力。

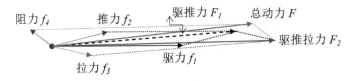

图 6.4　南沙旅游发展动力模型示意图

（二）维权驱动型（主要矛盾）

　　进一步，将南沙旅游发展的"驱推拉阻"动力体系划分为 13 个因素。为使复杂问题简单化，假定所有作用力都在同一条直线上，其方向为正或负，如图6.5。其中，动力强度最大的是维权，强度指数为 21.97，占正向动力指数的 34.76%，占总动力的 41.31%，而且，比居第二位的政府推动力的强度指数高出 1.27 倍。因此，根据主导动力命名原则，南沙旅游发展为"维权驱动型"。

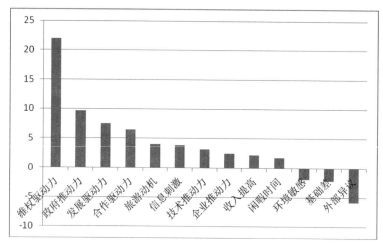

图 6.5　因素层强度指数及其结构

附：图 6.5 数据

维权驱动力	21.97224
政府推动力	9.669388
发展驱动力	7.531169
合作驱动力	6.417574
旅游动机	4.026981
信息刺激	3.898181
技术推动力	3.184057
企业推动力	2.498363
收入提高	2.254673
闲暇时间	1.762015
环境敏感	−1.9489
基础差	−2.18714
外部异议	−5.89184

事实上，在现阶段，甚至在相当长时期内，南沙群岛的主要矛盾是"维权"，维护岛礁主权及其附属海域权益，以及附属在这些权益上的油气资源、渔业资源和旅游资源等资源开发利用与保护的权益。旅游业是"幸福产业"，也是和平产业与民生事业，所面向和吸引的是全世界的旅游者，所设计和开发的旅游产品也要在突出民族特色和区域特色的基础上与世界接轨，因而具有"世界性"。同时，尽管其核心吸引物是南沙群岛及其海域本身，但其基本载体无疑是邮轮，旅游者登岛应该受到相应限制，因而具有"绿色性"，对生态环境的压力较小。此外，中国与南海周边国家在旅游领域已有良好的合作基础，互为重要的客源地和目的地，这为在南沙群岛开展旅游开发的国际合作提供了保障。基于这样的原因，旅游开发对于有效维护南沙权益而言是很好的"软着陆"。

（三）维护岛礁主权驱动型（主要矛盾的主要方面）

有效维护权益是南沙旅游发展的重要目标，甚至是首要目标，是当前乃至相当长时期内的主要矛盾。从图 6.6 可见，在维权驱动力中，该主要矛盾的主要方面是维护岛礁主权，维护岛礁主权对南沙旅游发展的动力强度为 10.47，占维权驱动力的比重高达 47.67%，显著高于其他两个方面的占比；而且，在全部 43 个指标中，维护岛礁主权占总动力的 19.70%，占正向动力的 16.57%。可见，南沙旅游发展最为关键的动力是维护岛礁主权。

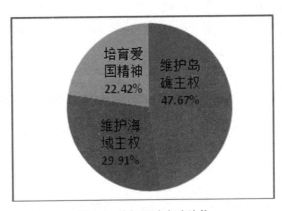

图 6.6　维权驱动力的结构

事实上，拥有岛礁主权，就拥有了海域主权，而且该项"主权及于领海的上空及其海床和底土"。"连接群岛最外缘各岛和各干礁的最外缘各点的直线"即为群岛的领海基线。领海基线以内为内水，领海基线向外 12 海里为领海。例如，中国于 1996 年 5 月 15 日发表的《中华人民共和国政府关于中华人民共和国领海基线的声明》，确定了西沙群岛领海基点基线（共 28 个领海基点），从而明确了西沙群岛的内水和领海等主权。（图 6.7）

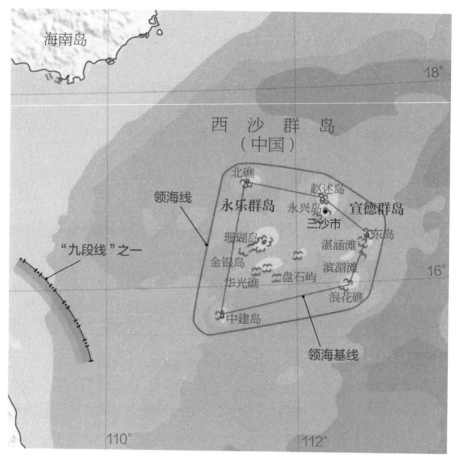

图 6.7 西沙群岛海域的领海基点、领海基线、内水与领海

根据《联合国海洋法公约》，从领海外沿线再向外延伸 12 海里即至距离领海基线 24 海里为毗连区，从领海外沿线向外延伸 198 海里即最远达到领海基线向外 200 海里的海域为专属经济区。而且中国认为专属经济区不是公海。各海域的关系可用图 6.8 简要表示。

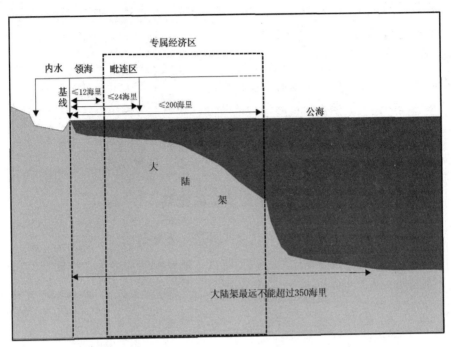

图 6.8 领海基线、领海、毗连区、专属经济区和大陆架之间的关系

《联合国海洋法公约》指出，如果两国海岸彼此相向或相邻，则任何一国在彼此没有相反协议的情形下，均无权将其领海伸延至两国的领海宽度的基线上各个最近点的连线的中间线以外；但如因历史性所有权或其他特殊情况而有必要按照与上述规定不同的方法划定两国领海的界限，则不适用上述规定。同时指出，除在低潮高地上筑有永久高于海平面的灯塔或类似设施，或以这种高地作为划定基线的起讫点已获得国际一般承认者外，直线领海基线的划定不应以低潮高地为起讫点①。

毫无疑问，中国对南沙群岛拥有历史性权利。但目前的形势不容乐观，越南等国家非法侵占了中国南沙群岛的部分岛礁，并在所侵占的岛礁上违法修建了各种军事和民事设施，甚至在个别岛屿上安置了居民点，试

---

①联合国海洋法公约 ［EB/OL］. https：//www.un.org/zh/documents/treaty/files/UNC–LOS–1982.shtml.

图将非法侵占变为"据为己有"和"永久占有"。当然，中国已经采取了一些行之有效的措施，例如，2012 年 6 月 21 日国务院批准设立三沙市，管辖西沙群岛、中沙群岛、南沙群岛的岛礁及其海域；2015 年前后，中国在南沙群岛的永暑礁、渚碧礁和美济礁等地进行了较大规模的人工岛及相关基础设施建设。然而，这些措施依然没有从根本上解决部分岛礁被非法侵占的被动局面。"搁置争议、共同开发"是现阶段的基本方针，其基本要义是"共同开发"。而旅游开发是"共同开发"的优先选项。

四、南沙旅游发展动力模型演变的推演

可以大致将南沙旅游发展分为 4 个阶段：发展前期、发展早期、发展中期和发展后期，旅游发展动力模型将从"驱动型"演变为"拉动型"和"企业推动型"。（图 6.9）

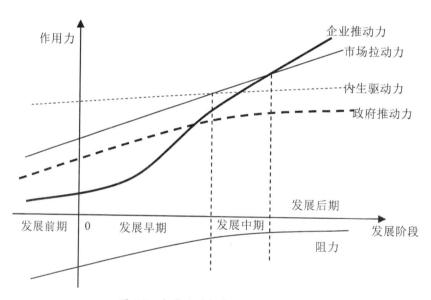

图 6.9　南沙旅游发展动力模型的推演

在发展前期，以维权为主要内涵的旅游发展的内生驱动力相当强劲，动力模型为"驱动型"，但来自政府和企业的外生推力和来自市场的拉力都比较小，再加之来自对南沙群岛部分岛礁提出主权声索的国家的阻力较大，南沙旅游因总动力偏小而不能得到发展。这就好比一台拥有 4.0T 的发

动机的汽车，蓄电池电量不足，外部的推力和拉力也都不足，因而没有办法启动，也就无法正常行驶。在理论上，尽管内因决定事物发展的性质，外因通过内因而起作用，但外因有时发挥重要作用。

有两点需要说明，一方面，鉴于南沙群岛部分岛礁的主权争端和海域划界争议很可能在相当长的时期内一直存在，而且三沙市也有通过发展南沙旅游实现区域发展的诉求，因此，南沙旅游发展的内生驱动力在南沙旅游发展的整个阶段将始终保持较高水平；另一方面，南沙群岛对旅游市场而言具有神秘性、垄断性和强吸引力，因而来自旅游市场的拉力几乎会随时间推移而呈现线性增长态势。

在发展早期，南沙旅游发展的动力模型依然为"驱动型"，但与发展前期存在明显不同：出于各自的目的和目标，来自政府和企业的推动力及来自市场的拉动力都快速提高；相反，中国拥有庞大的旅游市场，合作开发南沙旅游对于南沙周边国家具有很好的经济效益，因而阻力将越来越小。因此，南沙旅游发展的总动力将会比较强劲，使南沙旅游发展开始起步。此时属于旅游目的地成长期，以码头、海水淡化设施、海上救援体系等为主要内容的基础设施建设投资规模较大，而旅游设施具有明显的外部性和公益品性质，需要政府推进，因而政府的推动力要明显大于企业的推动力。

在发展中期，旅游基础设施建设基本完成，来自政府的推动力进入"保持"状态，但是，南沙旅游进入成长期，市场规模持续扩大，市场吸引力不断增强，市场拉力超越内生驱动力，尽管企业的推动力在此阶段也快速提高，但市场拉力成为这一阶段的主导动力，南沙旅游发展进入"拉动型"。在此阶段，阻力进一步降低，但必须清醒地认识到，来自外部的阻力不可能彻底消除，因而此阶段后，阻力基本保持不变态势。

在发展后期，南沙旅游进入成熟期，尽管对市场的吸引力依然很大，但为了吸引高层次旅游者，为了获得更好的效益，需要企业发挥已有品牌的优势，推陈出新，锐意创新，不断丰富南沙旅游产品，提升南沙旅游品质，优化南沙旅游服务，提高南沙旅游满意度。因此，南沙旅游发展的主导动力演变为企业推动力，属于"企业推动型"动力模型。

第二节　南沙旅游发展动力作用机理

从系统论和人地关系论出发，南沙旅游发展的动力主体可分为"人"和"地"两个方面。其中，"地"主要指南沙群岛的自然环境，"人"主要有政府、企业、市场、技术和外国部门。需要说明的是，之所以将技术这一不是"主体"的要素也列在"人"的序列中，是因为技术是由政府和企业等主体提供的关键要素，正所谓创新是第一生产力，而技术是创新之源和创新之要。

一、南沙旅游发展动力机制框架

依据作用力的主体划分，可将推动南沙旅游发展的作用力区分为内生驱动力、政府推动力、企业推动力、技术推动力、市场拉动力、外生阻力、内生阻力和外国推动力。这些作用力之间的关系可用图 6.10 表述。从中可见，对南沙旅游发展起决定作用的是内生驱动力，它决定着南沙旅游发展的性质、目标、规模、品质和效益等；其他作用力都是外生的，既对南沙旅游发展产生直接作用，也通过内生驱动力对南沙旅游发展产生间接影响；而内生阻力和外生阻力则对南沙旅游发展形成障碍。这些作用力相互联系、相互影响、相互作用，而且在一定的条件下可以相互转化，形成南沙旅游发展的综合力，其大小和方向取决于与各种作用力之间的对比关系。

（一）促进力之间相互联系与作用

如前所述，维权是南沙旅游发展的主导动力，由于有维权和发展等内生驱动力，使南沙旅游发展有了依据，也使政府、企业和市场（即广大公民）通过各种技术手段力促南沙旅游发展，也就是说，内生驱动力对政府推动力、企业推动力、技术推动力和市场拉动力都具有促进和提升作用，反之亦然。以积极态度和优惠政策为核心要素的政府推动力犹如南沙旅游

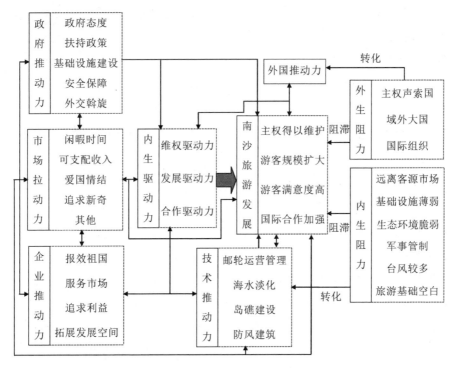

图 6.10 南沙旅游发展动力的作用机理

发展这辆强动力车的"蓄电池"和"启动器",使内生驱动力这一"发动机"得以开启,在南沙旅游发展的起步阶段发挥关键作用,并增强企业和市场的信心,推动企业积极参与到南沙旅游发展中来,使市场(广大公民)前往南沙旅游的愿望得以实现。党的十八届三中全会明确了市场在资源配置中的决定性作用,南沙旅游发展的主体无疑是企业。无论是在南沙群岛建设旅游基础设施和接待设施,还是邮轮运营管理和旅游市场营销,都应该是企业行为,也就是说,企业是南沙旅游发展的实施者,企业推动力是南沙旅游发展的直接动力,企业将各种作用力(即生产要素)有机组合起来,形成促进南沙旅游发展的综合动力。然而,营利是企业的天职,是企业承担社会责任的前提和基础,而利润源则是市场;企业根据市场需求特征设计和开发旅游产品,只有得到市场认可的产品才是好产品。可见,市场是南沙旅游发展的检验官、评判员和消费者,正是市场需求这一拉动力,激活了企业推动力,进而放大内生驱动力、政府推动力与技术推动力。南沙群岛的特殊地理环境决定了在这里发展旅游业需要更先进的技术，包括海水淡化技术、防风建筑技术、天气预报技术和海上救援技术等，这些技术的不断创新和进步为南沙旅游发展打下了牢固的技术基础，也就是说，技术推动力是南沙旅游发展的保障力，正因为南沙旅游发展在技术上具有可行性，才使得其他各种作用力的发挥成为可能。可见，内生驱力、政府推力、企业推力、技术推力和市场拉力在南沙旅游发展中是不可或缺的。

（二）南沙旅游发展产生反作用力

通过在南沙群岛实行旅游开发和开展旅游活动，可以增强中国在南沙群岛的民事存在，提高中国对南沙群岛的实际经营与管理能力，丰富维护南沙群岛主权的手段，从而更好地维护南沙群岛及其海域主权，反过来，更加坚定中国维护南沙群岛主权的意志、决心和信心，增强维权驱动力。而且，发展旅游业可以促进南沙群岛经济社会发展，拓展南沙群岛"共同开发"的国际合作领域，丰富国际合作内容，反过来，南沙旅游发展的良好社会经济效益和国际合作成效，将树立南沙群岛"搁置争议、共同开发"的典范，从而进一步增强南沙群岛区域发展与国际合作的动能。

随着南沙旅游的不断发展，市场竞争力将不断增强，市场满意度将不断提高，市场规模将不断扩大，因而市场拉力无疑将快速增大；而随着市场需求规模扩大和市场需求特征的变化，企业将会扩大生产要素投入，不断推出新产品，提高旅游服务品质，开展新技术研究与应用，从而增强南沙旅游发展的企业推动力和技术推动力。

在南沙旅游的起步阶段，政府很可能是"实验性"的准许和支持，而一旦走上正轨，政府的支持可能是成体系的，不仅给予相关政策支持，而且会进一步加大基础设施建设力度，很可能实现基础设施的军民共享，也就是说，随着南沙旅游发展的推进，政府推动力将会增强，而各种"基础性"阻力则会变小。

"搁置争议、共同开发"是中国处理南沙问题的基本方针，因而开展国际合作几乎是南沙旅游发展的必然选择。事实上，要将南海打造成可以媲美加勒比海和地中海的世界海洋旅游新高地，也必须走国际合作的路子。通过国际合作发展南沙旅游，可以为周边国家带来实实在在的利益，从而缩小外部异议的阻力。

（三）阻力可以转化为促进力

外生阻力和内生阻力对南沙旅游发展产生消极影响和阻碍作用，但可以通过各种有效措施，将这些阻力转化为推力。例如，南沙群岛基础设施薄弱，目前不能满足旅游发展的需要，但，可通过加大基础设施建设的投资和技术创新力度，利用先进技术建设更多旅游基础设施和接待设施，从而将这种阻力转化为推动南沙旅游发展的动力。再如，在发展初期，越南等对南沙群岛部分岛礁提出主权声索的国家无疑会对中国在南沙群岛发展旅游业表示不满甚至提出强烈抗议，这是外交上不得不考虑的问题，自然对南沙旅游发展构成很大的阻力，但是，通过更加紧密的国际合作，共同开发利用南沙群岛丰富而高品质的旅游资源，从而为相关国家带来丰厚的经济利益，这样，这种阻力就会因相关国家在南沙旅游发展中获得相关利益而逐步弱化，甚至可能转化为外国推力。同样，通过实施居民融合发展战略完全可能消除"军事管制严"的制约。

（四）两个关键作用力

在所有外生作用力中，有两个力非常关键，在很大程度上具有一票否决性质。一是政府态度。中国实行的中国共产党领导下的多党合作的政治体制，必须做到"两个维护"；根据《中华人民共和国旅游法》等相关法律法规的规定，所有项目建设和开发都必须获得发展改革委等相关政府部门的立项和批准，否则就是"违建"；南沙群岛及其海域具有一些重要特质：地缘政治敏感，国际关注度高，外交影响大，对中国海洋强国建设的意义重大。所以，如果没有政府尤其是中央政府的积极态度和正式批文，南沙旅游发展不可能成为现实。二是军事管制。南沙群岛是中国的"南天门"，是中国领土的重要组成部分，是中国能源等运输大动脉，但同时也是"南海问题"的根本所在，在这里，中国不仅与越南等国家存在岛礁主权和海域划界争端，而且与美国等国家存在"亚太再平衡"的争执；南沙群岛主权是中国的核心利益，"一寸也不能少"，中国有必要在自己的这部分国土上部署必要的军事设施，以增强维护南沙群岛权益的信心，坚定维护南沙群岛权益的决心，提高维护南沙群岛权益的能力。一切旅游开发都必须服从和服务于"国家安全"，以不妨碍军事需求为底线，因此，南沙旅游发展应该建立在"军民融合"基础之上，力争将南沙群岛建设成为"军旅融合发展"的典范和标杆。

二、定量分析

南沙旅游发展研究为前瞻性研究，定量研究的难度很大。本研究通过对具有较高专业水平的人进行调查，来获得南沙旅游发展与各种作用力之间的关系的相关数据，调查方法在第四章已有论述，不再赘述。尽管这种方法具有一定的主观性，但对于探索性研究，不失为一种行之有效的方法。

（一）公因子提取与命名

共设计了 43 个影响南沙旅游发展的指标，其中，正向作用力指标 34 个，反向作用力指标 9 个。

首先对 34 个正向作用力指标进行公因子分析，KMO 值为 0.929，说明非常适合进行因子分析；设定提取标准为特征值大于 1，采用最大方差法进行旋转，共提取 6 个公因子，累计提取全部指标信息的 67.76%（表6.1）。吴明隆在《问卷统计分析实务》中提出，社会科学领域中共同因素累积解释变异量在 60% 以上则是可靠的。

表 6.1　正向作用力的公因子总方差解释

成分	初始特征值			提取载荷平方和			旋转载荷平方和		
	总计	方差比%	累积%	总计	方差比%	累积%	总计	方差比%	累积%
1	13.920	40.941	40.941	13.920	40.941	40.941	5.886	17.311	17.311
2	3.188	9.376	50.317	3.188	9.376	50.317	5.158	15.170	32.480
3	1.745	5.131	55.448	1.745	5.131	55.448	3.810	11.205	43.686
4	1.637	4.815	60.263	1.637	4.815	60.263	3.553	10.449	54.135
5	1.428	4.199	64.463	1.428	4.199	64.463	3.032	8.918	63.053
6	1.120	3.295	67.757	1.120	3.295	67.757	1.600	4.705	67.757

指标的因子方差与旋转后的成分矩阵见表 6.2。在给公因子命名时，不考虑在所有公因子中得分都低于 0.6 的指标。从中可见，第 1 个公因子主要与法定节假日、带薪假期、个人收入和家庭收入等指标有关，可命名

为"旅游能力"（F_1）；第 2 个公因子主要与政府态度、扶持政策和安全保障等指标相关，可命名为"政府推力"（F_2）；第 3 个公因子主要与维护岛礁主权、维护海域主权和培育爱国精神等指标有关，可命名为"维权驱力"（F_3）；第 4 个公因子主要与拓展发展空间、追求利益和服务市场等指标相关，可命名为"企业推力"（F_4）；第 5 个公因子主要与国际合作和企业协作有关，可命名为"合作驱力"（F_5）；第 6 个公因子主要与追求新奇和炫耀心理等指标有关，可命名为"旅游动机"（F_6）。

表 6.2　正向作用力指标的因子方差与旋转后的成分矩阵

指标	因子 1	因子 2	因子 3	因子 4	因子 5	因子 6	因子方差
维护岛礁主权	0.089	0.162	0.874	0.055	0.128	0.004	0.817
维护海域主权	0.110	0.245	0.851	0.093	0.166	−0.014	0.832
培育爱国精神	0.151	0.351	0.749	0.089	0.219	0.030	0.763
军民融合	0.086	0.296	0.677	0.111	0.380	0.036	0.711
国际合作	0.100	0.195	0.302	0.193	0.694	−0.020	0.659
企业协作	0.149	0.228	0.245	0.119	0.746	−0.090	0.713
区域发展	0.218	0.487	0.186	0.162	0.522	−0.102	0.629
培育邮轮产业	0.215	0.463	0.264	0.150	0.585	0.048	0.697
助力海南旅游	0.125	0.628	0.197	0.267	0.308	0.120	0.629
政府态度	0.124	0.813	0.291	0.140	0.072	0.058	0.790
扶持政策	0.247	0.744	0.201	0.071	0.251	0.043	0.724
基础设施建设	0.233	0.673	0.213	0.126	0.161	−0.123	0.609
安全保障	0.146	0.779	0.095	0.088	0.204	0.168	0.714
外交斡旋	0.133	0.385	0.202	0.222	0.214	0.239	0.359
报效祖国	0.229	0.082	0.454	0.397	0.494	−0.125	0.682
服务市场	0.243	0.150	0.142	0.644	0.424	0.004	0.697
追求利益	0.072	0.152	0.026	0.682	0.129	0.315	0.610

续表

指标	因子1	因子2	因子3	因子4	因子5	因子6	因子方差
拓展发展空间	0.147	0.125	0.192	0.737	0.284	0.104	0.710
邮轮运营管理	0.463	0.406	0.207	0.416	0.095	−0.126	0.620
岛礁建设	0.476	0.423	0.272	0.360	0.019	−0.114	0.622
海水淡化	0.446	0.478	0.290	0.428	−0.059	−0.119	0.712
防风建筑	0.547	0.411	0.165	0.409	0.033	−0.069	0.669
气象预报	0.547	0.507	0.103	0.327	−0.012	−0.002	0.674
法定节日增多	0.814	0.099	0.131	0.141	0.177	0.092	0.749
带薪假期延长	0.850	0.089	0.123	0.128	0.127	0.094	0.787
个人收入提高	0.850	0.207	0.107	0.164	0.043	0.041	0.807
家庭收入提高	0.847	0.180	0.056	0.084	0.144	0.106	0.792
恩格尔系数降低	0.751	0.120	0.105	0.096	0.311	0.155	0.719
爱国情结	0.215	0.050	0.469	0.215	0.357	0.170	0.471
追求新奇	0.249	0.197	0.001	0.108	−0.057	0.720	0.634
炫耀心理	0.009	−0.071	0.031	0.094	−0.049	0.820	0.690
媒体宣传	0.486	0.390	0.010	0.435	0.095	−0.025	0.588
市场营销	0.474	0.335	0.022	0.501	0.149	0.067	0.615
亲朋好友推荐	0.433	0.144	0.089	0.569	0.003	0.064	0.545

　　然后对 9 个阻力指标按照上述方法进行，KMO 值为 0.771，属于可接受范围；共提取 3 个公因子，提取全部信息的 70.58%（表 6.3），达到可接受的范围。从表 6.4 可见，第 7 个公因子主要与主权声索国异议等各种"异议"有关，可命名为"外部异议"（F_7）；第 8 个公因子主要与生态环境和军事管制等指标相关，可命名为"环境敏感"（F_8）；第 9 个公因子主要与远离客源市场和旅游业基础空白等指标有关，命名为"基础差"（F_9）。

表 6.3 阻力的公因子总方差解释

成分	初始特征值			提取载荷平方和			旋转载荷平方和		
	总计	方差比%	累积%	总计	方差比%	累积%	总计	方差比%	累积%
1	3.491	38.784	38.784	3.491	38.784	38.784	2.663	29.591	29.591
2	1.837	20.410	59.194	1.837	20.410	59.194	2.015	22.385	51.977
3	1.025	11.388	70.582	1.025	11.388	70.582	1.675	18.606	70.582

表 6.4 阻力指标的因子方差与旋转后的成分矩阵

指标	公因子 7	公因子 8	公因子 9	公因子方差
主权声索国异议	0.912	0.089	0.062	0.843
域外大国的异议	0.936	0.100	0.169	0.916
国际组织异议	0.941	0.110	0.158	0.923
生态环境脆弱	0.101	0.792	0.060	0.641
台风较多	0.041	0.678	0.356	0.588
军事管制严	0.100	0.774	0.025	0.610
基础设施薄弱	0.085	0.506	0.451	0.466
远离客源市场	0.155	0.197	0.757	0.636
旅游业基础空白	0.126	0.065	0.842	0.730

最后以"南沙旅游应该发展""南沙旅游将发展很好""南沙旅游将可持续发展"3 个对南沙旅游发展的态度的指标为原始数据，提取南沙旅游发展公因子（D）。

（二）回归分析

利用 SPSS23.0 软件，以上述 9 个公因子为自变量，以南沙旅游发展公因子 D 为因变量，选取"后退"方法，其他都为默认，进行线性回归分析，共进行 5 步。其中，模型 1 为全部 9 个公因子都进入，模型 2 为剔除了第 8 个公因子"环境敏感"（F_8），模型 3 进一步剔除了第 9 个公因子"基础差"（F_9），模型 4 进而剔除了第 6 个公因子"旅游动机"（F_6）。最终模型中，第 7 个公因子"外部异议"（F_7）也被剔除。进入模型的公因子分别是"旅游能力"（F_1）、"政府推力"（F_2）、"维权驱力"（F_3）、"企业推力"（F_4）和"合作驱力"（F_5）。如果采用逐步回归，也是这 5 个公因子进入模型，进入模型的顺序依次是维权驱力（F_3）、政府推力（F_2）、合作驱力（F_5）、旅游能力（F_1）和企业推力（F_4）。回归模型的调整后 R 方为 0.901（表 6.5），表明回归拟合度很好，具有较好的解释力。当然，剩余因子 $e=\sqrt{1-R^2}=0.4338$，该值较大，说明用这 5 个公因子还不足以说明南沙旅游发展潜力，还有其他变量影响南沙旅游发展潜力。

表 6.5　回归模型摘要

模型	R	R 方	调整后 R 方	标准估算的误差
1	0.951	0.904	0.901	0.31508991
2	0.951	0.904	0.901	0.31460736
3	0.951	0.903	0.901	0.31414211
4	0.950	0.903	0.901	0.31409381
5	0.950	0.902	0.901	0.31486783

表 6.6　最终回归模型的参数

指标	未标准化系数		标准化系数	t	显著性
	B	标准误差	Beta		
（常量）	1.578E-16	0.018		0.000	1.000
旅游能力 F_1	0.124	0.018	0.124	6.988	0.000
政府推力 F_2	0.432	0.018	0.432	24.429	0.000
维权驱力 F_3	0.817	0.018	0.817	46.202	0.000
企业推力 F_4	0.107	0.018	0.107	6.050	0.000
合作驱力 F_5	0.146	0.018	0.146	8.282	0.000

从最终回归模型的参数（表6.6）看，每个自变量都达到了0.000的显著性水平，每个变量的系数都为正，表明这5个变量都对南沙旅游发展起到促进和推进作用。其中系数最大的是维权驱力（F_3），为0.817，意味着维权驱力是南沙旅游发展最重要的动力，而且，驱力每提高0.817个百分点，南沙旅游发展就会向前推进1个百分点；位居第二位的是政府推力（F_2），标准化系数为0.432，显著高于维权驱力外的其他3个力。合作驱力（F_5）、旅游能力（F_1）和企业推力（F_4）的回归系数也都在0.10以上，说明这几个力对南沙旅游发展的作用也不容忽视。

各变量的标准化系数与未标准化系数完全相同，表明所反映的都是自变量对因变量的直接影响，间接影响并没有通过回归模型表达出来。

在模型4中，调整后的回归系数也为0.901，说明模型也拟合较好；模型中共包含6个自变量，与最终模型相比，增加了外部异议F_7，该自变量的回归系数的显著性水平为0.112，没有达到0.05的标准，因而在最终模型中被剔除了。之所以在这里把模型4的参数（表6.7）列出来，是为了说明外部异议F_7与南沙旅游发展之间呈负相关性，即在87.8%的概率上，外部异议每增强0.029个百分点，南沙旅游发展将被抑制1个百分点。

表6.7　回归模型4的参数

指标	未标准化系数		标准化系数	t	显著性
	B	标准误差	Beta		
（常量）	1.595E–16	0.018		0.000	1.000
旅游能力 F_1	0.128	0.018	0.128	7.160	0.000
政府推力 F_2	0.432	0.018	0.432	24.501	0.000
维权驱力 F_3	0.820	0.018	0.820	46.170	0.000
企业推力 F_4	0.107	0.018	0.107	6.043	0.000
合作驱力 F_5	0.146	0.018	0.146	8.287	0.000
外部异议 F_7	−0.029	0.018	−0.029	−1.594	0.112

　　综上所述，南沙旅游发展的主要正向促进力主要有维权驱力、政府推力、合作驱力、旅游能力和企业推力，而主要阻力是外部异议（该指标未通过显著性检验）。基于上述定量分析，并结合内因与外因的辩证关系，可将图 6.10 简化为图 6.11。其中，箭头的粗细大致表示作用力的大小（即回归模型的系数）。

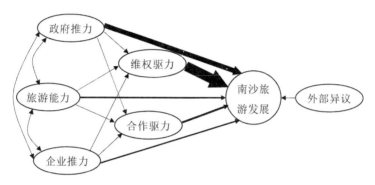

图 6.11　南沙旅游发展动力的作用机理

第七章　南沙旅游发展对策

从理论推演和现实需要看，中国应该发展南沙旅游，我们深信，通过有机整合各种动力，南沙旅游会发展得很好，并且能够实现可持续发展。那么，如何才能推进南沙旅游良性和可持续发展？具体应该怎么做？这是不能回避而必须清楚回答的重要问题。以下从做好顶层设计、创新邮轮旅游和推进国际合作等方面探讨南沙旅游发展对策。

第一节　做好南沙旅游发展顶层设计

思路决定出路，细节决定成败。要在全面深入开展资源调查、环境调查和市场调查等调查的基础上，借助现代科学技术手段，统筹谋划南沙旅游的战略定位、发展方向、发展目标、发展思路和发展对策，从而实现经济效益、社会效益和环境效益的和谐统一。

一、正确认识南沙旅游发展的战略地位

南沙群岛及其海域的特殊性决定了南沙旅游发展在中国经济社会发展中具有非常重要的战略地位，突出表现在以下几个方面。

（一）是维护南沙主权的重要举措

中国对南沙群岛的主权有充足的证据，无论是官方历史文献还是私人文献都清楚证明了中国拥有南沙群岛的主权，《开罗宣言》和《波茨坦公

告》确证南沙群岛主权回归中国，《中法续议界务专条》是对中国以历史证据和地图为据拥有南沙群岛主权事实的条约确认①。南沙群岛是中国的固有领土，神圣不可侵犯。中国维护南沙群岛主权的决心和信心从来都非常坚定，思路日渐明朗，能力与日俱增，举措不断丰富。与此同时，也必须清醒地认识到，在南沙群岛及其海域，存在相当复杂和十分激烈的岛礁主权和海域划界争端，中国维护南沙主权的形势不容乐观。当前，由于诸多原因，南沙群岛部分岛礁被周边相关国家非法占领或声索主权，其中，越南非法侵占了29个，菲律宾非法侵占了9个，马来西亚非法侵占5个，文莱非法侵占1个。与之相对照，中国仅仅实际控制着南沙群岛中的8个岛礁。可以断言，有效维护南沙群岛及其海域主权是中国一项长期而艰巨的任务，也是必须持之以恒、一以贯之、坚决完成的一项重要任务。

应该从多个方面维护南沙主权，主要有以下几个方面。一是加强行政管理。国务院2012年批准设立三沙市，管辖西沙群岛、中沙群岛、南沙群岛及其海域，即是加强行政管理的重要举措，要进一步加强三沙市行政管理能力建设。二是加大法律支撑。不仅要深化断续线的本质及其线内水域法律地位和属性的研究和宣传，形成良好的国内国际舆论氛围，而且要适时地划定和向世界宣布中国在南沙群岛的领海基点和领海基线，明确中国在南沙群岛的领海范围。三是加强相关开发活动，包括油气资源、渔业资源、交通资源和旅游资源等的开发。在未达成共同开发协议的区域，中国要积极与欧美等地的发达国家合作，加强相关开发活动，宣示在南海的权利，使争端国正视争议，促成共同开发；在已达成共同开发协议的区域，更要加强国际合作，加大开发力度②。四是加强军事能力建设。"山东号"航母入列海军南海舰队显著加强了中国对南海各海域的军事管控能力。

从当前实际情况看，上述4个方面中，最弱也是最需要加强的是相关

———

①张卫彬. 中国拥有南沙群岛主权证据链的构造 [J]. 社会科学，2019（9）：85-96.

②史忠辉. 国际法视野下中日东海油气资源的共同开发 [D]. 上海：华东政法大学，2011.

开发活动。由于周边国家对中国渔船、渔民的疯狂扣押，导致中国在南海海域作业面积和捕鱼量不断下降[1]；中国尚未在南沙群岛有争议海域进行实质性油气资源开采活动[2]。至今为止，中国在南沙群岛没有任何形式的旅游活动。

与中国形成鲜明对照的是，越南和菲律宾等南沙周边国家早就开通了南沙旅游。2004 年 4 月，越南组织旅游团乘坐改装军舰到南沙群岛旅游；2007 年 4 月，越南组织 130 多人的旅游团乘军舰赴南沙旅游；2011 年至少组织了 13 个旅游团 1000 多人登岛旅游。越南旅游局编制了《2020 年海洋与海岛旅游发展规划》，认为南沙旅游航线不仅是越南旅游业的新产品，更是发扬爱国爱岛精神的传统之旅。在南海所有岛礁中，弹丸岛是唯一向国际游客开放的，任何外国游客都不需要特别申请，就可以前往旅游观光；2003 年 5 月，马来西亚在弹丸岛附近海域举行了"拉布安国际海上挑战"娱乐竞技活动[3]。菲律宾也多次组织有关人员登上中业岛等非法侵占的岛礁，以宣示其对这些岛礁的实际控制权。

在中华民族伟大复兴和中国特色社会主义建设的新时代，稳定的外部环境仍是中国外交的主要战略目标。长期以来，中国在南海问题的处理上倡导"搁置争议、共同开发"，以维护和平与稳定为主要目标。然而，中国单方面的善意得到的回应却是，被非法侵占的南沙岛礁无法收复，南沙群岛主权无法得到有效维护。在经历了 2009 年之前的韬光养晦期、2000—2011 年的政策摇摆期之后，2012 年开始，中国的海洋维权进入积极作为期[4]，设立三沙市、辽宁舰和山东舰入列、南沙部分岛礁建设、南海军事演习等都是中国维护海洋权益的积极作为。遗憾的是，增强中国在

---

①张洁. 黄岩岛模式与中国海洋维权政策的转向 [J]. 东南亚研究，2013（4）：25-31.

②马英杰，郑佳超，何伟宏. 南沙群岛海域油气资源共同开发法律问题研究 [J]. 中国海洋大学学报（社会科学版），2018（4）：36-41.

③邓颖颖. 以海洋公园为合作模式促进南海旅游合作 [J]. 海南大学学报（人文社会科学版），2014，32（3）：43-49.

④张洁. 黄岩岛模式与中国海洋维权政策的转向 [J]. 东南亚研究，2013（4）：25-31.

南沙群岛民事存在的作为并没有得到足够重视。旅游业的国际性和低敏感性以及南沙群岛的资源特色决定了旅游业可以也应该成为南沙资源开发的先导产业；大力发展南沙旅游，不仅可以增强中国在南沙的民事存在，而且能够让更多民众领略南沙的大美风光，去认识南沙、赞美南沙、热爱南沙，强化民众的南沙主权意识和海洋国土意识，进而更好地维护南沙主权。

（二）是海洋强国建设的重要内容

党的十八大报告首次明确提出"建设海洋强国"："提高海洋资源开发能力，发展海洋经济，保护海洋生态环境，坚决维护国家海洋权益，建设海洋强国。"[①]2013 年 7 月 30 日，习近平在中共中央政治局第八次集体学习时强调，要提高海洋资源开发能力，着力推动海洋经济向质量效益型转变；要保护海洋生态环境，着力推动海洋开发方式向循环利用型转变；要发展海洋科学技术，着力推动海洋科技向创新引领型转变；要维护国家海洋权益，着力推动海洋维权向统筹兼顾型转变。这"四个转变"深刻阐明了我国发展海洋事业的主要任务和实施路径，构筑起全面经略海洋的"四梁八柱"[②]。

海洋强国建设涉及发展海洋经济、保护海洋环境、繁荣海洋文化、创新海洋科技、建设海洋制度、维护海洋权益等方面的任务，其中，核心和支撑是发展海洋经济[③]。按照习近平的海洋经济思想，发展海洋经济主要是做大海洋经济总量、优化海洋产业结构、加强海洋基础设施建设、培育壮大海洋战略性新兴产业、实施科技兴海战略、有重点地发展临港工业和加强自由贸易港建设。

习近平总书记在庆祝海南建省办经济特区 30 周年的大会上指出："海南是海洋大省，要坚定走人海和谐、合作共赢的发展道路，提高海洋资源开发能力，加快培育新兴海洋产业，支持海南建设现代化海洋牧场，

---

①胡锦涛. 坚定不移沿着中国特色社会主义道路前进　为全面建成小康社会而奋斗[N]. 人民日报，2012-11-18（1）.

②王宏. 海洋强国建设助推实现中国梦[N]. 人民日报，2017-11-20（7）.

③沈满洪，余璇. 习近平建设海洋强国重要论述研究[J]. 浙江大学学报（人文社会科学版），2018，48（6）：5-17.

着力推动海洋经济向质量效益型转变。"①如第二章第四节所述，海洋旅游是海洋经济的第一大产业，所创造的 GDP 几乎占主要海洋产业的半壁江山。南沙海域面积 88.6 万平方千米，占海南海洋总面积的 44.3%，占全国海洋总面积的 29.5%，这从资源总量上说明南沙资源开发对中国海洋经济的重大意义。南沙不仅面积广，而且属于热带海域，具有发展邮轮旅游的先天优势，通过发展邮轮旅游，可以为培育中国自己的邮轮船队、壮大中国邮轮旅游经济和发展中国邮轮产业探索和积累可复制、可推广的经验。南沙地理位置独特，地理单元相对独立，可以为中国海洋旅游发展创新和试验体制、机制和制度，探索开发海洋旅游新产品，可以成为中国海洋旅游发展的试验田。南沙旅游发展还将拓展海南旅游发展空间，丰富海南旅游产品，提高海南旅游品质，进而推进海南国际旅游岛和海南国际旅游消费中心建设。

（三）是军民融合发展的重要体现

习近平总书记要求海南"打造国家军民融合创新示范区，统筹海洋开发和海上维权，推进军地共商、科技共兴、设施共建、后勤共保，加快推进南海资源开发服务保障基地和海上救援基地建设，坚决守好祖国南大门"②。党中央、国务院将"国家重大战略服务保障区"作为海南发展的四大定位之一，要求海南"推进军民融合深度发展"，"落实经济建设项目贯彻国防要求的有关部署，加强军地在基础设施、科技、教育和医疗服务等领域的统筹发展，建立军地共商、科技共兴、设施共建、后勤共保的体制机制，将海南打造成为军民融合发展示范基地。"并进一步指出："完善南海岛礁民事服务设施与功能，建设生态岛礁，打造南海军民融合精品工程。"③

---

①习近平. 在庆祝海南建省办经济特区 30 周年大会上的讲话 [N]. 人民日报，2018-04-14（2）.

②习近平. 在庆祝海南建省办经济特区 30 周年大会上的讲话 [N]. 人民日报，2018-04-14（2）.

③中共中央国务院关于支持海南全面深化改革开放的指导意见 [N]. 人民日报，2018-04-15（1）.

南沙群岛是名副其实的"祖国南大门",是"守好祖国南大门"的重要军事前哨和军事堡垒,永暑岛、渚碧岛和美济岛等岛屿建设及其岛上的机场和码头等基础设施建设,有效加强了南沙海域的军事部署和军事力量,对"守好祖国南大门"发挥着重要作用。但是,如果这些岛上只有军事设施和部队,而没有民事设施和常住居民,这些岛屿就不太可能获得"岛屿地位",也就没有岛屿自己的领海。因此,在南沙群岛的岛礁上完善民事服务设施与功能具有必要性、应然性和紧迫性。当然,根据"经济建设项目贯彻国防要求"的精神,南沙旅游项目建设必须通过严谨和严格的军事安全评估,并获得中央军委及有关部队的批准和许可。

邮轮旅游当然是南沙旅游的主要载体和核心产品。邮轮在南沙需要停泊,有必要将邮轮游客接驳至岛上,邮轮游客可以登岛和巡岛,也可以进行海钓等海洋休闲活动,这些邮轮旅游所需要的基础设施和设备,都可以实现军民"共商、共建、共享"。在条件成熟时,也可以在南沙岛礁上建设度假酒店及垂钓基地、潜水基地等相关旅游设施,配备必要的游艇和冲锋舟等海上旅客交通设施,这些无疑也可以实现军民"共商、共建、共享"。通过旅游活动,让广大民众了解驻岛部队"守好祖国南大门"的初心和使命,增强广大民众的海洋国土意识和南沙群岛主权意识,更好地培育广大民众的爱国精神。更重要的是,通过军民"共商、共建、共享"实践,积极探索军民融合发展的体制机制,积累军民融合发展的经验,促进军民融合发展战略的全面贯彻落实。

(四)是 21 世纪海上丝绸之路建设的重要项目

从历史事实和法理看,南沙群岛是中国的固有领土,南沙海域是中国的"祖宗海",但从当前现实看,南沙群岛及其海域是世界上相当复杂的岛礁主权争端和海域划界争端所在区域之一。为将南海建设成为友谊之海、和平之海,为维护来之不易的和平环境,中国在处理包括南沙群岛问题在内的海洋争端时,倡导和奉行"搁置争议、共同开发"的方针,并于 2002 年与相关国家签署《南海各方行为宣言》,目前正在积极与东盟及相关国家磋商"南海行为准则",并提出力争到 2021 年签署"南海行为准则"。

建设 21 世纪海上丝绸之路的倡议与"搁置争议、共同开发"的方针一脉相承，是遵循《南海各方行为宣言》和"南海行为准则"的具体举措，是为了"秉持和平合作、开放包容、互学互鉴、互利共赢的理念，全方位推进务实合作，打造政治互信、经济融合、文化包容的利益共同体、命运共同体和责任共同体"①。旅游合作是"一带一路"建设的重要内容，《推动共建丝绸之路经济带和 21 世纪海上丝绸之路的愿景与行动》明确提出"推动 21 世纪海上丝绸之路邮轮旅游合作"。

南沙是 21 世纪海上丝绸之路的战略支点，其独特的地理位置、垄断性的旅游资源、非常高的国际关注度、比较复杂的主权争端等一系列特征，决定了这里是"搁置争议、共同开发"的实践平台，是"推动 21 世纪海上丝绸之路邮轮旅游合作"的重要空间。

（五）是国际旅游消费中心的重要亮点

国际旅游岛是海南的一张重要名片②，国际旅游消费中心是国际旅游岛的升级。党中央、国务院要求海南从"拓展旅游消费发展空间"等方面"创新促进国际旅游消费中心建设的体制机制"，并提出了"支持海南开通跨国邮轮旅游航线，支持三亚等邮轮港口开展公海游航线试点"和"稳步开放海岛游"等一系列具体举措。

海南国际旅游消费中心建设需要解决的首要核心问题是开发出具有国际竞争力的旅游产品。旅游产品的竞争力决定着旅游产业的规模、效益和效率，也决定国际旅游消费中心建设的成败。旅游产品由核心部分、形式部分和延伸部分三部分构成，显然，关键在于核心部分。例如，邮轮旅游的核心部分是邮轮上丰富多彩的娱乐、购物、美食等活动和服务，是旅游消费与旅游体验的具体内容；形式部分是邮轮上的娱乐场所、免税店和各种特色餐厅等，是旅游消费的场所和空间；延伸部分则是邮轮船票的销售方式、邮轮上的各种奖励等。这就好比空调的核心部分是调节空气温度和湿度，形式部分是空调机本身，而延伸部分则是空调的营销和售后等。

---

①国家发展和改革委员会，外交部，商务部. 推动共建丝绸之路经济带和 21 世纪海上丝绸之路的愿景与行动［N］. 人民日报，2015-03-29（4）.

②习近平. 在庆祝海南建省办经济特区 30 周年大会上的讲话［N］. 人民日报，2018-04-14（2）.

海南岛的面积仅 3.39 万平方千米，全省的陆地面积也只有 3.52 万平方千米，而海南管辖的海洋面积约 200 万平方千米，可见，海南最大的优势是海洋，最突出的特色也是海洋，最能吸引游客的当然也是海洋，可以说，海南旅游本质上是海洋旅游。但是，目前海南的海洋旅游还基本上局限于滨海旅游或近海旅游，还没有将广阔南海的优势发挥出来。从近海走向远海再到远洋、从浅海走向深海，是海南旅游发展的必然和应然趋势。只有这样，海南旅游品质才能再上新台阶，海南旅游市场才会进一步高端化，才能使海南成为真正意义上的国际旅游消费中心。无疑，南沙群岛及其海域是海南国际旅游消费中心的重要发展空间，南沙旅游将会成为海南国际旅游消费中心的重要亮点。

二、做好南沙旅游发展规划

规划是区域旅游发展的蓝本和指导性文件，通常由政府部门组织编制，并需要经过有关权威部门批准后才能实施，具有较强的法律效力。南沙旅游至今没有起步，做好发展规划尤为重要。

（一）已有规划回顾

《全国海洋功能区划（2011—2020)》指出，"南海南部海域重点开展海洋渔业资源利用和养护，扶持发展热带岛礁渔业养殖，加强珍稀濒危野生动植物自然保护区和水产种质资源保护区建设，保护珊瑚礁等海岛生态系统"，没有提及旅游发展。

《海南省海洋功能区划（2011—2020)》设立了南沙岛礁农渔业区、南海南部农渔业区、南沙群岛海洋保护区，也没有提及旅游发展。

《海南省海洋旅游发展总体规划（2017—2030)》指出，到 2030 年实现南沙旅游发展的"洋—洋对接，全面繁荣"，串联南海东沙群岛、西沙群岛、中沙群岛和南沙群岛，形成南海旅游大通道。

《海南省旅游发展总体规划（2017—2030)》指出："中远期探索发展中沙群岛海洋观光旅游区、南沙群岛邮轮休闲旅游区，打造一批品牌引领型海岛度假旅游项目，将三沙建设成为'21 世纪海上丝绸之路'海洋旅游合作区和国际热带海洋旅游目的地。""积极争取西沙邮轮旅游扩展到南沙，适时开通一程多站的南海旅游线路。"

《海南省三沙市旅游发展专项规划（2016—2030）》明确了三沙市旅游发展的空间布局为："'一轴两基地三片区'，即以海上丝绸之路为旅游发展轴，在西沙群岛和南沙群岛设立两大旅游综合服务基地，在西沙群岛、中沙群岛、南沙群岛建设三大旅游综合功能片区。""在西沙和南沙条件允许的旅游海岛，配套建设邮轮停靠港或邮轮锚地。""逐步构建海南本岛至西沙、中沙和南沙群岛的多条邮轮组合航线。"

从已有相关规划可见：（1）南沙旅游发展直到2016年前后才被提上议事日程，才在相关规划中出现；（2）南沙旅游发展仍是中远期目标；（3）邮轮旅游是南沙旅游发展的主导方向。

（二）甄选南沙旅游发展规划团队

鉴于南沙群岛的特殊性尤其是其国际影响力，要求站在国家的高度编制南沙旅游发展规划，因此，规划编制的组织单位最好是国家发改委或国家文化和旅游部，至少应该是海南省政府（具体指派省发改委或者省旅游和文化广电体育厅负责）。由于南沙群岛涉及军事、外交、国家主权等重大国家利益，最好由国务院最终审定南沙旅游发展规划，并批准实施，这样才能增强规划的可执行力，使规划得以落地和实施。如果规划只是由海南省人大审议通过，在实施过程中，可能会遇到来自部队和外交系统等部门各种各样的障碍和约束，这样的规划很可能成为"墙上挂挂"，劳神劳力不讨好。

南沙旅游发展规划具有系统性和复杂性，对规划团队要求非常高。在人员构成上，规划团队既要有旅游学、经济学、地理学、历史学等一般旅游规划所需的专家学者，也要有海洋法学、海洋环境学、海洋工程学、国际关系学等方面的专家学者；在规划技术上，既要有一般旅游规划所采用的资源调查、市场分析、发展定位和市场营销等方面的技术，也要有国际关系研判、海洋环境保护、邮轮运营管理等专门技术；在规划理念上，既要有一般旅游规划所强调的保护优先、可持续发展、综合效益、满足需求等理念，也要有国际合作、军民融合等非常规理念；在规划目标上，既要实现南沙旅游高质量发展，更要维护南沙权益、促进南沙旅游发展的国际合作；在规划的实施保障上，既要兼顾政府与市场的关系，也要兼顾国内与国外、军用与民用等关系。

建议通过招投标方式，面向国内权威规划机构遴选。之所以面向国内而不面向国际，是因为南沙的特殊性，尤其是因为其比较敏感的地缘政治地理位置。规划组织单位（甲方）对中标的规划机构（乙方）所组建的规划团队成员构成要提出明确要求，既要有团队成员学科领域的构成要求，也要有团队成员地域的构成要求，也就是说，团队成员中要有世界旅游组织及南沙周边国家的旅游规划专家以及海南本土的旅游规划专家。

（三）南沙旅游规划需要重视的几个方面

一要重视南沙旅游发展的国际合作。南海有条件成长为媲美地中海和加勒比海的、世界级的、重要的海洋旅游和邮轮旅游目的地，其中先决条件之一是开展广泛的旅游发展国际合作。站在中国立场来看目前的实际情况，南沙问题是南海问题的根本所在，也就是说，尽管越南和菲律宾等国家对西沙群岛部分岛礁和中沙群岛部分岛礁提出了主权声索，但中国实际完全控制着中沙群岛和西沙群岛，唯有对南沙群岛的实际控制情况不理想，南沙周边其他国家非法侵占或实际控制了中国南沙群岛中为数众多的岛礁——当然那并非有效控制。因此，最需要开展旅游发展国际合作的区域是南沙群岛及其海域。为进一步彰显中国在南沙群岛的民事存在，更好地维护中国在南沙的权益，当然要"搁置争议、共同开发"，尽早启动和加快推进南沙旅游发展，以实现"为我所用"和有所作为。在共同开发过程中，要正确处理先存权问题[1]，完全否定先存权既不切实际又不符合法律规定，正确的举措是：既平衡各方利益和需求，使共同开发比单方开发更加经济高效，又要求和敦促先存权授予国停止单方面开发，回到共同开发的正确轨道上来，同时，要采取"对等原则"适当制造先存权。要在"打造世界旅游之海"的目标导向下，秉持和平合作、开放包容、互学互鉴、互利共赢的理念，在旅游市场营销、旅游客源互送、邮轮旅游航线串联、海上联合救援等领域推进务实合作，将南沙打造成世界海洋旅游新胜地和世界海洋旅游国际合作新高地。

二要重视南沙旅游发展的创新性。中国旅游业迫切需要体制机制和发

---

①马英杰，郑佳超，何伟宏. 南沙群岛海域油气资源共同开发法律问题研究 ［J］. 中国海洋大学学报（社会科学版），2018（4）：36-41.

展模式等方面的转型升级，需要发挥海洋优势大力发展海洋旅游，需要培育自己的邮轮船队和邮轮旅游市场，需要在"一带一路"建设中加强旅游发展的国际合作。富有特色的旅游资源、相对独立的地理单元、独特的地理位置以及广阔的发展空间，使南沙具有试验田的先天优势，南沙旅游发展应该在旅游发展的体制机制、政策制度、发展模式和产品开发等方面大胆试、大胆闯、自主改，为中国邮轮旅游发展、海洋旅游发展和旅游发展的国际合作探索和积累可复制可推广的经验、技术和理论。南沙旅游发展规划要在这些方面做出具有较强可操作性的谋划和设计。

三要重视南沙旅游发展的安全性。首先，南沙旅游发展要服从于国家安全。南沙是祖国的南大门和重要的国土，在这里部署一定的军事力量是无可厚非的必要举措，在这里发展旅游要以不影响军事活动为前提。南沙存在岛礁主权和海域划界争端，更好地维护主权是在这里发展旅游的重要使命，要实现维护主权和经济效益有机结合。其次，南沙旅游发展要保障旅游者安全。邮轮旅游存在一定的安全风险，"钻石公主号"邮轮上出现数百位新型冠状病毒感染者，中国首艘邮轮"海娜号"在韩国被扣使旅游者权益得不到保障，等等，这样的案例必须引起足够重视。复杂的地缘政治位置使在南沙旅游可能面临海盗等非常规安全问题。此外，南沙还可能发生地震和海啸等灾害。最后，南沙旅游发展要确保环境安全。南沙生态环境比较敏感且具有国际性，燃油泄漏、生活垃圾、游客登岛、旅游设施建设等都可能影响生态环境。对于这些安全问题，南沙旅游发展规划要谋划相关应急预案，确保万无一失。

第二节　创新发展南沙邮轮旅游

南沙群岛地理位置独特，气象气候条件好，旅游资源丰富，但岛屿面积小，淡水匮乏，难以承载较大规模的登岛和驻岛旅游，邮轮无疑应该是南沙旅游的主要载体，因而，创新发展邮轮旅游是南沙旅游发展的重中之重。

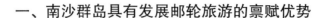

一、南沙群岛具有发展邮轮旅游的禀赋优势

（一）地理位置独特

南沙群岛地理位置独特，位于亚洲东南部，太平洋西部，沿岸有中国、越南和菲律宾等 9 个国家，位于热带海域，无论是经纬度地理位置还是经济地理位置和政治地理位置，都与加勒比海有较大相似性。这里远离祖国大陆和海南本岛，是相对独立的地理单元，一些特殊政策可以在这里先行先试。这里是中国通向太平洋的重要通道，更是中国通向印度洋的必经之路；既是 21 世纪海上丝绸之路的重要平台，也是中国面向东南亚和印度洋对外开放的前沿阵地，有条件开展国际邮轮旅游合作。

（二）气象气候条件好

南沙群岛处于热带海洋性季风气候带，长夏无冬，1 月平均气温在 27℃左右，7 月平均气温在 28℃左右。11 月至次年 3 月盛行东北季风，风速较大，其中 1 月平均风速约为 8 米/秒；4 月至 10 月盛行西南季风，风速较小，其中 5 月和 7 月平均风速分别约为 4 米/秒和 5 米/秒。这里基本不受台风影响，既不是发源于西太平洋的台风的途经海域，也不是南海台风的发源地。雨量丰沛，年降雨量约 2500 毫米，其中 10 月至次年 1 月的降水频率较低，在 6%以下，最低的 10 月约为 2%；2 月至 9 月降水频率较高，在 6%以上，最高的 6 月约为 10%。良好的气象气候条件使南沙群岛海域成为中国最适于邮轮巡游的海域，几乎全年都适航，既不会像西沙群岛那样受台风影响较大，也不会像东海或黄海海域那样受低温影响较大。

（三）旅游资源丰富

南沙群岛海域宽广，断续线内的海域面积约 88.6 万平方千米，约占中国管辖的南海总面积的 44.3%，在南海四大群岛中海域面积最大，约占中国海洋总面积的 29.5%。南沙群岛岛礁众多，据不完全统计，有 230 多个岛屿、礁滩和沙洲，在南海四大群岛中岛礁数量最多。这里既有大量水里游的鱼类和龟类等，也有为数众多天上飞的鸟类，还有水下五彩缤纷的珊瑚礁及其生态系统。永暑岛、美济岛等人工岛的建成为旅游发展提供了一定的用地保障。

二、南沙群岛具有发展邮轮旅游的制度优势

(一) 海南有系列邮轮运营管理制度

南沙群岛是海南的重要组成部分。海南是国内最早接待邮轮的地区之一，其中，三亚港早在 1989 年 12 月 6 日就接待了巴拿马籍邮轮"海洋珍珠宝"；2000—2005 年，海南探索邮轮出境旅游，与香港邮轮公司合作，开通海口—越南下龙湾的始发港航线，游客不需要办理护照，仅凭通行证即可登轮；2004—2008 年，海南与香港合作，创新邮轮旅游的一程多站模式，到 2008 年全省接待邮轮 80 艘，位居全国第一，比位居第二位的上海多出 24 艘，其中，海口接待 16 艘，三亚接待 64 艘；2013 年开通了海口—西沙的邮轮旅游航线，实现南海邮轮旅游的历史性突破，目前运营情况良好。近年来，为推进邮轮旅游发展，海南省出台了一系列政策与法规。2015 年 8 月，海南省政府颁发《海南邮轮产业先行先试试点方案》，对加快海南邮轮产业发展做出一系列部署，提出一系列举措。2015 年 10 月，海南省政府颁发《海南省促进邮轮游艇产业加快发展政策措施》，发布 12 项促进邮轮游艇产业加快发展政策措施，包括加强邮轮游艇旅游合作、加大基础设施建设、创新口岸监管模式、实施邮轮旅游补贴等举措。2017 年 1 月，海南省旅游委、海南省财政厅颁发《海南省鼓励邮轮旅游产业发展财政奖励实施办法（试行）》（琼旅发〔2017〕28 号），对邮轮公司、邮轮港（码头）经营企业、邮轮代理服务公司和旅行社等与邮轮旅游产业相关的企业实施奖励，以鼓励邮轮产业的发展。

(二) 党中央、国务院给予海南优惠的邮轮旅游发展政策

党中央、国务院将国际旅游消费中心确定为海南发展的四大定位之一，要求海南从拓展旅游消费发展空间、提升旅游消费服务质量、大力推进旅游消费国际化 3 个方面创新国际旅游消费中心建设的体制机制，并明确提出"支持海南开通跨国邮轮旅游航线，支持三亚等邮轮港口开展公海游航线试点，加快三亚向邮轮母港方向发展"①。国务院颁布的《中国（海南）

---

①中共中央国务院关于支持海南全面深化改革开放的指导意见［N］. 人民日报，2018-04-15（1）.

自由贸易试验区总体方案》进一步指出："发展环海南岛邮轮航线，支持邮轮企业根据市场需求依法拓展东南亚等地区邮轮航线，不断丰富由海南邮轮港口始发的邮轮航线产品。研究支持三亚等邮轮港口参与中资方便旗邮轮公海游试点，将海南纳入国际旅游'一程多站'航线。积极支持实施外国旅游团乘坐邮轮 15 天入境免签政策。优化对邮轮和邮轮旅客的检疫监管模式。建设邮轮旅游岸上国际配送中心，创建与国际配送业务相适应的检验、检疫、验放等海关监管制度。"①可见，发展邮轮旅游是海南国际旅游消费中心建设的重要内容。在此基础上，国家发改委颁布的《海南省建设国际旅游消费中心的实施方案》对海南邮轮旅游发展提出了更加具体的指导意见："鼓励吸引国际邮轮注册，发展国际邮轮和外国游客入境旅游业务。对外国旅游团乘坐邮轮入境实行 15 天免签。研究扩大邮轮航线至更多国家和地区。允许以国际中转物资方式入境的邮轮维修备品、备件等，办理海关申报和检疫手续后直接供船。优化邮轮游艇卫生检疫监管模式，推广出入境邮轮游艇电讯检疫。加快推进三亚向邮轮母港方向发展。支持开通环海南岛和跨国邮轮旅游航线。推动开展海上丝绸之路沿线邮轮旅游合作，在三亚等邮轮港口开展公海游航线试点。与世界著名邮轮公司合作，将海南纳入国际旅游'一程多站'航线。"②

（三）中国特色自由贸易港为南沙邮轮旅游发展提供制度保障

支持海南建设中国特色自由贸易港是党中央的重大决策，"是彰显我国扩大对外开放、积极推动经济全球化决心的重大举措"③。根据韩正于 2019 年 11 月 10 日在海口主持召开的推进海南全面深化改革开放领导小组全体会议上的指示精神，海南建设中国特色自由贸易港，必须突出以贸易自由和投资自由为重点，以旅游业、现代服务业、高新技术产业为主导，对标世界最高水平的开放形态，努力在政策和制度体系上实现重大突破。

---

①中国（海南）自由贸易试验区总体方案［N］. 海南日报，2018-10-17（A04）.

②国家发展和改革委员会. 国家发展改革委关于印发《海南省建设国际旅游消费中心的实施方案》的通知［EB/OL］.（2020-9-9）［2020-12-26］. https://www.ndrc.gov.cn/xwdt/ztzl/hnqmshggkf/ghzc/202009/t20200909_1237902.html.

③习近平. 在庆祝海南建省办经济特区 30 周年大会上的讲话［N］. 人民日报，2018-04-14（2）.

要扩大数据领域开放，实现数据跨境便捷流动；要实施更加便利、开放的人员出入境和停居留政策，实现人员自由流动；要构建多功能自由贸易账户体系，推进跨境投融资便利化；要建立与高水平自由贸易港相适应的、具有国际竞争力的特殊税收政策；要全面推行"极简审批"制度，强化事中事后监管。凭借相对独立的地理单元、比较偏远的地理位置和特色鲜明的旅游资源，南沙群岛可以在中国特色自由贸易港建设中承担起在邮轮旅游方面"先行先试"的重担。

三、中国现行邮轮旅游的主要法律障碍①

尽管南沙发展邮轮旅游具有优势，但也存在一系列制约南沙邮轮旅游发展的障碍。主要表现在以下 5 个方面。

（一）邮轮船票的法律障碍

从合同关系看，中国目前的邮轮旅游经营主要有邮轮船票直销和旅行社代理两种模式。其中，船票直销模式被邮轮旅游相对成熟的国家所普遍采用。在此模式下，旅行社订票只是众多售票方式中的一种，旅行社只是邮轮公司的代理商，它与游客产生的法律后果由邮轮公司承担。也就是说，邮轮公司与游客通过邮轮船票产生了合同法律关系，旅行社只是该合同的居间人，或是邮轮公司的代理人。这样，如果出现邮轮旅游纠纷，邮轮游客可以直接要求邮轮公司承担相应的法律责任和后果。

邮轮船票直销是邮轮旅游发展的应然模式。但是，由于邮轮的旅游属性和中国旅游法规不允许邮轮公司直接经营出境旅游业务，也就是说，邮轮公司不能直接向邮轮游客销售船票，必须由具有出境旅游经营资质的旅行社与邮轮游客签订旅游合同，因而旅行社代理成为目前中国邮轮旅游合同订立的主要模式，占邮轮旅游销售总量的 50% 以上。在此模式下，旅行社与游客签订旅游服务合同，邮轮公司作为旅行社的"履行辅助人"承揽邮轮游客运输业务，从而产生了三方合同主体——旅行社、游客和邮轮公

---

①陈扬乐. 中国邮轮旅游的法律障碍与海南公海游试点的创新方向 [C] //Proceedings of 2019 International Conference on Management Innovation, Education Reform and Applied Social Science（MIERASS 2019），桂林，2019：289-295.

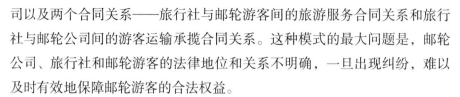

司以及两个合同关系——旅行社与邮轮游客间的旅游服务合同关系和旅行社与邮轮公司间的游客运输承揽合同关系。这种模式的最大问题是，邮轮公司、旅行社和邮轮游客的法律地位和关系不明确，一旦出现纠纷，难以及时有效地保障邮轮游客的合法权益。

（二）邮轮船供的法律障碍

邮轮船供是一个潜力巨大的产业。以邮轮食品采购为例，据调查，2014年母港邮轮通常按照平均每人每天60元的成本采购食品[①]，考虑到物价因素，2019年人均每天的食品采购成本按70元计算。2019年全国母港邮轮游客413.5万人次，如果一个航次按6天计算，则全国母港邮轮的食品采购支出约为17.4亿元。然而，目前以中国港口为母港的邮轮的船供物资，只有生鲜食品等在中国港口补给，在中国港口补给的物资费用占邮轮船供总费用的比重仅约10%（表7.1），其他绝大部分则从日本、韩国、新加坡和中国台湾等国家或地区分拨与配送。

制约中国船供业的法律瓶颈主要有四。一是税收高。邮轮是海上移动的五星级酒店和微型城镇，相当于船旗国的"漂浮国土"。这样，邮轮船供在本质上属于境外采购，根据中国现行国际贸易政策，应当享受出口退税等税收优惠政策。然而，中国目前并没有将邮轮船供定性为国际贸易，因而没有给邮轮船供业相应的税收优惠政策。正因为如此，中国邮轮船供业的物资价格通常比韩国和日本高28%～33%，政策障碍导致了明显的价格劣势。二是行政垄断。交通部明确规定，港口经营人取得营业执照后方可从事港口经营活动。但船供企业取得营业执照的难度非常高。例如，上海有大小船供企业数百家，但拥有营业执照的仅有4家[②]。正是这种审批制下的"行政垄断"，使没有获得营业执照的小企业不得不挂靠获得营业执照的企业，而获得营业执照的企业则收取手续费，最高达18%，这也提高了船供物资的成本和价格。三是行政管理繁杂。邮轮船供业务涉及海关、边检、检验检疫、海港公安、交通等部门。这种政出多门、多头管理的船供管理体制不仅加大了企业的负担，也降低了船供速度和效率。四是

---

①吕方园. 运输视角下邮轮法律问题研究［D］. 大连：大连海事大学，2015.

②吕方园. 运输视角下邮轮法律问题研究［D］. 大连：大连海事大学，2015.

船供物流法律体系不健全。一艘邮轮从抵达港口到离开港口一般不超过10个小时，在如此短的时间内要完成燃油、淡水、食物和其他必需品的补给，极大地考验物流供应链。特别是，大多数邮轮船供物资是需要冷藏保鲜的食物，对物资运送效率的要求非常高。

表 7.1　一艘 7.5 万吨级国际豪华邮轮 5 日航程整船
各类食物消耗量及采购量对比

食物	消耗量	从上海港采购量	食物	消耗量	从上海港采购量
牛肉/吨	4	0.008	猪肉/吨	1.5	1.1
鸡肉/吨	3	1.5	虾/千克	300	32
面粉/吨	3.8	0.5	鸡蛋/个	14000	0
水果/吨	9	8.5	咖啡/千克	600	0
蔬菜/吨	14	8.6	冰淇淋/加仑	4000	0
牛奶/加仑	1500	9.51	奶酪/千克	1900	0
比萨饼/张	18000	0	瓶装啤酒/瓶	6700	558
酒/瓶	2900	0	罐装苏打水/罐	6500	0

资料来源：上海国际港务集团，转引自《运输视角下邮轮法律问题研究》。

(三) 邮轮旅客通关的法律障碍

通关，是指海关依法对入境游客的行李物品进行查验，并办理出入境物品的征税、免税等监管手续的工作，是保障入境、出境游客安全的一项重要制度安排，也是邮轮旅游的重要环节，还是邮轮旅游感知质量的重要影响因素。邮轮不同于货轮，到港后会有数千游客和船员上下邮轮，因此邮轮通关需要更多地考虑游客因素。根据国际惯例，载客 2000 人左右的邮轮应在 1 个小时内完成通关。但是，中国目前还没有符合国际惯例的适用于邮轮游客和船员通关的口岸管理条例，对国际邮轮的出入关和口岸管理依然按照一般出入关和口岸管理条例执行，使得邮轮游客通关时间过长。中国目前载客 2000 人左右的邮轮的通关时间达 2～3 小时，相当于国际通行时间的 2～3 倍。通关时间过长，使游客上岸旅游的兴致大减，也

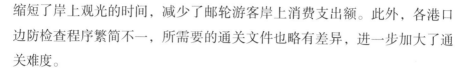

缩短了岸上观光的时间，减少了邮轮游客岸上消费支出额。此外，各港口边防检查程序繁简不一，所需要的通关文件也略有差异，进一步加大了通关难度。

（四）培育本土邮轮船队的法律障碍

中国目前没有自己的邮轮船队，因而培育本土邮轮船队尤其是培育五星红旗邮轮船队是中国邮轮旅游和邮轮经济发展的必由之路。但从现有政策法制看，培育五星红旗邮轮船队面临系列瓶颈。

一是船舶登记制度太严。《船舶登记条例》规定，船舶所有人只能是中国政府以及住所和营业地在中国境内的中国公民和企事业法人，如果是中外合资企业法人的船舶，则中方投资人的出资额不得低于 50%。与此相反，方便旗授籍国对船舶登记的要求十分宽松。例如，在巴拿马，任何自然人、法人或公司，无论国籍、船龄和吨位，都可以申请注册船籍，甚至可以在世界各地的巴拿马领事馆完成注册。二是税费太高。根据中国现行税收政策，船舶出口退税率为 17%，进口关税率为 9%，增值税率为 17%。为了节省成本，中资企业通常会选择境内造船境外注册，从而获得 17% 的出口退税，或者境外造船（或购船）境外注册，从而节省 27.53% 的进口关税和增值税。同时，中国籍船舶每年要缴纳营业税等各项税费高达几百万元，而入籍巴拿马的年税费仅几万元。三是融资环境不佳。邮轮建造和购置成本高昂，动辄数十亿元，因而需要强大的金融环境和金融市场支持。然而，目前中国的融资成本较高，贷款利率 8%～15%，高出国外约 4 个百分点，还款期限 5 至 10 年，且为税后还款，一旦延迟还款还需多缴 20% 的罚息。四是船员雇佣约束太强。《船舶登记条例》规定，"中国籍船舶上应持适任证书的船员，必须持有相应的中华人民共和国船员适任证书"。这意味着所有需要持证上岗的船员都必须是中国国籍，这不利于充分利用国际船员劳动力市场，与邮轮游客的国际化对邮轮船员的国际化的要求也不相匹配。五是对船龄限制太紧。根据《关于修改〈老旧运输船舶管理规定〉的决定》，购置或者以光船租赁外籍邮轮的，邮轮的船龄不能超过 10 年；当船龄超过 24 年，就需要特别定期检验；邮轮的报废年限为 30 年。太紧的船龄限制加大了邮轮购置和租赁难度，提高了邮轮经营的折旧成本。此外，五星红旗邮轮的经营业务受限，不能经营博彩业务和免税店业务，而这些是国际邮轮旅游的重要吸引物。

（五）邮轮旅游服务的外资准入障碍

根据中国有关法律和入世承诺，不允许外资邮轮公司在中国开设公司并经营境外游和境内游业务。因此，外资邮轮公司必须与具有经营出境旅游业务的旅行社合作才能招揽邮轮游客，并将船票价款的 15%分给所合作的旅行社。例如，皇家加勒比邮轮通过一家外资旅行社代理船票，该外资旅行社再分发给 100 多个旅行社做二级代理；意大利歌诗达邮轮是通过分散在全国的 130 家旅行社做代理，其中有 30 家是紧密型的票务合作。旅行社代理模式实际上降低了外资邮轮公司对邮轮旅游行业的竞争力。

四、南沙邮轮旅游发展的创新①

中国特色自由贸易港是制度创新高地。海南要充分利用自由贸易港这一制度优势和南沙群岛的地理优势，大力推进南沙旅游创新发展和高质量发展，为全国邮轮经济尤其是邮轮旅游发展探索和积累可复制可推广的经验。

（一）推行邮轮船票制度

邮轮船票制度在邮轮旅游成熟的国家被普遍采用，是邮轮旅游客源市场组织的应然模式。"凭票"制度（火车票、飞机票、汽车票、轮船票等）在中国的游客运输领域也相当成熟。因为：（1）邮轮兼具海上游客运输和旅游的双重功能和属性，（2）目前在中国港口运营的邮轮基本上是外（国）籍邮轮，即便是中资邮轮也悬挂方便旗，（3）邮轮旅游属于出国（境）旅游业务，（4）中国现行法律和政策规定外（国）籍邮轮公司不得直接经营出境旅游业务，所以，中国邮轮旅游客源市场组织的实然模式是旅行社包船切舱代理模式。如前所述，这种模式的问题显而易见，为推进中国邮轮旅游和邮轮经济良性健康发展，必须改革之。

①陈扬乐. 中国邮轮旅游的法律障碍与海南公海游试点的创新方向 ［C］//Proceedings of 2019 International Conference on Management Innovation, Education Reform and Applied Social Science（MIERASS 2019），桂林，2019：289-295.

购买邮轮船票相当于邮轮游客与邮轮公司之间签订了邮轮旅游合同，这一合同既具有海上游客运输合同的性质，也具有旅游合同的性质，属于非典型合同中的混合合同。邮轮船票明确了合同的责任主体及各自的"责权利"（责任、权力、利益），不仅可以及时有效地保护邮轮游客和邮轮公司的合法权益，还可以减少中间环节，降低邮轮公司的经营成本，维护邮轮公司的竞争力。建议：（1）允许在海南自贸试验区注册的邮轮公司经营出境旅游业务，并允许其直接招揽游客，直接销售邮轮船票；（2）允许以三亚或海口或三沙等海南自贸试验区内的邮轮港口为母港的外籍邮轮（含香港云顶邮轮等港澳台地区的邮轮）向中国大陆招揽游客，直接销售邮轮船票；（3）设立类似于12306的南沙邮轮船票销售终端（平台），允许消费者凭有效身份证或护照线上购票。

（二）推行邮轮船供物资的自由贸易港制度

邮轮船供业尽管处于邮轮产业链最末端，但有着巨大的发展空间，且对当地经济发展具有很大的拉动效应。中国现有邮轮基本上是外籍邮轮（或方便旗邮轮），把货物送到邮轮上本质上属于出口贸易，邮轮大宗商品采购更是高附加值的跨国采购，因此，为促进邮轮进口物资的中转及使邮轮公司更多地向当地供应商采购，方便境外邮轮公司跨国采购，建议率先在邮轮船供物资领域建立自由贸易港政策和制度体系。具体建议：（1）对注册在海南的船供企业从事邮轮物资供给业务取得的收入，免征营业税和所得税；（2）对注册在海南的仓储、物流等服务企业以及从事与邮轮物资供应相关的货物运输、仓储、装卸搬运业务取得的收入，免征营业税；（3）对注册在海南的企业向境外邮轮和方便旗邮轮供应的物资如食品、水、燃油等实行保税政策；（4）对注册在海南的邮轮船供企业实行海关备案制，享受国家出口退税政策；（5）对在海南设立地区采购总部的邮轮公司在本地采购直接供应到国际航线邮轮上的物品实行免税。

（三）优化邮轮口岸监管制度

增强通关能力、提高通关服务质量和加快通关速度是邮轮旅游发展的必然要求。建议：（1）试点边检、海关、海事、出入境检验检疫联合设立邮轮联检专员，规范邮轮通关文件，简化邮轮通关手续；（2）制定和完善有关法规，规范邮轮游客通关程序，出台统一、科学的邮轮边检制度。南沙邮轮旅游，对于中国大陆公民，凭有效身份证即可直接登船，对于港澳台游客凭有效护照或者有效通行证即可登船，对于外国游客凭有效护照即可登船，而不需要办理特别的通关手续。也就是说，在南沙邮轮登船方面，给予入境旅游者"国民待遇"。这种做法因应了59国免签政策的落地。

（四）创新邮轮登记制度

邮轮产业的进入门槛主要是在造船和运营环节。中国目前没有自己的邮轮船队，无法自主运营邮轮旅游，国外大型邮轮公司也不可能愿意与国内企业合资分享利润。因此建立自己的邮轮船队是推进中国邮轮经济发展的必然选择。建议：（1）放宽中外合资企业对中资占比不低于50%的约束，以吸引更多外资进入邮轮行业；（2）放宽邮轮的船龄限制，购买和租赁外籍邮轮的船龄限制从10年放宽到15年甚至20年，邮轮强制报废的船龄从30年放宽到40年甚至45年；（3）允许在海南注册的外资企业登记将海南作为母港的邮轮；（4）在海南开展第二船籍登记试点，并充分利用中国特色自由贸易港的政策和制度体系优势，争取将海南设定为中国第二船籍地；（5）放宽对邮轮船员的限制，除船长、轮机长等重要岗位必须是中国公民外，允许中资方便旗邮轮在运营南沙旅游时招聘占船员比重不超过50%的外籍船员。

（五）税费优惠政策

万事开头难。在发展起步阶段，要给予运营南沙邮轮旅游的企业税费减免，以降低其运营成本。建议：（1）对已在境外登记船籍、在海南登记所有权后又光租到境外的邮轮，免征进口关税和增值税，并简化登记审批手续，即允许符合条件的邮轮只登记船舶所有权、不注册中国船籍。这将减免高达27.53%的进口环节增值税和关税；（2）设立邮轮融资租赁公司，以银行融资、邮轮产业基金或者邮轮信托产品等解决融资问题，免征融资租赁公司营业税，并按国际惯例给予流转税、印花税和折旧税优惠；（3）允许南沙邮轮旅游运营企业通过上市融资渠道筹措资金；（4）在发展起步阶段，给予运营南沙邮轮旅游的邮轮公司一定幅度的所得税减免，

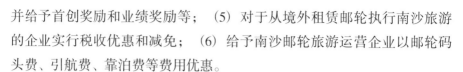

并给予首创奖励和业绩奖励等；（5）对于从境外租赁邮轮执行南沙旅游的企业实行税收优惠和减免；（6）给予南沙邮轮旅游运营企业以邮轮码头费、引航费、靠泊费等费用优惠。

（六）创新南沙邮轮旅游产品

舒适的住宿设施、可口的美食和酒水、齐全的健身设施和娱乐项目是邮轮旅游的必备，属于 Kano 模型中的必备属性。免税购物属于 Kano 模型中的期望属性，如果具备程度低，游客满意度会很低，随着具备程度的提高，游客满意度也会快速提高。博彩业务属于 Kano 模型中的魅力属性，给游客带来惊喜，如果不具备，游客也不会太反感，但如果具备，游客满意度会快速提升。建议：（1）实施南沙邮轮旅游免税购物政策。邮轮游客的消费能力通常高于普通游客，中国邮轮游客的重要动机之一是到境外购买奢侈品。建议在南沙邮轮上设立免税店，免税店的商品尽可能与国际同步上市，并尽可能接近国际最低价格，允许游客在邮轮上购买总额不超过 8000 元的免税商品，并且不计在海南 10 万元的离岛免税或离境退税限额之内（2020 年 7 月 1 日起离岛免税额度提至每年每人 10 万元）。（2）试行南沙邮轮博彩业务。博彩是邮轮旅游的重要内容，也是国际邮轮公司的最大收入来源之一。中共中央和国务院支持海南"探索发展竞猜型体育彩票和大型国际赛事即开彩票"[1][2]，加之特殊的地理位置，南沙邮轮旅游完全可以大胆创新，尝试开展以体育彩票和即开彩票为主题的博彩业务。（3）开展国外文艺演出业务。根据中发〔2018〕12 号文："允许外资在海南试点设立在本省经营的演出经纪机构，允许外资在海南省内经批准的文化旅游产业集聚区设立演出场所经营单位，演出节目需符合国家法律和政策规定。"[3]据此，可以邀请国外演出机构在南沙旅游的邮轮上演出节目，并接收境外电视频道。

---

①中共中央国务院关于支持海南全面深化改革开放的指导意见［N］. 人民日报，2018-04-15（1）.

②国务院关于推进海南国际旅游岛建设发展的若干意见［N］. 海南日报，2010-01-05（A01）.

③中共中央国务院关于支持海南全面深化改革开放的指导意见［N］. 人民日报，2018-04-15（1）.

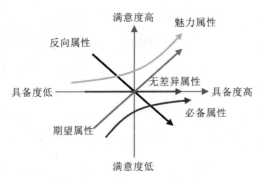

图 7.1　Kano 模型的产品属性图

第三节　大力推进南沙旅游国际合作

南沙群岛资源丰富，是南海问题的根本所在，战略地位十分突出，这里既有岛礁主权和海域划界的争端，也有"航行自由"之诉求。因此，在南沙发展旅游业，离不开国际合作。跨界或在权利主张重叠海域建立共同开发区，由争端国共同开发资源，已经成为国际司法判例①。地中海和加勒比海的旅游发展实践也表明，国际合作是在跨国界海域推进旅游业发展的基本路径和方向。

一、推进南沙旅游发展国际合作的基础

合作的基本前提是共赢，不仅要利己，还要利他。之所以能在南沙旅游发展中开展国际合作，就在于能够使合作参与国获得"共同利益"，从而服务于发展本国经济、提高人民生活水平、增进社会福祉等的国家目标。

（一）保护环境是南沙旅游发展国际合作的生态基础

由于人类活动日益频繁和有效管理与保护不足，南沙群岛及其海域的

---

①马英杰，郑佳超，何伟宏. 南沙群岛海域油气资源共同开发法律问题研究［J］.中国海洋大学学报（社会科学版），2018（4）：36-41.

生态环境呈恶化趋势，严重影响可持续保护与开发。资料显示，2009年南海未达到清洁水质标准的海域面积超过3万平方千米，严重污染海域面积达5220平方千米；南海红树林面积已经由4.2万公顷锐减至1.46万公顷，珊瑚礁也不同程度地遭到破坏。近年来，这种情况并没有明显好转。加大生态环境保护力度，科学有效保护生态环境，既是国际社会的共识，也是合理开发利用南沙资源的基础和前提。尽管中国对南沙群岛拥有历史性权利，"主权属我"，但目前越南和菲律宾等国家非法侵占了南沙群岛的部分岛礁，并在非法侵占的岛礁上进行相应的设施建设，在周边海域进行油气开采等经济活动，从而形成了多国力量在南沙群岛共存的现实。因此，南沙群岛生态环境保护无疑需要多国合作。充分发挥各国在环境保护方面的优势，形成强大的环境保护合力，有利于南沙群岛生态环境的保护与可持续发展。

（二）互为客源地是南沙旅游发展国际合作的市场基础

南海周边国家是中国的重要旅游客源市场。2018年中国共接待外国游客3054.29万人次[1]，韩国、日本、美国和俄罗斯无疑是主要客源国，同时，马来西亚、菲律宾、新加坡、泰国和印度尼西亚等5个南沙周边国家也是中国重要的客源国，来华游客规模分别占6、7、8、11和13位，来自这5个国家的游客占来华外国游客总量的16.44%。

世界旅游组织（UNWTO）的资料表明，2012年中国公民因私出境旅游者7706万人次，首次超过德国成为世界第一大国际旅游客源国，随后，中国因私出境旅游者数量不断攀升，一直保持世界第一大出境旅游客源国地位。2018年中国出境旅游者1.55亿人次，环比增长14.1%，出境旅游消费支出2770亿美元，占世界总量的19.1%。在中国出境旅游者的目的地国家中，泰国稳居第一，此外，越南（第3）、新加坡（第6）、马来西亚（第7）、柬埔寨（第8）、印度尼西亚（第10）和菲律宾（第12）[2]都是中国重要的出境旅游目的地国家。

---

①国家统计局. 中国统计年鉴2019 [M]. 北京：中国统计出版社，2019.

②中国旅游研究院. 中国出境旅游发展年度报告2019 [EB/OL]. [2020-2-18]. https://www.sohu.com/a/330926693_156934.

需要指出，上述出境和入境数据都没有包含港澳台地区，如果加上，数据更加客观。而且，随着 21 世纪海上丝绸之路和中国—东盟自贸区建设的不断推进，中国与南沙周边国家之间的旅游合作关系将更加密切。

（三）已有合作机制是南沙旅游发展国际合作的经济基础

2002 年正式签署《南海各方行为宣言》，指出在全面和永久解决争议之前，有关各方可在海洋环保、海洋科学研究、海上航行和交通安全、搜寻与救助、打击跨国犯罪等领域探讨或开展合作，并将达成"南海行为准则"作为目标之一；此后有关各方积极推进"南海行为准则"，于 2017 年正式通过"南海行为准则"框架，2018 年李克强提出争取三年达成"南海行为准则"（COC）的愿景。2010 年中国—东盟自由贸易区正式建立。2016 年澜湄机制创新全球次区域合作。这些区域经济一体化合作机制的建立与成功运作，表明南沙周边国家之间的合作和经济一体化取得良好成效，更反映加强本地区各国之间的合作乃大势所趋。目前，中国与东盟已在 30 多个领域开展合作，旅游合作是其中的重要组成部分。这为南沙旅游发展国际合作提供了坚实的政治经济基础。

（四）国际成功案例是南沙旅游发展国际合作的标杆

地中海和加勒比海是世界上最发达的海洋旅游胜地，也是世界上海洋旅游发展国际合作的高地。这两个海域与背靠南沙在内的南海有众多相似之处，都涉及 10 多个国家和地区，存在岛礁主权和海域划界争端，都背靠规模庞大的经济体：欧盟/美国/中国。这两个海域在海洋旅游发展国际合作方面的成功经验，可为南沙旅游发展国际合作提供诸多启示和借鉴。

南海周边国家在旅游开发方面的国际合作也取得了可喜成绩。1990 年，新加坡、印度尼西亚和马来西亚在东盟合作框架下达成协议，在新加坡、印度尼西亚的廖内省以及马来西亚的柔佛州，共同打造发展金三角。目前，大约 70%的马来西亚入境旅游者通过柔佛口岸从新加坡进入马来西亚。印度尼西亚的宾坦岛，从新加坡坐快艇只要 10 分钟，是印度尼西亚和新加坡合作开发的重点，宾坦岛推出"45 分钟，体验两个世界——新加坡和宾坦"的营销口号，取得良好效果。

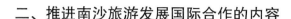

二、推进南沙旅游发展国际合作的内容

（一）开辟途经南沙的国际邮轮航线，实现一程多站线路串联

建议开辟以下途经南沙群岛的邮轮旅游航线：

（1）马尼拉航线：三亚—西沙—南沙—斯里巴加湾—巴拉望岛—马尼拉—中沙—东沙—香港—三亚，以三亚港为母港，体验南海及马尼拉、斯里巴加湾等海滨城市的自然风景与人文风情，约1300海里，预计航程4～5天。

（2）马六甲航线：三亚—西沙—中沙—南沙—古晋—纳土纳—新加坡—马六甲—曼谷—胡志明市—三亚，以三亚港为母港，体验南海及新加坡、马六甲、胡志明市、曼谷等海滨城市的自然风景与人文风情，约3500海里，预计航程8～12天。

（3）郑和下西洋航线：三亚—岘港—西沙—南沙—雅加达—新加坡—马六甲—槟城—安达曼群岛—奎隆—科钦—摩加迪沙—三亚，以三亚港为母港，追寻先人足迹，探访郑和下西洋之旅，体验中国南海及东南亚沿海、印度洋沿岸城市的自然风景与人文风情，约1.1万海里，预计航程20～25天。

（二）开展旅游国际联合营销，提升区域整体效益

首先，具有旅游国际联合营销的市场基础。世界旅游组织的统计数据显示，2000年，世界国际过夜旅游者为6.87亿人次，其中欧洲接待量占57.6%，美洲占18.7%，亚太地区占16.1%，位居第三位；2018年，国际过夜旅游者14.51亿人次，其中，欧洲接待量占比下降为51%，美洲下降为15%，而亚太地区上升至25%，跃居世界第二位。可见，世界旅游重心正在快速向亚太地区转移。与之一致，世界海洋旅游和邮轮旅游重心也快速向亚太地区转移，其中南海凭借其优越的条件正在迅速成长为世界海洋旅游和邮轮旅游次中心，形成了海南岛、新加坡、巴厘岛和普吉岛等世界重要的滨海旅游目的地。

其次，具有旅游国际联合营销的产品基础。南沙群岛周边国家地处热带地区，自然旅游资源都以"阳光沙滩、椰风海韵"为特色，具有较强的相似性，但各国人文旅游资源颇具差异性，再加上社会经济条件不同，各

国的旅游产品既有相似性，又存在明显差异，因而具有国际联合营销的产品基础。印度尼西亚的巴厘岛、中国的海南岛、泰国的普吉岛以及新加坡等，已成为国际旅游者十分青睐的海岛型旅游目的地。中国三亚、越南下龙湾、菲律宾马尼拉、马来西亚吉隆坡和泰国清迈等滨海旅游城市也深受国际旅游者的喜爱。如果进行联合营销，必将实现"1＋1＞2"的整体营销效果。

再次，具有旅游国际联合营销的文化基础。南沙群岛周边国家和地区的文化联系源远流长。越南在 1885 年沦为法国殖民地之前的约 1000 年内，一直是中国的藩属国。马来西亚、印度尼西亚和新加坡等国家是中国居民"下南洋"的重要目的地，是中国华侨集中分布区域。研究表明，东南亚华侨华人总数约 3348.6 万人，约占东南亚总人口的 6%，约占全球华侨华人的 73.5%[1]。因此，东南亚国家受中华文化尤其是儒家文化的影响比较深远，对中华文化有较高的认同感。

此外，具有旅游国际联合营销的现实基础。如前所述，中国与南沙周边国家互为重要客源地。各自为了开拓市场，采取了在有关国家和地区设立旅游办事处、开展旅游推介、参加在有关国家和地区举办的旅游博览会或展销会等一系列措施。这些实际行动为南沙旅游联合营销打下了夯实的基础。

最后，旅游国际联合营销的实现难度小。旅游营销是通过各种手段和途径推介旅游目的地以实现国际旅游者规模及国际旅游收入的双增加，各国都为此支付了大量的成本，也不断创新营销技巧和手段。旅游国际联合营销不仅可以实现共赢，而且可以节省成本，更重要的是可以相互借鉴、相互学习、相互促进。因此，各国都有推进旅游联合营销的积极性和主动性。

要通过互设办事机构、互投旅游广告、互送客源、共同举办旅游推介会或展销会、组合不同国家的旅游产品形成区域核心旅游产品等多种形式开展旅游国际联合营销。

---

①庄国土. 东南亚华侨华人的新估算 [J]. 厦门大学学报（哲学社会科学版），2009
(3)：62–69.

（三）加强旅游人才培养与交流合作，推进旅游人才市场一体化

中国是世界第一大国际旅游客源国和第四大国际旅游目的地国家，在国际旅游领域的话语权越来越重，正在成长为引领世界旅游的主导力量。与之相对应，旅游研究和旅游人才培养的国际地位也与日俱增。南沙周边其他国家，如印度尼西亚、马来西亚、泰国和新加坡等，在世界旅游中的地位也举足轻重，相应地，旅游人才培养具有很多独到之处和值得借鉴的方面。

一要相互开放旅游人才市场。中国与南沙周边其他国家互为重要的旅游客源市场和旅游目的地，各国对彼此的旅游人才具有刚性需求，这在客观上要求各国相互开发旅游人才市场，允许旅游人才在各国之间有条件地就业与交流。海南接待的国际旅游者较少的原因比较复杂，旅游人才的跨文化交流能力偏弱是其中的重要方面。因此，要在导游、酒店管理人员、景区管理人员、邮轮员工等领域，彼此开放旅游人才市场，促进旅游人才在各国之间的流动和交流，借此构建各国之间更加紧密的旅游合作机制。

二是加强旅游学历教育的国际合作。（1）建立旅游专业学生的跨国界实习机制。通过跨国界实习，增强旅游专业学生对本专业的认可度和就业信心，以此推进旅游专业逐步成为被青睐的专业。（2）旅游教育资源请进来。即根据教育部的有关规定，引进国际上高水平的教育机构的教育资源来中国合作举办旅游人才培训项目或机构，以此推进中国旅游教育逐步与国际接轨，当然，也可以邀请国际上顶尖旅游专业学者和业界精英前来讲学。（3）旅游教育资源走出去。即根据"一带一路"倡议部署，鼓励中国高水平的教育机构赴国外办学。目前海南大学正在积极与马来西亚南方大学学院合作举办旅游管理硕士（MTA）专业学位教育项目，期望以此推动旅游教育的国际化，尤其是推动旅游教育走出国门。（4）旅游专业学生交流与互换。目前海南大学旅游学院正与南洋理工大学、马来亚大学等开展合作。

三是推进旅游在职培训的国际合作。（1）企业间互派人员进行为期1年左右的挂职或顶岗，以此促进企业间的合作和人才交流；（2）企业的高层管理人才开展企业间的管理理念输送和交流，以此促进企业文化的交融和企业的合作共赢；（3）企业间管理培训师的互派，以此促进人力资

源开发在企业间的合作与交流。

（四）共建共享旅游联合救援平台，确保南沙旅游安全

安全需求与生存需求一样都是人的基本需求。旅游活动必须建立在安全基础上，确保旅游安全永远是旅游开发与发展的第一要务。南沙群岛地理位置偏远，海面波澜壮阔，基础设施匮乏，地缘政治复杂，在这里进行旅游开发面临一定的安全风险，例如，海盗等非传统领域安全问题。为确保旅游安全，南沙周边国家要通力协作，共建共享旅游联合救援平台。

一是共建共享旅游通信平台。南沙海域面积辽阔，陆地面积狭小，常住人口少，没有实现通信信号全覆盖，一旦发生安全事故，通信系统面临考验。要充分发挥北斗卫星系统的功能，构建全覆盖的南海旅游通信平台，以实现旅游信息的即时性、系统性、全面性和有效性，最大限度地降低因通信不畅引致的旅游安全风险。要通过友好协商与利益共享等机制，与南沙周边国家建立实时对接、互通有无的旅游通信平台。在紧急情况下，要启动各国的军用设施提供旅游通信服务。

二是共建共享旅游救援体系。建设旅游紧急救援体系是构筑旅游安全保障网的重要举措，对于提升旅游安全风险应对能力、旅游紧急救援保障能力和旅游安全管理水平具有重要意义。南沙旅游开发的安全隐患较为复杂，要建立公共救援、公益救援和商业救援相互配合、有机融合的旅游救援体系，重点发展以政府为主体、面向广大旅游者的旅游公共救援，以满足复杂的南沙旅游救援需要。既要建立旅游应急救援的专用指挥平台，又要积极对接气象、地震、海监、渔监、消防、武警等公共性专业部门的应急管理体系；既要建立信息共享的协同应急平台，也要建立协同救援的创新管理机制。在紧急情况下，要充分利用各国在南沙群岛的码头、机场、邮轮、游船、过往船舶等，组建南沙旅游紧急救援体系。

三是共建共享旅游保险体系。旅游者的保险意识在逐渐增强，越来越多的旅游者选择能承担旅游救援风险的保险产品。因此，通过保险机构的旅游救援产品创新来推动商业旅游救援的市场扩容是很有前景的。在条件成熟时，可由多国合作组建南沙旅游保险公司，为广大旅游者提供保险产品和救援体系。

三、推进南沙旅游发展国际合作的技巧

（一）自上而下，上下联动

南沙问题是南海问题的根本所在，本质上是岛礁主权和海域划界争端。南沙问题涉及国家的核心利益，缓解和解决南沙问题需要从国家层面入手，但民间合作与交流也很重要。

一方面，要强化南沙旅游开发国际合作的政治互信。自 2001 年以来，中国积极参加东盟旅游部长会议和东盟旅游论坛，探讨与东盟的区域旅游合作及相关发展问题，达成了众多共识。三亚—下龙湾、北海—下龙湾的邮轮旅游航线的成功开通，为南沙旅游发展国际合作提供了借鉴。2011 年东亚峰会上，中国提出设立中国—东盟 30 亿元海上合作基金，得到了域内外各方的积极关注，对进一步推动中国—东盟多层次、全方位的海上合作格局必将发挥巨大作用，而旅游开发的国际合作是南海务实合作很重要的方面。同时，要充分利用亚洲开发银行和丝路基金，吸引周边国家积极参与南沙旅游发展。

另一方面，要充分利用民间合作与交流平台。"处理南海潜在冲突研讨会"是由印尼外交部政策研究与发展局主办的关于南海问题的研讨会，研讨会的召开，加强了南海周边各方的对话与交流，增进了相互间的信任，并促进了地区间的合作。"岛屿观光政策论坛"为海岛地区提供了分享旅游业成功经验的机会以及旅游业交流与合作的平台，受到了越来越多海岛地区的关注，经过 20 余届论坛成员在政府层面、企业层面及个人层面的共同努力，海岛地区已经充分地认识到海岛旅游目的地有必要紧密合作。随着越来越多国家的加入，论坛将为南沙旅游发展国际合作提供更广阔的平台。

（二）先易后难，逐步推进

南沙旅游发展国际合作，无论采取何种模式，无论涉及哪些内容，都是在岛礁主权和海域划界争端基础上所采取的利益安排。在争端解决前，在争端区域进行低敏感领域的合作，是一个暂时搁置争端乃至缓解争端的有效手段。

南沙旅游发展国际合作可以有众多内容，应先易后难，逐步推进。可

以从能够在短期内给各方带来直接利益的领域和项目开始合作。在上述的4个合作内容中，旅游联合营销最容易给各国带来直接利益，适宜作为优先考虑的合作领域和项目。可以构建南沙周边国家旅游联合营销机制，搭建南沙周边国家旅游联合营销平台，整合南沙周边国家的旅游产品，形成南沙旅游组合产品和整合产品。通过联合营销，在世界范围内树立、推广和维护良好的南沙旅游整体形象，推进南沙旅游快速健康发展。

在条件成熟时，可以利用亚洲开发银行和丝路基金购置大型豪华邮轮，也可以充分利用中国香港和新加坡的邮轮公司的邮轮，同时吸引其他大型豪华国际邮轮，开辟联结南沙周边各国重要城市的国际邮轮旅游航线，构建南沙旅游发展命运共同体。

通过旅游国际联合营销和邮轮旅游航线的串联，使各国分享到南沙旅游发展国际合作的利益和成果，提升各国参与南沙旅游开发的积极性和主动性，重要的是，将各国抵制中国推进南沙旅游发展的阻力转化为主动融入南沙旅游发展的推动力。从此，南沙旅游发展国际合作就可以全面铺开，并且将按照乘数效应产生良好的合作效果。

（三）树立典范，巧妙破题

越南是与中国在南沙群岛及其海域争端最激烈的国家之一，也是在争端中获利最大的国家，在南沙群岛非法侵占了20多个断续线范围内的岛礁，其油气开采创造了约30%的GDP。如果中国能够与越南在南沙旅游发展方面建立良好的合作关系，那与其他国家的合作也就会水到渠成，顺势而为。

越南在政治体制上和经济体制上与中国具有相似性，都是共产党领导下的社会主义市场经济，两国的政党之间有着广泛的交流和悠久的友谊，两国人民之间的历史渊源十分悠久，两国之间的经济往来和民间交流十分频繁，又有北部湾划界和陆地边界划界等双边磋商的重大成果和成功经验。因此，中国与越南之间在南沙旅游开发上进行国际合作具有良好的政治、经济和民间基础。建议加强与越南在南沙旅游发展国际合作方面的磋商，尽快达成共识，使中越合作成为南沙旅游发展国际合作的典范和标杆。

在南沙旅游起步之前，要大力做好三亚（海口）—下龙湾和北海—下龙湾等邮轮旅游航线的运营工作，通过中越邮轮旅游航线的打造，实现旅游发展国际合作的共赢，为推进南沙旅游发展国际合作树立样板和建立信心。

第四节　基于动力机制的南沙旅游发展对策建议

因子分析和回归分析结果表明，南沙旅游发展的最主要动力是维权驱力，在回归方程中的系数为 0.817，远高于其他动力在回归方程中的系数。南沙维权是当前中国面临的非常严峻的形势，将是一项长期而艰巨的任务，需要高超的智慧和全方位施策。可以断言，维权将是南沙旅游发展长效而稳定的驱动力，无论南沙旅游发展是否启动或者发展得如何，维权驱力自南沙周边部分国家非法侵占南沙岛礁和掠夺南沙资源以来就一直存在，在全部被侵占的岛礁被收回之前将继续存在。换言之，在相当长时期内，维权驱力不具备能动性而具有恒定性。因此，本节将关注点放在维权驱力之外的其他动力上。

一、政府积极行动

因子分析和回归分析结果表明，在当前条件下，政府推力是南沙旅游发展的第二动力，在回归方程中的系数为 0.432，次于维权驱力的系数，但显著高于其他动力的系数。政府推力主要表现在政府态度、扶持政策、基础设施建设、提供安全保障和外交斡旋等方面，其动力强度指数分别为 4.21、1.66、0.87、1.44 和 1.50。

在中国特色社会主义制度下，在坚定"四个自信"、增强"四个意识"、做到"两个维护"的前提下，面对南沙旅游发展这样的难题，政府积极行动尤为重要，尤其是政府态度，对南沙旅游发展具有"一票否决"性，没有党中央、国务院和中央军委的批准和允许（至少是默许），南沙旅游发展就无法启动，其他一切相关工作都将无意义。作为地方政府，三沙市政府应尽快向海南省政府提出启动南沙旅游发展的可行性论证和请示报告。海南省政府一方面要指导三沙市政府开展南沙旅游发展可行性论证工作，指派省发改委或省旅文厅具体对接，另一方面要及时报请党中央、国务院，请党中央、国务院早日批准启动南沙旅游发展。建议党中央、国务院尽早发出明确信息，或者通过国家发改委或文旅部等部委发出明确信息，准许启动南沙旅游发展。发出信息的方式可以是国家领导人的相关讲话，也可以是相关文件，或者是相关批复。

明确表态之后，就可以开展其他相关工作，其中尤为重要的是扶持政策。重点要在两方面给予政策扶持：一是投融资政策。各级财政通过相关产业奖补基金和发展基金等给予适当的资金支持；允许国资委企业和资产进入南沙旅游开发领域；允许执行南沙旅游开发且符合相关规定的企业上市融资；在中资企业控股的前提下，允许外资企业投资南沙旅游开发与发展。二是税费政策。推行自由贸易港政策，实现零关税；企业所得税下调为 15%，且前 3 年免征企业所得税；对邮轮船供物资按出口商品给予退税；南沙旅游全面实行免税消费。

二、科学遴选企业

企业推力在回归方程中的系数为 0.107，在进入方程的各因子中系数最小，意味着现阶段企业对南沙旅游发展的作用力较小；从动力强度指数看也可以得出同样的结论，政府推动力的强度指数达 9.67，而企业推动力的强度指数仅为 2.50，比技术推动力的强度指数（3.18）还要低，在 10 个正向的因素层作用力中排在倒数第三位，仅高于闲暇时间延长和收入提高。显然，这样的结论在逻辑上和理论上是可信的。企业最主要的目标是利润最大化，追求经济效率和营利是企业赖以生存、发展和承担社会责任的基础和保障，在当前条件下，南沙旅游发展可谓困难重重，期望效率和经济利润不可能太高，企业积极性和推动力不高完全可以理解。

鉴于南沙的特殊性，进行南沙旅游开发的企业应该有以下几个特点。

首先是独家经营——特许经营下的完全垄断。南沙旅游是全新领域，承担着维护南沙权益重任，也要为中国海洋旅游发展和邮轮旅游发展进行体制、机制、模式、产品等方面的不断探索和经验积累，责任大，任务重。为充分调动运营企业的积极性和主观能动性，配置足够的资源开发南沙旅游，就必须保证企业有足够的利润。当然可以通过政府财政补贴、产业基金扶持、奖励、税收减免等形式来提高企业的盈利能力和空间，但更要求企业自主运营、自主创新、自主盈利。在独家经营和完全垄断情况下，企业拥有自行定价的权利和能力，可以及时根据市场需求特征和趋势调整市场供给和价格，从而确保实现利润最大化的企业目标。独家经营也是降低监管风险的有效手段。南沙旅游发展涉及多方面的探索和创新——中资方便旗邮轮的管理体制、邮轮上的免税政策、邮轮乘客的上下船（出入境）管理政策、邮轮上娱乐项目设置政策、南沙旅游的国际合作等。这些探索和创新可能产生良好的效果和积极影响，但也可能出现负面效应。因此，至少在发展初期不宜铺开，应严加控制。

其次是大型企业。南沙旅游的核心产品无疑是邮轮，而建造一艘现代意义上的邮轮，至少需要 5～7 亿美元①，约合人民币 33～47 亿元。目前世界上最大的邮轮"海洋交响号"（邮轮长度 362 米，宽度 66 米，高度 70 米，总吨位 22.8 万吨）耗资 8 亿欧元，约 14 亿美元，约合人民币 94 亿元。如此巨大的投资规模，融资难度相当之大，非大型企业不能承受。中国内地目前还不具备制造大型豪华邮轮的条件，国外邮轮生产企业的订单也基本上排满。因此，在造船、买船、租船三种可能性中，近期租赁邮轮来执行南沙邮轮旅游航线是比较可行的。中国内地目前没有真正意义上的自己的邮轮船队，现行的少数几艘中资方便旗邮轮因吨位偏小可能不能很好地满足南沙旅游发展的需要，因此，较为理想的方式是向中国香港云顶邮轮公司或者向欧美国家邮轮公司租赁邮轮。资料显示，国际邮轮经济重心东移亚洲是必然趋势，而欧美国家邮轮旅游消费能力因多重原因而下降，出现了豪华邮轮闲置的现象，这为租赁国际豪华邮轮创造了较好的机遇。能够与国际邮轮公司在一个平台上对话的，一定是具有一定国际影响力的大型企业。

再次是国有企业。发展南沙旅游需要利用公共海域等公共资源，具有公共物品（Public Goods）性质和益品（Merit Goods）性质，也有明显的

---

① 李小年，颜晨广. 中国发展邮轮产业的若干政策与法律问题［J］. 中国海商法研究. 2013，24（3）：48–53.

外部效应，例如，为全国海洋旅游和邮轮旅游发展探索体制机制和制度，更有维护南沙主权的重任。因此，根据西方经济学原理，南沙旅游应该由政府推进，否则就会出现短缺或者供给不足。然而，南沙旅游不仅是维护权益和以制度创新为核心的探索和尝试，还是一种营利性经济活动。因而政府需要借助企业在资源配置中的决定性作用，在开展制度创新、产品创新、监管创新等一系列尝试和试点并积累可复制可推广的经验的基础上，实现良好的经济效益。国家对国有企业的资本拥有所有权或者控制权，政府的意志和利益对国有企业的决策和行为具有重大影响。国有企业同时具有商业性和公益性，其商业性体现为追求国有资产的保值增值，其公益性体现为实现国家调节国民经济发展的目标。与之相对应，私营企业是由自然人投资或控股的营利性经济组织，其根本目标是实现利润最大化，而社会责任和环境效应等是以实现经济利益为前提和基础的。因而把维护南沙权益作为最主要目标的南沙旅游在客观上需要由国有企业来承担。

最后要有邮轮运营经验。邮轮旅游是南沙旅游的核心产品和主要内容。一般情况下，有邮轮运营经验的企业凭借其多年的邮轮经营管理实践，能够了解中国邮轮旅游市场需求的特征、期许和趋势，能够透析中国邮轮经济发展面临的问题、障碍和困境，能够用国际视野对接国际邮轮经营管理的惯例、经验和技术，因而能够从实践和实用出发更多地开展制度、体制、机制、模式、产品、产业融合、军地融合等方面的探索和尝试。邮轮经营管理面临资金风险、市场风险、台风与海啸等自然灾害风险、卫生健康风险、检验检疫风险甚至于政治风险，还面临着来自不同国家的游客的文化差异与认同等诸多挑战，如果没有足够的邮轮经营管理经验，将难以自如地处理好各种风险和挑战。

三、增强旅游能力

旅游能力对南沙旅游发展有显著促进作用，在回归方程中的系数为0.124，意味着南沙旅游发展对旅游者旅游能力的弹性系数为0.124。公因子分析结果显示，旅游能力主要取决于法定节假日增多、带薪假期延长、个人收入提高、家庭收入提高和恩格尔系数降低等方面，这几个因素旋转后的成分得分都在0.75以上。

通常，区域旅游开发的内容主要有吸引物打造、服务设施建设、旅游交通建设、旅游活动组织、旅游营销和旅游信息服务等；旅游开发的重要目标是更多的游客到访，包括有数量更多的游客以及游客参与更多的旅游活动。由此出发，区域旅游开发措施无非两个方面，一个是供给侧，另一个是需求侧。这里主要从需求侧讨论如何提高民众前往南沙旅游的能力。

首先，降低费用以提高南沙旅游支付能力。工资率提高、就业率提高、可支配收入增加等因素对提高支付能力产生重要影响，但这些因素由客源地的整体社会和经济条件所决定，旅游目的地在这方面缺乏能动性。即便如此，目的地可以通过降低旅游交通费用和旅游服务价格等措施来提高旅游者前往的能力。例如，目前三亚—西沙邮轮航线的平均费用在 4500 元左右，平均每天超过 1000 元，显著高于国际邮轮航线的价格水平。南沙旅游要以此为鉴，通过扩大邮轮规模等措施获得规模效益进而降低价格，提高旅游者的支付能力。海南人口少，经济发展水平不高，本土旅游市场规模非常有限，大陆各省份才是南沙旅游的主体市场，这就要求降低其他省份至海南的航空费用等长途交通运输费用。与东南亚旅游相比，海南旅游价格确实偏高，因而降低费用是海南旅游在激烈的国际旅游市场竞争中的重要举措。

其次，引导民众将南沙作为优先旅游选项。一方面，从社会角度出发，民众将旅游消费包括时间和金钱投入作为优先消费选项是实现旅游业永续发展和繁荣的重要条件，如果整个社会的优先消费转向房屋、汽车、教育等其他消费项目，那么旅游业将无法兴盛，因而要通过《国民旅游休闲纲要》等类似的政府政策和法规等，从整个社会角度引导民众将旅游作为追求美好生活需要的重要方式；另一方面，要发挥全媒体作用，正面宣传前往南沙旅游对于维护南沙权益和推进海洋强国建设等方面的重要意义，通过爱国主义教育和海洋意识培育等手段，增强前往南沙旅游的动机。

再次，树立良好的南沙旅游形象。良好的形象本身就是巨大的无形资产和财富，是一种积极的精神力量，能够吸引人流、物流、资金流和信息流，而且现代旅游者对旅游形象具有较强的依赖性，因此，设计、塑造、宣传与推广良好的旅游形象对于任何旅游目的地发展都非常重要。一方面，要在全面客观分析南沙自身特色、竞争对手和市场需求的基础上，精准定位南沙旅游形象。经初步分析，建议将南沙旅游形象定位为"领略南沙美境，维护国家权益"或者"畅游南沙，维护主权"或者其他类似的形象，总之，维权是南沙旅游不同于其他旅游目的地的最亮声音和最强卖点，是南沙旅游的灵魂，而美境是南沙旅游的载体。建议围绕南沙美境和国家权益设计南沙旅游理念形象、视觉形象、行为形象、听觉形象、文化景观形象和核心吸引物。另一方面，要创新南沙旅游产品，提高旅游服务质量，完善旅游设施，以保障旅游者在南沙旅游过程中有较高的体验价值和满意度，让旅游者"来了还想来"，并获得较好的口碑宣传效应。与此同时，要发挥全媒体功效尤其是充分利用自媒体建立起南沙旅游的营销体系，形成整体营销和全面营销的局面。

最后，逐步向不同市场开放南沙旅游。南沙地理位置的边远性和地缘政治的敏感性等特征使得并不是所有人都可以前往南沙旅游，既受旅游接待能力和旅游费用等的约束，也受国家安全需要的影响。西沙旅游的实践较好地佐证了这种观点，目前只有中国大陆公民才能前往西沙旅游，入境旅游者不允许前往西沙旅游，2018 年共接待旅游者 33256 人次，接待量比较有限。南沙旅游发展早期也只能对中国大陆公民开放，经过 3 年左右的运营和实践，在控制和管理能力能够确保国家安全的基础上，应该逐步向港澳台旅游者开放，这样既可以扩大南沙旅游的影响力，也能够扩大南沙旅游的市场覆盖度，进而提高南沙旅游的维权效能。2014 年 11 月 13 日李克强在中国—东盟领导人会议上指出，努力让南海成为和平之海、友谊之海、合作之海，2018 年 11 月习近平在访问文莱时也强调将南海建设成为和平之海、友谊之海、合作之海。从旅游角度出发，就是要将南海建设成为世界旅游之海。因此，在条件成熟的时候，要向全世界的旅游者开放南沙旅游，只有这样，包括南沙在内的南海才能真正成为媲美地中海和加勒比海的世界旅游之海。

四、消除外部异议

在采用"后退"方法的最终回归模型中，所有阻力因素都被剔除了，说明对于南沙旅游发展而言，阻力几乎可以忽略，但在倒数第二个回归模型中，外部异议的系数为 -0.029，表明外部异议对南沙旅游发展具有负向作用，是南沙旅游发展过程中不得不顾及的因素。消除外部异议的对策建议主要有：

首先，进一步明确中国在南沙的权利，以法律武器抑制外部异议。中国对南沙群岛拥有主权毋庸置疑，既符合以官方和私人的历史文献记载为依据的"发现和占有"原则，又符合以《开罗宣言》《波茨坦公告》和《中法续议界务专条》为依据的"条约和禁止反言"原则。越南等国家之所以能够非法侵占中国南沙群岛部分岛礁，与中国疏于对这些岛礁进行有效管理不无关系。为进一步明确中国在南沙的主权，一要加强南沙主权的历史和法律等方面的研究，进一步证明中国对南沙群岛岛礁及其海域的主权；二要加大中国对南沙拥有主权的宣传教育，形成更为有利的舆论氛围和群众基础；三要向越南和菲律宾等非法侵占中国南沙群岛部分岛礁的国家提出严正声明，要求他们尊重历史和国际法，尽早归还所非法侵占的岛礁；四要适时划定并向全世界公布中国在南沙群岛的领海基点和领海基线，明确中国在南沙群岛的内水、领海、专属经济区等界限和范围。如果中国在南沙群岛的主权得到世界的确认，那么南沙旅游开发的外部异议自然也就消失，毕竟在自己领土、领海和领空内开展任何活动都是主权国家自己的事，任何国家和地区都不应该对此持有异议。

其次，加强南沙旅游开发的外交斡旋，以外交手段缓和外部异议。长期以来中国一直倡导在有争议海域实行"主权属我、搁置争议、共同开发"，2013年10月习近平总书记在周边外交工作座谈会上提出了"亲诚惠容"这四字箴言，为正确处理南沙问题指明了方向。越南、菲律宾和马来西亚等国家已经在南沙开发了旅游活动，已经有"先存"，本着"共同开发"原则，中国一方面要向这些国家提出严正交涉，要求其停止一切非法活动，另一方面，要采取对等原则，在南沙进行必要的旅游开发活动，以宣示中国在南沙的民事存在。就南沙问题进行外交斡旋很可能是一项长期而艰巨的斗争，要在继续推进落实《南海各方行为宣言》的基础上，加快推进"南海行为准则"磋商取得实质性成效。如果中国在南沙没有实质性的开发活动，而只是停留在"共同开发"的倡导上，那么难以在外交斡旋中占据有利地位。

最后，加强南沙旅游发展国际合作，以经济利益冲抵外部异议。以构建南海命运共同体为根本目的，以"亲诚惠容"为基本准则，以"共同开发"和"共商共建共享"为基本方针，扎实推进以邮轮航线国际串联、旅游营销国际合作、旅游救援和保险多国合作等为主要内容的国际合作，将南海打造为世界旅游之海，为将南海建设成为和平之海、友谊之海、合作之海探索国际合作模式，创新国际合作机制，积累国际合作经验。中国对南沙拥有主权，在南沙已有以灯塔为代表的一定的基础设施建设，这为南沙旅游发展打下了一定的基础；中国的经济实力和科技水平也足以支撑南沙旅游发展；同时，中国是世界上出境旅游规模最大和出境旅游消费支出最多的国家，2018 年中国（不含港澳台）出境旅游消费支出额 2770 亿美元，相当于美国、德国和法国之和，为世界国际旅游作出了重大贡献。因此，中国在南沙推出旅游发展国际合作，一定可以为南沙周边国家带来丰厚经济利益，在丰厚的经济利益面前，对南沙旅游发展的外部异议自然也会被冲抵，甚至还有可能转化为促进南沙旅游发展的动力。

附　录

附录1　南沙旅游发展动力因素的甄选与合理性评判

尊敬的专家：

您好！感谢您百忙中为我们的研究提供无私帮助和支持！

我们正在开展南沙旅游发展的动力机制与对策研究。下图是在文献分析的基础上，结合南沙旅游开发的特殊性，所构建的南沙旅游发展动力机制的初步模型，试图在已有的"推拉阻"旅游发展动力模型的基础上，构建驱推拉阻旅游发展动力模型（见下图）；下表是在该模型的基础上，在科学性、系统性、预见性等原则下，所初步拟定的南沙旅游发展的动力因素系统。请您对"南沙旅游发展的动力因素系统"中各因素的必要性作出

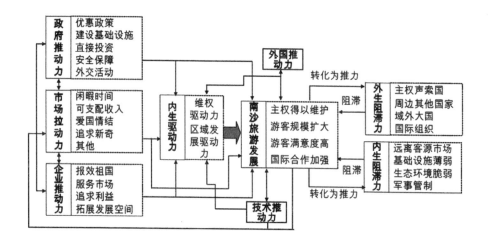

判断，即在"指标设置的合理性"相应的格子内打"√"（单项选择）。

我们向您致以崇高的敬意！

"21世纪海上丝绸之路建设背景下南沙旅游发展
动力机制与对策研究"课题组

南沙旅游发展的动力因素系统									
目标层	准则层	因素层	指标层	指标解释	指标设置的合理性				
					很合理	合理	较合理	不太合理	很不合理
南沙旅游发展动力	驱力	维权驱动力	维护岛礁主权	在南沙岛礁开发民事功能是维护岛礁主权的必要举措					
			维护海域权益	在南沙海域开发民事功能是维护海域主权的必要举措					
			培育爱国精神	南沙旅游宣示主权，培育国民的海洋意识和爱国精神					
		合作驱动力	军民融合	南沙目前基本是军事存在，旅游开发可探索和积累军民深度融合的经验					
			国际合作	南沙是21世纪海上丝绸之路建设和中国邮轮旅游发展的重要平台					
			企业协作	南沙地理位置独特，旅游开发非企业间密切协作不可，如市场共享					
		发展驱动力	区域发展	旅游是南沙民事功能开发的先导产业，是南沙资源综合利用的优势产业					
			培育邮轮产业	开发南沙邮轮旅游，培育中国邮轮旅游市场和邮轮船队，壮大邮轮产业					
			助力海南旅游	旅游是南沙民事功能开发的先导产业，是南沙资源综合利用的优势产业					

续表 1

目标层	准则层	因素层	指标层	指标解释	指标设置的合理性				
					很合理	合理	较合理	不太合理	很不合理
南沙旅游发展动力	推力	政府推动力	政府态度	政府是否允许和鼓励在南沙开发旅游					
			扶持政策	对开发南沙旅游是否给予用海和岛礁等支持					
			建设基础设施	机场、港口军民共享或建设专门的民用港口					
			安全保障	为南沙旅游提供海上救援、通信服务、社会治安等保障					
			外交斡旋	推进南海旅游开发的国际合作，构建南海旅游命运共同体					
		企业推动力	报效祖国	在南沙开发旅游是企业维护南沙权益的最佳选择					
			服务市场	需求决定供给，去南沙旅游是许多国人的心愿					
			追求利益	南沙旅游有庞大的市场潜力，谁抢占先机，将获得巨大利益					
			拓展发展空间	旅游是企业拓展发展空间的优势产业，开发南沙旅游具有开创性					
		技术推动力	邮轮运营管理	中国已成为世界第二大邮轮旅游客源地，邮轮运营管理日益完善					
			岛礁建设	岛礁建设为南沙旅游开发解决了用地问题					
			海水淡化	海水淡化技术为南沙旅游开发解决了淡水问题					
			防风建筑	防风建筑技术为南沙旅游开发解决了强风防范问题					

续表 2

南沙旅游发展的动力因素系统									
目标层	准则层	因素层	指标层	指标解释	指标设置的合理性				
					很合理	合理	较合理	不太合理	很不合理
南沙旅游发展动力	推力	外国推动力	南海命运共同体	共商共建共享共荣是解决南沙岛礁主权和海域划界问题的不二选择					
			共建旅游之海	南海有条件成为媲美地中海和加勒比海的世界旅游之海					
			利益驱动	南沙旅游开发将给周边国家带来消费规模庞大的邮轮游客					
	拉力	闲暇增多	法定节假日增多	2019 年中国全民公休的法定节假日为 30 天，达到国际平均水平					
			带薪假期延长	中国已实施带薪假期制度					
			个人闲暇增多	中国实行每周 5 天工作日制度					
		收入提高	个人收入增加						
			家庭收入增加						
			恩格尔系数降低						
		旅游动机	爱国情结	通过参加旅游活动宣示中国对南沙岛礁和海域的主权					
			追求新奇	南沙对绝大多数国民而言是神秘的、神圣的、有魅力的					
			炫耀心理	南沙旅游的特殊性决定了其高端性，对大多数国民而言是奢侈品					

续表 3

南沙旅游发展的动力因素系统									
目标层	准则层	因素层	指标层	指标解释	指标设置的合理性				
					很合理	合理	较合理	不太合理	很不合理
南沙旅游发展动力	拉力	信息刺激	媒体宣传						
			市场营销						
			亲朋好友推荐						
	阻力	外部异议	主权声索国的异议	越南、菲律宾、马来西亚等国家可能对中国开发南沙旅游提出异议					
			域外大国的异议	美国、日本等域外大国可能以影响"航行自由"为名提出异议					
			国际组织的异议	东盟和国际海洋法公约组织等可能有异议					
		环境敏感	生态环境脆弱	南沙岛礁生态环境脆弱，对生态保护的要求高					
			台风较多	南沙是台风生成地，年均约14个台风					
			军事管制严	南沙是南海争议最大的区域，军事管制比较严格					
			国际黄金水道	南海是世界最繁忙的水上运输大动脉之一					
		基础差	基础设施薄弱	基础设施薄弱，旅游开发的成本较高，游客满意度可能不高					
			远离客源市场	南沙距离海南岛较远、通达性较差，旅游的经济和时间成本较高					
			旅游业基础空白	南沙岛礁和海域至今没有旅游活动					
		建议增加的指标							

附录 2　南沙旅游发展动力指标体系的合理性

尊敬的专家：

您好！感谢您百忙中为我们的研究提供无私帮助和支持！经过第一轮指标甄选，"国际黄金水道"和"个人闲暇增多"两个指标因平均值低于6且变异系数分别为 0.33 和 0.48 而被删除。根据个别专家的建议，并对专家建议进行分析后，在"技术推动力"因素中增加了"气象预报" 1 个指标。为使指标设置更加合理，现进行第二轮指标甄选。请您对下列南沙旅游发展动力指标体系设置的合理性作出判断。每个指标后括号内的数据为第一轮甄选结果的平均值（平均值越高，说明指标设置的合理性越强）和变异系数（变异系数越小，专家的意见越统一）。

我们向您致以崇高的敬意！

"21 世纪海上丝绸之路建设背景下南沙旅游发展
动力机制与对策研究"课题组

题项	因素与指标	评判选项				
		很合理	合理	较合理	不太合理	不合理
1. 准则层设置的合理性：本研究将南沙旅游发展的动力划分为驱力、推力、拉力和阻力，试图构建"驱推拉阻"模型	驱力					
	推力					
	拉力					
	阻力					
2. "驱力"因素设置的合理性：将驱力划分为维权驱动力、合作驱动力和发展驱动力	维权驱动力					
	合作驱动力					
	发展驱动力					
3. "推力"因素设置的合理性：将推力划分为政府推动力、企业推动力、技术推动力和外国推动力	政府推动力					
	企业推动力					
	技术推动力					
	外国推动力					

续表 1

题项	因素与指标	评判选项				
		很合理	合理	较合理	不太合理	不合理
4. "拉力"因素设置的合理性：将拉力划分为闲暇增多、收入提高、旅游动机和信息刺激	闲暇增多					
	收入提高					
	旅游动机					
	信息刺激					
5. "阻力"因素设置的合理性：将阻力划分为外部异议、环境敏感和基础差	外部异议					
	环境敏感					
	基础差					
6. "维权驱动力"指标设置的合理性	维护岛礁主权					
	维护海域主权					
	培育爱国精神					
7. "合作驱动力"指标设置的合理性	军民融合					
	国际合作					
	企业协作					
8. "发展驱动力"指标设置的合理性	区域发展					
	培育邮轮产业					
	助力海南旅游					
9. "政府推动力"指标设置的合理性	政府态度					
	扶持政策					
	基础设施建设					
	安全保障					
	外交斡旋					
10. "企业推动力"指标设置的合理性	报效祖国					
	服务市场					
	追求利益					
	拓展发展空间					

续表 2

题项	因素与指标	评判选项				
		很合理	合理	较合理	不太合理	不合理
11. "技术推动力"指标设置的合理性	邮轮运营管理					
	岛礁建设					
	海水淡化					
	防风建筑					
	气象预报					
12. "外国推动力"指标设置的合理性	南海命运共同体					
	共建世界旅游之海					
	利益驱动					
13. "闲暇增多"指标设置的合理性	法定节假日增多					
	带薪假期延长					
14. "收入提高"指标设置的合理性	个人收入增加					
	家庭收入增加					
	恩格尔系数降低					
15. "旅游动机"指标设置的合理性	爱国情结					
	追求新奇					
	炫耀心理					
16. "信息刺激"指标设置的合理性	媒体宣传					
	市场营销					
	亲朋好友推荐					
17. "外部异议"指标设置的合理性	主权声索国的异议					
	域外大国的异议					
	国际组织的异议					
18. "环境敏感"指标设置的合理性	生态环境脆弱					
	台风较多					
	军事管制严					
19. "基础差"指标设置的合理性	基础设施薄弱					
	远离客源市场					
	旅游业基础空白					

附录3 南沙旅游发展动力权重矩阵专家咨询

尊敬的专家：

您好！非常感谢您给予本课题的大力支持和无私帮助！

我们正在开展南沙旅游发展动力机制与对策研究，试图通过德尔菲法，构建南沙旅游发展动力系统，厘清发展动力之间的关系，辨析发展动力对南沙旅游发展的作用机理。经过两轮的指标体系甄选，我们确定了南沙旅游发展动力的指标体系，现需要确定指标体系的权重矩阵。请您根据您的专业知识和实践经验，对指标的相对重要性作出判断。您的判断是我们通过层次分析法确定指标体系权重矩阵的基本依据。

请您打分之前仔细阅读"打分说明"。

陈扬乐率课题组叩谢！

打分说明	
成对比较标准	定义
a/b=1	a 较 b 同等重要
a/b=3	a 较 b 稍微重要
a/b=5	a 较 b 明显重要
a/b=7	a 较 b 十分重要
a/b=9	a 较 b 绝对重要
a/b=1/3	a 较 b 稍微不重要
a/b=1/5	a 较 b 明显不重要
a/b=1/7	a 较 b 十分不重要
a/b=1/9	a 较 b 绝对不重要

例如，对于南沙旅游发展动力的准则层，如果您认为"驱力"较"推力"绝对重要，则在"推力"下拉菜单中选择"绝对重要"，反之，如果您认为"驱力"较"推力"绝对不重要，则在"推力"下拉菜单中选择"绝对不重要"，如果您认为"驱力"和"推力"同等重要，则在"推力"下拉菜单中选择"同等重要"，其他依次类推。

1. 南沙旅游发展动力的准则层的重要性比较

		同等重要	稍微重要	明显重要	十分重要	绝对重要	稍微不重要	明显不重要	十分不重要	绝对不重要
驱力	推力									
	拉力									
	阻力									

2. "驱力"因素的重要性比较

		同等重要	稍微重要	明显重要	十分重要	绝对重要	稍微不重要	明显不重要	十分不重要	绝对不重要
维权驱动力	合作驱动力									
	发展驱动力									

3. "推力"因素的重要性比较

		同等重要	稍微重要	明显重要	十分重要	绝对重要	稍微不重要	明显不重要	十分不重要	绝对不重要
政府推动力	企业推动力									
	技术推动力									

4. "拉力"因素的重要性比较

		同等重要	稍微重要	明显重要	十分重要	绝对重要	稍微不重要	明显不重要	十分不重要	绝对不重要
旅游动机	收入提高									
	闲暇增多								·	
	信息刺激									

5.“阻力”因素的重要性比较

		同等重要	稍微重要	明显重要	十分重要	绝对重要	稍微不重要	明显不重要	十分不重要	绝对不重要
外部异议	环境敏感									
	基础较差									

6.“维权驱动力”指标的重要性比较

		同等重要	稍微重要	明显重要	十分重要	绝对重要	稍微不重要	明显不重要	十分不重要	绝对不重要
维护岛礁主权	维护海域主权									
	培育爱国精神									

7.“合作驱动力”指标的重要性比较

		同等重要	稍微重要	明显重要	十分重要	绝对重要	稍微不重要	明显不重要	十分不重要	绝对不重要
军民融合	国际合作									
	企业协作									

8.“发展驱动力”指标的重要性比较

		同等重要	稍微重要	明显重要	十分重要	绝对重要	稍微不重要	明显不重要	十分不重要	绝对不重要
区域发展	培育邮轮产业									
	助力海南旅游									

9."政府推动力"指标的重要性比较

		同等重要	稍微重要	明显重要	十分重要	绝对重要	稍微不重要	明显不重要	十分不重要	绝对不重要
政府态度	扶持政策									
	基础设施建设									
	安全保障									
	外交斡旋									

10."企业推动力"指标的重要性比较

		同等重要	稍微重要	明显重要	十分重要	绝对重要	稍微不重要	明显不重要	十分不重要	绝对不重要
追求利益	报效祖国									
	拓展发展空间									
	服务市场									

11."技术推动力"指标的重要性比较

		同等重要	稍微重要	明显重要	十分重要	绝对重要	稍微不重要	明显不重要	十分不重要	绝对不重要
岛礁建设	邮轮运营管理									
	海水淡化									
	防风建筑									
	气象预报									

12. "闲暇增多"指标的重要性比较

		同等重要	稍微重要	明显重要	十分重要	绝对重要	稍微不重要	明显不重要	十分不重要	绝对不重要
法定节假日增多	带薪假期延长									

13. "收入提高"指标的重要性比较

		同等重要	稍微重要	明显重要	十分重要	绝对重要	稍微不重要	明显不重要	十分不重要	绝对不重要
个人收入增加	家庭收入增加									
	恩格尔系数降低									

14. "旅游动机"指标的重要性比较

		同等重要	稍微重要	明显重要	十分重要	绝对重要	稍微不重要	明显不重要	十分不重要	绝对不重要
追求新奇	爱国情结									
	炫耀心理									

15. "信息刺激"指标的重要性比较

		同等重要	稍微重要	明显重要	十分重要	绝对重要	稍微不重要	明显不重要	十分不重要	绝对不重要
市场营销	媒体宣传									
	亲朋好友推荐									

16. "外部异议"指标的重要性比较

		同等重要	稍微重要	明显重要	十分重要	绝对重要	稍微不重要	明显不重要	十分不重要	绝对不重要
主权声索国异议	域外大国异议									
	国际组织异议									

17. "环境敏感"指标的重要性比较

		同等重要	稍微重要	明显重要	十分重要	绝对重要	稍微不重要	明显不重要	十分不重要	绝对不重要
军事管制严格	生态环境脆弱									
	台风较多									

18. "基础差"指标的重要性比较

		同等重要	稍微重要	明显重要	十分重要	绝对重要	稍微不重要	明显不重要	十分不重要	绝对不重要
基础设施薄弱	远离客源市场									
	旅游业基础空白									

附录4 南沙旅游发展动力调查问卷

尊敬的专家：

您好！感谢您百忙中为我们的研究提供无私帮助和支持！本研究属于典型的探索性研究，没有各位专家的鼎力支持和无私奉献，我们几乎无法完成研究任务。

我们正在开展南沙旅游发展动力机制与对策研究。这里的"南沙"是指南沙群岛及其周边海域。我国迫切需要在南沙增强民事存在，旅游业因其民生事业与和平产业的性质，应该成为我国在南沙增强民事存在的重要产业。但至今我国在那里基本上没有旅游活动。

前期通过德尔菲法确定了南沙旅游发展动力指标体系及主观权重，为进一步开展定量研究，我们针对专家就"南沙旅游发展动力"开展问卷调查。请您根据自己的专业知识和实践经验对以下题项作出判断。所有题项都是单选，请直接在下拉菜单中选择。

我们承诺：对您的信息绝对保密；我们的调查仅用于课题研究。

陈扬乐率课题组叩谢！

"21世纪海上丝绸之路建设背景下南沙旅游发展
动力机制与对策研究"课题组

（一）您对有关观点的态度调查表（请在对应的栏目打"√"）

题项	观点	绝对不同意	非常不同意	不同意	较不同意	保持中立	较同意	同意	非常同意	绝对同意
	得分	1	2	3	4	5	6	7	8	9
发展南沙旅游是维护南沙岛礁主权的需要										
发展南沙旅游是维护南沙海域主权的需要										

续表 1

题项	观点	绝对不同意	非常不同意	不同意	较不同意	保持中立	较同意	同意	非常同意	绝对同意
	得分	1	2	3	4	5	6	7	8	9
发展南沙旅游是培育国民海洋意识和爱国精神的需要										
发展南沙旅游是推进军民融合这一国家战略的需要										
发展南沙旅游是推进国际合作的需要										
发展南沙旅游是推进企业协作的需要										
发展南沙旅游是推进区域发展的需要										
发展南沙旅游是培育我国邮轮旅游产业的需要										
发展南沙旅游是助力海南旅游发展的需要										
发展南沙旅游需要政府的积极态度										
发展南沙旅游需要政府的扶持政策										
发展南沙旅游需要政府建设基础设施										
发展南沙旅游需要政府提供安全保障										
发展南沙旅游需要政府进行外交斡旋										
为报效祖国企业将积极发展南沙旅游										
为服务市场需求企业将积极发展南沙旅游										
为追求利益企业将积极发展南沙旅游										

续表 2

题项	观点	绝对不同意	非常不同意	不同意	较不同意	保持中立	较同意	同意	非常同意	绝对同意
	得分	1	2	3	4	5	6	7	8	9
为拓展发展空间企业将积极发展南沙旅游										
邮轮运营管理的进步有利于南沙旅游发展										
岛礁建设技术的进步有利于南沙旅游发展										
海水淡化技术的进步有利于南沙旅游发展										
防风建筑技术的进步有利于南沙旅游发展										
气象预报预警技术的进步有利于南沙旅游发展										
法定节假日增多有利于南沙旅游发展										
带薪假期延长有利于南沙旅游发展										
个人收入提高有利于南沙旅游发展										
家庭收入提高有利于南沙旅游发展										
恩格尔系数降低有利于南沙旅游发展										
去南沙旅游是为了抒发爱国情怀										
去南沙旅游是为了追求新奇										
去南沙旅游是为了炫耀										
加大媒体宣传有利于南沙旅游发展										
加强市场营销有利于南沙旅游发展										
亲朋好友推荐有利于南沙旅游发展										

续表 3

题项	观点	绝对不同意	非常不同意	不同意	较不同意	保持中立	较同意	同意	非常同意	绝对同意
	得分	1	2	3	4	5	6	7	8	9
越南、菲律宾等对南沙提出主权声索的国家的异议将阻碍南沙旅游发展										
美国等域外大国的异议将阻碍南沙旅游发展										
东盟等国际组织的异议将阻碍南沙旅游发展										
生态环境保护压力大将阻碍南沙旅游发展										
台风较多将阻碍南沙旅游发展										
军事管制严格将阻碍南沙旅游发展										
基础设施薄弱将阻碍南沙旅游发展										
远离客源市场将阻碍南沙旅游发展										
旅游产业基础空白将阻碍南沙旅游发展										
美国等域外大国的异议不会影响南沙旅游发展										

（二）您的人口学统计特征调查表（请在对应的栏目打√）

您的性别	男性	女性					
您的年龄	35 岁以下	36～49 岁	50 岁以上				
您的常住地	海南	非海南					
您的学位	博士	硕士	学士	其他			
您的职称	正高级	副高级	中级	未定级（初级）			
您的工作单位的性质	政府机关	高等院校	科研院所	企业单位	行业协会	其他	
您现从事的专业领域	旅游管理	企业管理	行政管理	环境科学	地理科学	海洋工程	经济学	其他